TRANSLATE

Translated Language Learning

Siddhartha

- **An Indian Novel**
- Indyjska powieść

Hermann Hesse

English / Polsku

Copyright © 2023 Tranzlaty
All rights reserved
Published by Tranzlaty
ISBN: 978-1-83566-105-5
Original text by Hermann Hesse
First published in German in 1922
www.tranzlaty.com

Part One - Część Pierwsza

***

The Son of the Brahman
Syn Brahmana

In the shade of the house
W cieniu domu
in the sunshine of the riverbank
W promieniach słońca nad brzegiem rzeki
near the boats
w pobliżu łodzi
in the shade of the Sal-wood forest
w cieniu lasu Sal-wood
in the shade of the fig tree
W cieniu drzewa figowego
this is where Siddhartha grew up
To tutaj dorastał Siddhartha
he was the handsome son of a Brahman, the young falcon
Był przystojnym synem bramina, młodego sokoła
he grew up with his friend Govinda
dorastał ze swoim przyjacielem Govindą
Govinda was also the son of a Brahman
Govinda był również synem bramina
by the banks of the river the sun tanned his light shoulders
Nad brzegiem rzeki słońce opalało jego lekkie ramiona
bathing, performing the sacred ablutions, making sacred offerings
kąpiel, dokonywanie świętych ablucji, składanie świętych ofiar
In the mango garden, shade poured into his black eyes
W ogrodzie mango cień wlewał się w jego czarne oczy
when playing as a boy, when his mother sang
kiedy bawił się jako chłopiec, kiedy jego matka śpiewała
when the sacred offerings were made
kiedy składano święte ofiary
when his father, the scholar, taught him
kiedy jego ojciec, uczony, uczył go

when the wise men talked
Kiedy mędrcy mówili
For a long time, Siddhartha had been partaking in the discussions of the wise men
Przez długi czas Siddhartha brał udział w dyskusjach mędrców
he practiced debating with Govinda
ćwiczył dyskusję z Govindą
he practiced the art of reflection with Govinda
praktykował sztukę refleksji z Govindą
and he practiced meditation
i praktykował medytację
He already knew how to speak the Om silently
Wiedział już, jak wymawiać Om po cichu
he knew the word of words
Znał słowo słowa
he spoke it silently into himself while inhaling
Wypowiedział to cicho do siebie, robiąc wdech
he spoke it silently out of himself while exhaling
Wypowiedział to cicho z siebie, robiąc wydech
he did this with all the concentration of his soul
Czynił to z całą koncentracją swojej duszy
his forehead was surrounded by the glow of the clear-thinking spirit
Jego czoło było otoczone blaskiem jasno myślącego ducha
He already knew how to feel Atman in the depths of his being
Wiedział już, jak poczuć Atmana w głębi swojego jestestwa
he could feel the indestructible
Czuł to, co niezniszczalne
he knew what it was to be at one with the universe
Wiedział, co to znaczy być w jedności z wszechświatem
Joy leapt in his father's heart
Radość podskoczyła w sercu ojca
because his son was quick to learn
ponieważ jego syn szybko się uczył
he was thirsty for knowledge

Był spragniony wiedzy
his father could see him growing up to become a great wise man
Jego ojciec widział, jak dorasta i staje się wielkim mędrcem
he could see him becoming a priest
Widział, jak zostaje księdzem
he could see him becoming a prince among the Brahmans
widział, jak staje się księciem wśród braminów
Bliss leapt in his mother's breast when she saw him walking
Bliss podskoczył w piersi matki, gdy zobaczyła go idącego
Bliss leapt in her heart when she saw him sit down and get up
Błogość podskoczyła w jej sercu, gdy zobaczyła, jak siada i wstaje
Siddhartha was strong and handsome
Siddhartha był silny i przystojny
he, who was walking on slender legs
on, który chodził na smukłych nogach
he greeted her with perfect respect
Przywitał ją z pełnym szacunkiem
Love touched the hearts of the Brahmans' young daughters
Miłość poruszyła serca młodych córek braminów
they were charmed when Siddhartha walked through the lanes of the town
Byli oczarowani, gdy Siddhartha przechadzał się uliczkami miasta
his luminous forehead, his eyes of a king, his slim hips
jego świetliste czoło, jego oczy króla, jego szczupłe biodra
But most of all he was loved by Govinda
Ale przede wszystkim kochał go Govinda
Govinda, his friend, the son of a Brahman
Govinda, jego przyjaciel, syn bramina
He loved Siddhartha's eye and sweet voice
Uwielbiał oko i słodki głos Siddharthy
he loved the way he walked
Kochał sposób, w jaki chodził
and he loved the perfect decency of his movements

i kochał doskonałą przyzwoitość swoich ruchów
he loved everything Siddhartha did and said
kochał wszystko, co robił i mówił Siddhartha
but what he loved most was his spirit
Ale to, co kochał najbardziej, to jego duch
he loved his transcendent, fiery thoughts
Kochał swoje transcendentne, płomienne myśli
he loved his ardent will and high calling
Kochał swoją żarliwą wolę i wysokie powołanie
Govinda knew he would not become a common Brahman
Govinda wiedział, że nie stanie się zwykłym braminem
no, he would not become a lazy official
Nie, nie zostałby leniwym urzędnikiem
no, he would not become a greedy merchant
Nie, nie stanie się chciwym kupcem
not a vain, vacuous speaker
Nie jest próżnym, próżnym mówcą
nor a mean, deceitful priest
ani podłym, kłamliwym księdzem
and also would not become a decent, stupid sheep
a także nie stałby się porządną, głupią owcą
a sheep in the herd of the many
owca w stadzie wielu
and he did not want to become one of those things
i nie chciał stać się jedną z tych rzeczy
he did not want to be one of those tens of thousands of Brahmans
nie chciał być jednym z tych dziesiątków tysięcy braminów
He wanted to follow Siddhartha, the beloved, the splendid
Chciał podążać za Siddharthą, ukochanym, wspaniałym
in days to come, when Siddhartha would become a god, he would be there
w dniach, które nadejdą, kiedy Siddhartha stanie się bogiem, będzie tam
when he would join the glorious, he would be there
Kiedy przyłączył się do chwalebnych, był tam
Govinda wanted to follow him as his friend

Govinda chciał podążać za nim jako jego przyjaciel
he was his companion and his servant
Był jego towarzyszem i sługą
he was his spear-carrier and his shadow
Był jego włócznią i jego cieniem
Siddhartha was loved by everyone
Siddhartha był kochany przez wszystkich
He was a source of joy for everybody
Był źródłem radości dla wszystkich
he was a delight for them all
Był rozkoszą dla nich wszystkich
But he, Siddhartha, was not a source of joy for himself
Ale on, Siddhartha, nie był dla siebie źródłem radości
he found no delight in himself
Nie znajdował w sobie upodobania
he walked the rosy paths of the fig tree garden
Chodził różowymi ścieżkami ogrodu figowego
he sat in the bluish shade in the garden of contemplation
Siedział w niebieskawym cieniu w ogrodzie kontemplacji
he washed his limbs daily in the bath of repentance
Codziennie mył swe członki w kąpieli pokuty
he made sacrifices in the dim shade of the mango forest
Składał ofiary w mrocznym cieniu lasu mango
his gestures were of perfect decency
Jego gesty świadczyły o doskonałej przyzwoitości
he was everyone's love and joy
Był miłością i radością wszystkich
but he still lacked all joy in his heart
Wciąż jednak brakowało mu radości w sercu
Dreams and restless thoughts came into his mind
W jego głowie pojawiały się sny i niespokojne myśli
his dreams flowed from the water of the river
Jego marzenia płynęły z wody rzeki
his dreams sparked from the stars of the night
Jego sny iskrzą się od gwiazd nocy
his dreams melted from the beams of the sun
Jego marzenia rozpłynęły się w promieniach słońca

dreams came to him, and a restlessness of the soul came to him
Przychodziły do niego sny i przychodził do niego niepokój duszy
his soul was fuming from the sacrifices
Jego dusza rozdymała się od ofiar
he breathed forth from the verses of the Rig-Veda
tchnął z wersetów Rygwedy
the verses were infused into him, drop by drop
Wersety zostały w niego wlane, kropla po kropli
the verses from the teachings of the old Brahmans
wersety z nauk dawnych braminów
Siddhartha had started to nurse discontent in himself
Siddhartha zaczął pielęgnować w sobie niezadowolenie
he had started to feel doubt about the love of his father
Zaczął wątpić w miłość ojca
he doubted the love of his mother
Wątpił w miłość matki
and he doubted the love of his friend, Govinda
i zwątpił w miłość swego przyjaciela, Govindy
he doubted if their love could bring him joy for ever and ever
Wątpił, czy ich miłość może przynieść mu radość na wieki wieków
their love could not nurse him
Ich miłość nie mogła go wykarmić
their love could not feed him
Ich miłość nie mogła go nakarmić
their love could not satisfy him
Ich miłość nie mogła go zadowolić
he had started to suspect his father's teachings
Zaczął podejrzewać nauki ojca
perhaps he had shown him everything he knew
Być może pokazał mu wszystko, co wiedział
there were his other teachers, the wise Brahmans
byli też inni jego nauczyciele, mądrzy bramini
perhaps they had already revealed to him the best of their

wisdom
Być może już objawili mu to, co najlepsze w ich mądrości
he feared that they had already filled his expecting vessel
Obawiał się, że napełnili już jego oczekujące naczynie
despite the richness of their teachings, the vessel was not full
Pomimo bogactwa ich nauk, naczynie nie było pełne
the spirit was not content
Duch nie był zadowolony
the soul was not calm
Dusza nie była spokojna
the heart was not satisfied
Serce nie było zadowolone
the ablutions were good, but they were water
Ablucje były dobre, ale to była woda
the ablutions did not wash off the sin
Ablucje nie zmyły grzechu
they did not heal the spirit's thirst
Nie uleczyły pragnienia ducha
they did not relieve the fear in his heart
Nie rozładowały strachu w jego sercu
The sacrifices and the invocation of the gods were excellent
Składanie ofiar i wzywanie bogów było wspaniałe
but was that all there was?
Ale czy to wszystko?
did the sacrifices give a happy fortune?
Czy ofiary dały szczęśliwy los?
and what about the gods?
A co z bogami?
Was it really Prajapati who had created the world?
Czy to naprawdę Pradżapati stworzył świat?
Was it not the Atman who had created the world?
Czyż to nie Atman stworzył świat?
Atman, the only one, the singular one
Atman, jedyny, jedyny
Were the gods not creations?
Czyż bogowie nie byli stworzeniami?

were they not created like me and you?
Czyż nie zostali stworzeni jak ja i ty?
were the Gods not subject to time?
Czyż bogowie nie podlegali czasowi?
were the Gods mortal? Was it good?
Czy bogowie byli śmiertelni? Czy to było dobre?
was it right? was it meaningful?
Czy słusznie? Czy to miało znaczenie?
was it the highest occupation to make offerings to the gods?
Czy składanie ofiar bogom było najwyższym zajęciem?
For whom else were offerings to be made?
Za kogo jeszcze miały być składane ofiary?
who else was to be worshipped?
Komu jeszcze należało oddawać cześć?
who else was there, but Him?
Któż inny tam był, jeśli nie On?
The only one, the Atman
Jedyny, Atman
And where was Atman to be found?
A gdzie można było znaleźć Atmana?
where did He reside?
gdzie On przebywał?
where did His eternal heart beat?
gdzie biło Jego wieczne serce?
where else but in one's own self?
Gdzie indziej, jeśli nie we własnym "ja"?
in its innermost indestructible part
w jego najgłębszej, niezniszczalnej części
could he be that which everyone had in himself?
Czy mógł być tym, co każdy miał w sobie?
But where was this self?
Ale gdzie było to ja?
where was this innermost part?
Gdzie była ta najgłębsza część?
where was this ultimate part?
Gdzie była ta ostateczna część?
It was not flesh and bone

To nie było ciało i kości
it was neither thought nor consciousness
Nie była to ani myśl, ani świadomość
this is what the wisest ones taught
Tego uczyli najmądrzejsi
So where was it?
Więc gdzie to było?
the self, myself, the Atman
jaźń, ja, Atman
To reach this place, there was another way
Aby dotrzeć do tego miejsca, istniała inna droga
was this other way worth looking for?
Czy warto było szukać tego innego sposobu?
Alas, nobody showed him this way
Niestety, nikt mu tego nie pokazał
nobody knew this other way
Nikt nie wiedział, że jest inaczej
his father did not know it
Ojciec o tym nie wiedział
and the teachers and wise men did not know it
A nauczyciele i mędrcy o tym nie wiedzieli
They knew everything, the Brahmans
Wiedzieli wszystko, bramini
and their holy books knew everything
a ich święte księgi wiedziały wszystko
they had taken care of everything
Zadbali o wszystko
they took care of the creation of the world
Oni zadbali o stworzenie świata
they described origin of speech, food, inhaling, exhaling
Opisywali pochodzenie mowy, jedzenia, wdechu, wydechu
they described the arrangement of the senses
Opisywali układ zmysłów
they described the acts of the gods
Opisywali czyny bogów
their books knew infinitely much
Ich książki wiedziały nieskończenie wiele

but was it valuable to know all of this?
Ale czy warto było to wszystko wiedzieć?
was there not only one thing to be known?
Czyż nie było tylko jednej rzeczy, którą można było wiedzieć?
was there still not the most important thing to know?
Czy nadal nie było najważniejszej rzeczy, którą należało wiedzieć?
many verses of the holy books spoke of this innermost, ultimate thing
Wiele wersetów świętych ksiąg mówiło o tej najgłębszej, ostatecznej rzeczy
it was spoken of particularly in the Upanishades of Samaveda
Mówiono o nim zwłaszcza w Upanishades z Samavedy
they were wonderful verses
To były cudowne wersety
"Your soul is the whole world", this was written there
"Twoja dusza jest całym światem", tak było tam napisane
and it was written that man in deep sleep would meet with his innermost part
Napisano też, że człowiek pogrążony w głębokim śnie spotka się ze swoją najgłębszą częścią
and he would reside in the Atman
i zamieszka w Atmanie
Marvellous wisdom was in these verses
Cudowna mądrość była zawarta w tych wersetach
all knowledge of the wisest ones had been collected here in magic words
Cała wiedza najmądrzejszych została tu zebrana w magicznych słowach
it was as pure as honey collected by bees
Był czysty jak miód zbierany przez pszczoły
No, the verses were not to be looked down upon
Nie, na te wersety nie można było patrzeć z góry
they contained tremendous amounts of enlightenment
Zawierały one ogromne ilości oświecenia
they contained wisdom which lay collected and preserved

Zawierały one mądrość, która leżała zebrana i przechowywana
wisdom collected by innumerable generations of wise Brahmans
mądrość zebrana przez niezliczone pokolenia mądrych braminów
But where were the Brahmans?
Ale gdzie byli bramini?
where were the priests?
Gdzie byli kapłani?
where the wise men or penitents?
Gdzie mędrcy czy pokutnicy?
where were those that had succeeded?
Gdzie byli ci, którym się to udało?
where were those who knew more than deepest of all knowledge?
Gdzie byli ci, którzy wiedzieli więcej niż najgłębszą ze wszystkich wiedzy?
where were those that also lived out the enlightened wisdom?
Gdzie byli ci, którzy również żyli oświeconą mądrością?
Where was the knowledgeable one who brought Atman out of his sleep?
Gdzie był ten mądry, który wyrwał Atmana ze snu?
who had brought it into the day?
Kto wniósł to do dnia?
who had taken it into their life?
Kto wziął to do swojego życia?
who carried it with every step they took?
Kto niósł ją na każdym kroku?
who had married their words with their deeds?
Kto połączył ich słowa z czynami?
Siddhartha knew many venerable Brahmans
Siddhartha znał wielu czcigodnych braminów
his father, the pure one
Jego ojciec, czysty
the scholar, the most venerable one

- 11 -

Uczony, Najczcigodniejszy
His father was worthy of admiration
Jego ojciec był godny podziwu
quiet and noble were his manners
Ciche i szlachetne były jego maniery
pure was his life, wise were his words
Czyste było jego życie, mądre były jego słowa
delicate and noble thoughts lived behind his brow
Delikatne i szlachetne myśli żyły za jego czołem
but even though he knew so much, did he live in blissfulness?
Ale czy choć wiedział tak wiele, żył w błogości?
despite all his knowledge, did he have peace?
Czy mimo całej swojej wiedzy zaznał spokoju?
was he not also just a searching man?
Czyż nie był on po prostu człowiekiem poszukującym?
was he still not a thirsty man?
Czyż nie był jeszcze spragniony?
Did he not have to drink from holy sources again and again?
Czyż nie musiał ciągle pić ze świętych źródeł?
did he not drink from the offerings?
Czyż nie pił z ofiar?
did he not drink from the books?
Czyż nie pił z książek?
did he not drink from the disputes of the Brahmans?
Czyż nie pił z dysput braminów?
Why did he have to wash off sins every day?
Dlaczego musiał codziennie zmywać grzechy?
must he strive for a cleansing every day?
Czy musi dążyć do oczyszczenia każdego dnia?
over and over again, every day
I tak w kółko, każdego dnia
Was Atman not in him?
Czyż nie było w nim Atmana?
did not the pristine source spring from his heart?
Czyż to nieskazitelne źródło nie wypłynęło z jego serca?
the pristine source had to be found in one's own self

Pierwotne źródło trzeba było odnaleźć we własnej jaźni
the pristine source had to be possessed!
Nieskazitelne źródło musiało zostać posiadłe!
doing anything else else was searching
Robienie czegokolwiek innego było szukaniem
taking any other pass is a detour
Korzystanie z każdej innej przepustki to objazd
going any other way leads to getting lost
Pójście inną drogą prowadzi do zagubienia się
These were Siddhartha's thoughts
Takie były myśli Siddharthy
this was his thirst, and this was his suffering
To było jego pragnienie i to było jego cierpienie
Often he spoke to himself from a Chandogya-Upanishad:
Często mówił do siebie z Chandogya-Upaniszad:
"Truly, the name of the Brahman is Satyam"
"Zaprawdę, imię Brahmana brzmi Satjam"
"he who knows such a thing, will enter the heavenly world every day"
"Kto wie coś takiego, wejdzie do świata niebieskiego każdego dnia"
Often the heavenly world seemed near
Często świat niebiański wydawał się bliski
but he had never reached the heavenly world completely
Nigdy jednak nie dotarł całkowicie do świata niebiańskiego
he had never quenched the ultimate thirst
Nigdy nie ugasił największego pragnienia
And among all the wise and wisest men, none had reached it
A spośród wszystkich mądrych i najmądrzejszych ludzi żaden nie osiągnął tego celu
he received instructions from them
Otrzymał od nich instrukcje
but they hadn't completely reached the heavenly world
Nie dotarli jednak w pełni do świata niebiańskiego
they hadn't completely quenched their thirst
Nie ugasili całkowicie pragnienia
because it is an eternal thirst

bo jest to wieczne pragnienie

"Govinda" Siddhartha spoke to his friend
– Govinda – odezwał się Siddhartha do przyjaciela
"Govinda, my dear, come with me under the Banyan tree"
"Govindo, moja droga, chodź ze mną pod drzewo Banyan"
"let's practise meditation"
"Praktykujmy medytację"
They went to the Banyan tree
Poszli do drzewa Banyan
under the Banyan tree they sat down
pod drzewem Banyan usiedli
Siddhartha was right here
Siddhartha był właśnie tutaj
Govinda was twenty paces away
Govinda znajdował się dwadzieścia kroków dalej
Siddhartha seated himself and he repeated murmuring the verse
Siddhartha usiadł i powtórzył pod nosem ten werset
Om is the bow, the arrow is the soul
Om to łuk, strzała to dusza
The Brahman is the arrow's target
Brahman jest celem strzały
the target that one should incessantly hit
cel, w który należy nieustannie uderzać
the usual time of the exercise in meditation had passed
Minął zwykły czas ćwiczenia w medytacji
Govinda got up, the evening had come
Govinda wstał, nadszedł wieczór
it was time to perform the evening's ablution
Nadszedł czas na wykonanie wieczornej ablucji
He called Siddhartha's name, but Siddhartha did not answer
Zawołał Siddharthę po imieniu, ale ten nie odpowiedział
Siddhartha sat there, lost in thought
Siddhartha siedział pogrążony w myślach
his eyes were rigidly focused towards a very distant target
Jego oczy były sztywno skupione na bardzo odległym celu

the tip of his tongue was protruding a little between the teeth
Czubek języka wystawał nieco między zęby
he seemed not to breathe
Wydawało się, że nie oddycha
Thus sat he, wrapped up in contemplation
Tak siedział, pogrążony w kontemplacji
he was deep in thought of the Om
Był pogrążony w myślach o Om
his soul sent after the Brahman like an arrow
jego dusza posłała za Brahmanem jak strzała
Once, Samanas had travelled through Siddhartha's town
Pewnego razu Samanas podróżował przez miasto Siddharthy
they were ascetics on a pilgrimage
Byli ascetami w pielgrzymce
three skinny, withered men, neither old nor young
Trzech chudych, zwiędłych mężczyzn, ani starych, ani młodych
dusty and bloody were their shoulders
Zakurzone i zakrwawione były ich ramiona
almost naked, scorched by the sun, surrounded by loneliness
Prawie nagi, spalony słońcem, otoczony samotnością
strangers and enemies to the world
obcy i wrogowie świata
strangers and jackals in the realm of humans
Obcy i szakale w królestwie ludzi
Behind them blew a hot scent of quiet passion
Za nimi wiał gorący zapach cichej namiętności
a scent of destructive service
zapach destrukcyjnej służby
a scent of merciless self-denial
zapach bezlitosnego samozaparcia
the evening had come
Nadszedł wieczór
after the hour of contemplation, Siddhartha spoke to Govinda

Po godzinie kontemplacji Siddhartha przemówił do Govindy
"**Early tomorrow morning, my friend, Siddhartha will go to the Samanas**"
"Jutro wcześnie rano, mój przyjacielu, Siddhartha pójdzie do Samanów"
"**He will become a Samana**"
"Stanie się Samaną"
Govinda turned pale when he heard these words
Govinda zbladł, słysząc te słowa
and he read the decision in the motionless face of his friend
i odczytał decyzję w nieruchomej twarzy przyjaciela
it was unstoppable, like the arrow shot from the bow
Był nie do zatrzymania, jak strzała wystrzelona z łuku
Govinda realized at first glance; now it is beginning
Govinda zdał sobie sprawę na pierwszy rzut oka; teraz się zaczyna
now Siddhartha is taking his own way
teraz Siddhartha idzie własną drogą
now his fate is beginning to sprout
Teraz jego los zaczyna kiełkować
and because of Siddhartha, Govinda's fate is sprouting too
a z powodu Siddharthy los Govindy również kiełkuje
he turned pale like a dry banana-skin
Zbladł jak sucha skórka od banana
"**Oh Siddhartha,**" he exclaimed
— Och, Siddhartho — wykrzyknął
"**will your father permit you to do that?**"
– Czy twój ojciec ci na to pozwoli?
Siddhartha looked over as if he was just waking up
Siddhartha obejrzał się, jakby dopiero co się obudził
like an Arrow he read Govinda's soul
jak strzała czytał w duszy Govindy
he could read the fear and the submission in him
Potrafił wyczytać w nim strach i uległość
"**Oh Govinda,**" he spoke quietly, "**let's not waste words**"
– Och, Govinda – odezwał się cicho – nie marnujmy słów.
"**Tomorrow at daybreak I will begin the life of the Samanas**"

"Jutro o świcie rozpocznę życie Samanas"
"let us speak no more of it"
"Nie mówmy o tym więcej"

Siddhartha entered the chamber where his father was sitting
Siddhartha wszedł do komnaty, w której siedział jego ojciec
his father was was on a mat of bast
Jego ojciec leżał na macie z łykiem
Siddhartha stepped behind his father
Siddhartha stanął za ojcem
and he remained standing behind him
i pozostał za nim
he stood until his father felt that someone was standing behind him
Wstał, dopóki ojciec nie poczuł, że ktoś stoi za nim
Spoke the Brahman: "Is that you, Siddhartha?"
Brahman powiedział: "Czy to ty, Siddhartho?"
"Then say what you came to say"
"To powiedz to, co przyszedłeś powiedzieć"
Spoke Siddhartha: "With your permission, my father"
Siddhartha powiedział: "Za twoim pozwoleniem, mój ojcze"
"I came to tell you that it is my longing to leave your house tomorrow"
"Przyszedłem ci powiedzieć, że tęsknię za tym, by jutro opuścić twój dom"
"I wish to go to the ascetics"
"Chcę iść do ascetów"
"My desire is to become a Samana"
"Moim pragnieniem jest zostać Samaną"
"May my father not oppose this"
"Niech mój ojciec się temu nie sprzeciwia"
The Brahman fell silent, and he remained so for long
Bramin zamilkł i pozostał w tym stanie przez długi czas
the stars in the small window wandered
Gwiazdy w małym okienku wędrowały
and they changed their relative positions
i zmienili swoje względne pozycje

Silent and motionless stood the son with his arms folded
Syn stał milczący i nieruchomy z założonymi rękami
silent and motionless sat the father on the mat
Ojciec siedział milczący i nieruchomy na macie
and the stars traced their paths in the sky
a gwiazdy kreśliły swe ścieżki na niebie
Then spoke the father
Wtedy odezwał się ojciec
"Not proper it is for a Brahman to speak harsh and angry words"
"Nie jest rzeczą właściwą, aby bramin wypowiadał szorstkie i gniewne słowa"
"But indignation is in my heart"
"Ale oburzenie jest w moim sercu"
"I wish not to hear this request for a second time"
"Nie chcę słyszeć tej prośby po raz drugi"
Slowly, the Brahman rose
Bramin powoli się podniósł
Siddhartha stood silently, his arms folded
Siddhartha stał w milczeniu z założonymi rękami
"What are you waiting for?" asked the father
"Na co czekasz?" – zapytał ojciec
Spoke Siddhartha, "You know what I'm waiting for"
Siddhartha odezwał się: "Wiesz, na co czekam"
Indignant, the father left the chamber
Oburzony ojciec wyszedł z komnaty
indignant, he went to his bed and lay down
Oburzony poszedł do łóżka i położył się
an hour passed, but no sleep had come over his eyes
Minęła godzina, ale w jego oczach nie zasnął
the Brahman stood up and he paced to and fro
Brahman wstał i chodził tam i z powrotem
and he left the house in the night
i wyszedł z domu w nocy
Through the small window of the chamber he looked back inside
Przez małe okienko komnaty zajrzał do środka

and there he saw Siddhartha standing
i ujrzał tam stojącego Siddharthę
his arms were folded and he had not moved from his spot
Miał założone ręce i nie ruszył się z miejsca
Pale shimmered his bright robe
Blady połyskiwał w swojej jasnej szacie
With anxiety in his heart, the father returned to his bed
Z niepokojem w sercu ojciec wrócił do łóżka
another sleepless hour passed
Minęła kolejna nieprzespana godzina
since no sleep had come over his eyes, the Brahman stood up again
Ponieważ nie zasnął mu w oczach, bramin wstał
he paced to and fro, and he walked out of the house
Chodził tam i z powrotem, aż w końcu wyszedł z domu
and he saw that the moon had risen
i zobaczył, że księżyc wstał
Through the window of the chamber he looked back inside
Przez okno komnaty zajrzał do środka
there stood Siddhartha, unmoved from his spot
Siddhartha stał niewzruszony ze swego miejsca
his arms were folded, as they had been
Jego ręce były złożone, tak jak przedtem
moonlight was reflecting from his bare shins
Światło księżyca odbijało się od jego nagich łydek
With worry in his heart, the father went back to bed
Ze zmartwieniem w sercu ojciec wrócił do łóżka
he came back after an hour
Wrócił po godzinie
and he came back again after two hours
i wrócił po dwóch godzinach
he looked through the small window
Wyjrzał przez małe okienko
he saw Siddhartha standing in the moon light
zobaczył Siddharthę stojącego w świetle księżyca
he stood by the light of the stars in the darkness
Stał przy świetle gwiazd w ciemności

And he came back hour after hour
I wracał godzina po godzinie
silently, he looked into the chamber
W milczeniu zajrzał do komnaty
he saw him standing in the same place
Zobaczył go stojącego w tym samym miejscu
it filled his heart with anger
Napełniło to jego serce gniewem
it filled his heart with unrest
Napełniło to jego serce niepokojem
it filled his heart with anguish
Napełniło to jego serce udręką
it filled his heart with sadness
Napełniło to jego serce smutkiem
the night's last hour had come
Nadeszła ostatnia godzina nocy
his father returned and stepped into the room
Ojciec wrócił i wszedł do pokoju
he saw the young man standing there
Zobaczył stojącego tam młodzieńca
he seemed tall and like a stranger to him
Wydawał się wysoki i jakby był dla niego obcy
"Siddhartha," he spoke, "what are you waiting for?"
— Siddhartho — odezwał się — na co czekasz?
"You know what I'm waiting for"
"Wiesz, na co czekam"
"Will you always stand that way and wait?
"Czy zawsze będziesz tak stał i czekał?
I will always stand and wait"
"Zawsze będę stał i czekał"
"will you wait until it becomes morning, noon, and evening?"
— Czy poczekasz, aż nadejdzie poranek, południe i wieczór?
"I will wait until it become morning, noon, and evening"
"Poczekam, aż nadejdzie poranek, południe i wieczór"
"You will become tired, Siddhartha"
"Zmęczysz się, Siddhartho"

"I will become tired"
"Zmęczę się"
"You will fall asleep, Siddhartha"
"Zaśniesz, Siddhartho"
"I will not fall asleep"
"Nie zasnę"
"You will die, Siddhartha"
"Umrzesz, Siddhartho"
"I will die," answered Siddhartha
— Umrę — odparł Siddhartha
"And would you rather die, than obey your father?"
— A wolałbyś umrzeć, niż być posłusznym ojcu?
"Siddhartha has always obeyed his father"
"Siddhartha zawsze był posłuszny ojcu"
"So will you abandon your plan?"
— A więc porzucisz swój plan?
"Siddhartha will do what his father will tell him to do"
"Siddhartha zrobi to, co każe mu ojciec"
The first light of day shone into the room
Pierwsze promienie dnia zabłysły w pokoju
The Brahman saw that Siddhartha knees were softly trembling
Bramin zobaczył, że kolana Siddharthy drżą lekko
In Siddhartha's face he saw no trembling
Na twarzy Siddharthy nie dostrzegł drżenia
his eyes were fixed on a distant spot
Jego wzrok utkwiony był w odległym miejscu
This was when his father realized
Wtedy jego ojciec zdał sobie sprawę
even now Siddhartha no longer dwelt with him in his home
nawet teraz Siddhartha nie mieszkał już z nim w jego domu
he saw that he had already left him
Zobaczył, że już go opuścił
The Father touched Siddhartha's shoulder
Ojciec dotknął ramienia Siddharthy
"You will," he spoke, "go into the forest and be a Samana"
— Pójdziesz — rzekł — do lasu i zostaniesz Samaną.

"When you find blissfulness in the forest, come back"
"Gdy znajdziesz błogość w lesie, wróć"
"come back and teach me to be blissful"
"Wróć i naucz mnie błogości"
"If you find disappointment, then return"
"Jeśli się rozczarujesz, wróć"
"return and let us make offerings to the gods together, again"
"Wróćcie i złóżmy razem ofiary bogom"
"Go now and kiss your mother"
"Idź teraz i pocałuj swoją matkę"
"tell her where you are going"
"Powiedz jej, dokąd idziesz"
"But for me it is time to go to the river"
"Ale dla mnie nadszedł czas, aby iść nad rzekę"
"it is my time to perform the first ablution"
"Nadszedł mój czas, aby dokonać pierwszej ablucji"
He took his hand from the shoulder of his son, and went outside
Zdjął rękę z ramienia syna i wyszedł na zewnątrz
Siddhartha wavered to the side as he tried to walk
Siddhartha zachwiał się na bok, próbując iść
He put his limbs back under control and bowed to his father
Opanował kończyny i ukłonił się ojcu
he went to his mother to do as his father had said
Poszedł do matki, aby zrobić to, co powiedział mu ojciec
As he slowly left on stiff legs a shadow rose near the last hut
Gdy powoli odchodził na sztywnych nogach, cień uniósł się w pobliżu ostatniej chaty
who had crouched there, and joined the pilgrim?
Kto tam przykucnął i przyłączył się do pielgrzyma?
"Govinda, you have come" said Siddhartha and smiled
– Govinda, przyszedłeś – powiedział Siddhartha i uśmiechnął się
"I have come," said Govinda
— Przyszedłem — rzekł Govinda

With the Samanas
Z Samanami

In the evening of this day they caught up with the ascetics
Wieczorem tego dnia dogonili ascetów
the ascetics; the skinny Samanas
asceci; chudy Samanas
they offered them their companionship and obedience
Zaoferowali im swoje towarzystwo i posłuszeństwo
Their companionship and obedience were accepted
Ich towarzystwo i posłuszeństwo zostały zaakceptowane
Siddhartha gave his garments to a poor Brahman in the street
Siddhartha oddał swoje szaty biednemu braminowi na ulicy
He wore nothing more than a loincloth and earth-coloured, unsown cloak
Miał na sobie jedynie przepaskę na biodrach i niezasiany płaszcz w kolorze ziemi
He ate only once a day, and never anything cooked
Jadł tylko raz dziennie i nigdy nic nie gotował
He fasted for fifteen days, he fasted for twenty-eight days
Pościł przez piętnaście dni, pościł przez dwadzieścia osiem dni
The flesh waned from his thighs and cheeks
Ciało więdło z jego ud i policzków
Feverish dreams flickered from his enlarged eyes
Gorączkowe sny migotały w jego powiększonych oczach
long nails grew slowly on his parched fingers
Długie paznokcie rosły powoli na jego spieczonych palcach
and a dry, shaggy beard grew on his chin
a na brodzie wyrosła mu sucha, kudłata broda
His glance turned to ice when he encountered women
Jego spojrzenie zamieniało się w lód, gdy spotykał kobiety
he walked through a city of nicely dressed people
Szedł przez miasto ładnie ubranych ludzi
his mouth twitched with contempt for them
Jego usta drgnęły z pogardy dla nich

He saw merchants trading and princes hunting
Widział kupców handlujących i polujących książąt
he saw mourners wailing for their dead
Widział żałobników opłakujących swoich zmarłych
and he saw whores offering themselves
i widział nierządnice ofiarowujące się
physicians trying to help the sick
Lekarze starają się pomóc chorym
priests determining the most suitable day for seeding
Kapłani ustalający najodpowiedniejszy dzień na siew
lovers loving and mothers nursing their children
kochający kochankowie i matki karmiące swoje dzieci
and all of this was not worthy of one look from his eyes
A wszystko to nie było warte choćby jednego spojrzenia z jego oczu
it all lied, it all stank, it all stank of lies
To wszystko kłamało, wszystko śmierdziało, wszystko śmierdziało kłamstwami
it all pretended to be meaningful and joyful and beautiful
Wszystko to udawało, że ma znaczenie, radość i piękno
and it all was just concealed putrefaction
A wszystko to było tylko ukrytą zgnilizną
the world tasted bitter; life was torture
świat posmakował gorzko; Życie było torturą

A single goal stood before Siddhartha
Przed Siddharthą stanęła tylko jedna bramka
his goal was to become empty
Jego celem było stać się pustym
his goal was to be empty of thirst
Jego celem było być wolnym od pragnienia
empty of wishing and empty of dreams
Pusty od życzeń i pusty od marzeń
empty of joy and sorrow
Pozbawiony radości i smutku
his goal was to be dead to himself
Jego celem było umrzeć dla samego siebie

his goal was not to be a self any more
Jego celem nie było już bycie sobą
his goal was to find tranquillity with an emptied heart
Jego celem było odnalezienie spokoju z pustym sercem
his goal was to be open to miracles in unselfish thoughts
Jego celem było otwarcie się na cuda w bezinteresownych myślach
to achieve this was his goal
Osiągnięcie tego było jego celem
when all of his self was overcome and had died
kiedy cała jego jaźń została pokonana i umarła
when every desire and every urge was silent in the heart
gdy każde pragnienie i każda potrzeba milczały w sercu
then the ultimate part of him had to awake
Wtedy jego ostateczna część musiała się obudzić
the innermost of his being, which is no longer his self
najgłębszą część jego istoty, która nie jest już jego jaźnią
this was the great secret
To była wielka tajemnica

Silently, Siddhartha exposed himself to the burning rays of the sun
W milczeniu Siddhartha wystawił się na palące promienie słońca
he was glowing with pain and he was glowing with thirst
Promieniał z bólu i płonął pragnieniem
and he stood there until he neither felt pain nor thirst
I stał tam, aż nie poczuł ani bólu, ani pragnienia
Silently, he stood there in the rainy season
Stał tam w milczeniu w porze deszczowej
from his hair the water was dripping over freezing shoulders
Z jego włosów woda kapała po zamarzniętych ramionach
the water was dripping over his freezing hips and legs
Woda kapała mu po zmarzniętych biodrach i nogach
and the penitent stood there
A penitent stał tam

he stood there until he could not feel the cold any more
Stał tak długo, aż przestał czuć zimno
he stood there until his body was silent
Stał tak długo, aż jego ciało zamilkło
he stood there until his body was quiet
Stał tam, dopóki jego ciało się nie uspokoiło
Silently, he cowered in the thorny bushes
W milczeniu skulił się w ciernistych krzakach
blood dripped from the burning skin
Krew kapała z płonącej skóry
blood dripped from festering wounds
Krew kapała z ropiejących ran
and Siddhartha stayed rigid and motionless
a Siddhartha pozostał sztywny i nieruchomy
he stood until no blood flowed any more
Stał tak długo, aż krew przestała płynąć
he stood until nothing stung any more
Stał tak długo, aż nic już nie kłuło
he stood until nothing burned any more
Stał tak długo, aż nic już się nie paliło
Siddhartha sat upright and learned to breathe sparingly
Siddhartha wyprostował się i nauczył oszczędnie oddychać
he learned to get along with few breaths
Nauczył się dogadywać z kilkoma oddechami
he learned to stop breathing
Nauczył się przestać oddychać
He learned, beginning with the breath, to calm the beating of his heart
Nauczył się, zaczynając od oddechu, uspokajać bicie serca
he learned to reduce the beats of his heart
Nauczył się redukować uderzenia serca
he meditated until his heartbeats were only a few
Medytował, aż jego serce biło zaledwie kilka razy
and then his heartbeats were almost none
A potem jego serce biło prawie wcale
Instructed by the oldest of the Samanas, Siddhartha practised self-denial

Nauczony przez najstarszego z Samanów, Siddhartha praktykował samozaparcie
he practised meditation, according to the new Samana rules
praktykował medytację, zgodnie z nowymi regułami Samana
A heron flew over the bamboo forest
Czapla przeleciała nad bambusowym lasem
Siddhartha accepted the heron into his soul
Siddhartha przyjął czaplę do swojej duszy
he flew over forest and mountains
Latał nad lasami i górami
he was a heron, he ate fish
Był czaplą, jadł ryby
he felt the pangs of a heron's hunger
Poczuł głód czapli
he spoke the heron's croak
Wydał z siebie rechot czapli
he died a heron's death
Zginął śmiercią czapli
A dead jackal was lying on the sandy bank
Na piaszczystym brzegu leżał martwy szakal
Siddhartha's soul slipped inside the body of the dead jackal
Dusza Siddharthy wślizgnęła się do ciała martwego szakala
he was the dead jackal laying on the banks and bloated
Był martwym szakalem leżącym na brzegu i wzdętym
he stank and decayed and was dismembered by hyenas
Śmierdział, rozkładał się i został poćwiartowany przez hieny
he was skinned by vultures and turned into a skeleton
Został obdarty ze skóry przez sępy i zamieniony w szkielet
he was turned to dust and blown across the fields
Obrócono go w proch i rozwiewano po polach
And Siddhartha's soul returned
I dusza Siddharthy powróciła
it had died, decayed, and was scattered as dust
Umarł, zgnił i rozsypał się jak proch
it had tasted the gloomy intoxication of the cycle
Zasmakował ponurego upojenia cyklem
it awaited with a new thirst, like a hunter in the gap

Czekał z nowym pragnieniem, jak myśliwy w szczelinie
in the gap where he could escape from the cycle
w luce, w której mógłby uciec z cyklu
in the gap where an eternity without suffering began
w luce, w której zaczynała się wieczność bez cierpienia
he killed his senses and his memory
Zabił swoje zmysły i pamięć
he slipped out of his self into thousands of other forms
Wymknął się ze swojej jaźni w tysiące innych form
he was an animal, a carrion, a stone
Był zwierzęciem, padliną, kamieniem
he was wood and water
Był drewnem i wodą
and he awoke every time to find his old self again
i budził się za każdym razem, by odnaleźć dawnego siebie
whether sun or moon, he was his self again
Czy to słońce, czy księżyc, znów był sobą
he turned round in the cycle
Odwrócił się w cyklu
he felt thirst, overcame the thirst, felt new thirst
Poczuł pragnienie, przezwyciężył pragnienie, poczuł nowe pragnienie

Siddhartha learned a lot when he was with the Samanas
Siddhartha wiele się nauczył, gdy przebywał z Samanami
he learned many ways leading away from the self
Nauczył się wielu dróg prowadzących do odejścia od siebie
he learned how to let go
Nauczył się odpuszczać
He went the way of self-denial by means of pain
Poszedł drogą samozaparcia za pomocą bólu
he learned self-denial through voluntarily suffering and overcoming pain
Nauczył się samozaparcia poprzez dobrowolne cierpienie i pokonywanie bólu
he overcame hunger, thirst, and tiredness
Pokonał głód, pragnienie i zmęczenie

He went the way of self-denial by means of meditation
Poszedł drogą samozaparcia poprzez medytację
he went the way of self-denial through imagining the mind to be void of all conceptions
Poszedł drogą samozaparcia, wyobrażając sobie, że umysł jest wolny od wszelkich pojęć
with these and other ways he learned to let go
Dzięki tym i innym sposobom nauczył się odpuszczać
a thousand times he left his self
Tysiąc razy opuszczał swoją jaźń
for hours and days he remained in the non-self
Godzinami i dniami pozostawał w nie-jaźni
all these ways led away from the self
Wszystkie te drogi prowadziły z dala od jaźni
but their path always led back to the self
Ale ich ścieżka zawsze prowadziła z powrotem do jaźni
Siddhartha fled from the self a thousand times
Siddhartha tysiąc razy uciekał od jaźni
but the return to the self was inevitable
Ale powrót do jaźni był nieunikniony
although he stayed in nothingness, coming back was inevitable
Choć pozostał w nicości, powrót był nieunikniony
although he stayed in animals and stones, coming back was inevitable
Chociaż przebywał w zwierzętach i kamieniach, powrót był nieunikniony
he found himself in the sunshine or in the moonlight again
Znów znalazł się w blasku słońca lub księżyca
he found himself in the shade or in the rain again
Znów znalazł się w cieniu lub w deszczu
and he was once again his self; Siddhartha
i znów był sobą; Siddhartha
and again he felt the agony of the cycle which had been forced upon him
I znowu poczuł agonię cyklu, który został mu narzucony

by his side lived Govinda, his shadow
u jego boku mieszkał Govinda, jego cień
Govinda walked the same path and undertook the same efforts
Govinda szedł tą samą ścieżką i podjął te same wysiłki
they spoke to one another no more than the exercises required
Rozmawiali ze sobą nie więcej, niż wymagały tego ćwiczenia
occasionally the two of them went through the villages
Od czasu do czasu obaj chodzili po wioskach
they went to beg for food for themselves and their teachers
Szli żebrać o jedzenie dla siebie i swoich nauczycieli
"How do you think we have progressed, Govinda" he asked
— Jak myślisz, jak się rozwinęliśmy, Govindo? — zapytał
"Did we reach any goals?" Govinda answered
"Czy osiągnęliśmy jakieś cele?" Govinda odpowiedział
"We have learned, and we'll continue learning"
"Nauczyliśmy się i będziemy się nadal uczyć"
"You'll be a great Samana, Siddhartha"
"Będziesz wspaniałą Samaną, Siddhartho"
"Quickly, you've learned every exercise"
"Szybko nauczyłeś się każdego ćwiczenia"
"often, the old Samanas have admired you"
"Dawni Samany często cię podziwiali"
"One day, you'll be a holy man, oh Siddhartha"
"Pewnego dnia staniesz się świętym człowiekiem, o Siddhartho"
Spoke Siddhartha, "I can't help but feel that it is not like this, my friend"
Siddhartha powiedział: "Nie mogę oprzeć się wrażeniu, że tak nie jest, przyjacielu"
"What I've learned being among the Samanas could have been learned more quickly"
"To, czego nauczyłem się będąc wśród Samanów, mogłem nauczyć się szybciej"
"it could have been learned by simpler means"
"Można było się tego nauczyć prostszymi sposobami"

"it could have been learned in any tavern"
"Można się tego nauczyć w każdej karczmie"
"it could have been learned where the whorehouses are"
"Można było się dowiedzieć, gdzie są burdele"
"I could have learned it among carters and gamblers"
"Mógłbym się tego nauczyć wśród woźniców i hazardzistów"
Spoke Govinda, "Siddhartha is joking with me"
Govinda powiedział: "Siddhartha żartuje ze mnie"
"How could you have learned meditation among wretched people?"
"Jak mogłeś nauczyć się medytacji wśród nieszczęsnych ludzi?"
"how could whores have taught you about holding your breath?"
– Jak to możliwe, że dziwki nauczyły cię wstrzymywać oddech?
"how could gamblers have taught you insensitivity against pain?"
"Jak hazardziści mogli nauczyć cię niewrażliwości na ból?"
Siddhartha spoke quietly, as if he was talking to himself
Siddhartha mówił cicho, jakby mówił do siebie
"What is meditation?"
"Czym jest medytacja?"
"What is leaving one's body?"
"Co opuszcza ciało?"
"What is fasting?"
"Co to jest post?"
"What is holding one's breath?"
"Co to jest wstrzymywanie oddechu?"
"It is fleeing from the self"
"To ucieczka od jaźni"
"it is a short escape of the agony of being a self"
"To krótka ucieczka od agonii bycia sobą"
"it is a short numbing of the senses against the pain"
"Jest to krótkie odrętwienie zmysłów przed bólem"
"it is avoiding the pointlessness of life"
"To unikanie bezsensu życia"

"The same numbing is what the driver of an ox-cart finds in the inn"
"To samo odrętwienie znajduje woźnica wozu zaprzężonego w woły w gospodzie"
"drinking a few bowls of rice-wine or fermented coconut-milk"
"wypicie kilku misek wina ryżowego lub sfermentowanego mleka kokosowego"
"Then he won't feel his self any more"
"Wtedy nie będzie już czuł siebie"
"then he won't feel the pains of life any more"
"Wtedy nie będzie już odczuwał bólu życia"
"then he finds a short numbing of the senses"
"Potem doznaje krótkiego odrętwienia zmysłów"
"When he falls asleep over his bowl of rice-wine, he'll find the same what we find"
"Kiedy zaśnie nad swoją miseczką wina ryżowego, znajdzie to samo, co my"
"he finds what we find when we escape our bodies through long exercises"
"On znajduje to, co my znajdujemy, gdy uciekamy od naszych ciał poprzez długie ćwiczenia"
"all of us are staying in the non-self"
"Wszyscy pozostajemy w nie-jaźni"
"This is how it is, oh Govinda"
"Tak to jest, o Govinda"
Spoke Govinda, "You say so, oh friend"
Govinda odezwał się: "Tak mówisz, przyjacielu"
"and yet you know that Siddhartha is no driver of an ox-cart"
"A przecież wiesz, że Siddhartha nie jest woźnicą wozu zaprzężonego w woły"
"and you know a Samana is no drunkard"
"A wiesz, że Samana nie jest pijakiem"
"it's true that a drinker numbs his senses"
"To prawda, że pijący znieczula zmysły"
"it's true that he briefly escapes and rests"
"To prawda, że na krótko ucieka i odpoczywa"

"but he'll return from the delusion and finds everything to be unchanged"
"Ale on powróci ze złudzenia i zastanie wszystko niezmienione"
"he has not become wiser"
"Nie zmądrzał"
"he has gathered any enlightenment"
"Zebrał wszelkie oświecenie"
"he has not risen several steps"
"Nie uniósł się o kilka stopni"
And Siddhartha spoke with a smile
Siddhartha mówił z uśmiechem
"I do not know, I've never been a drunkard"
"Nie wiem, nigdy nie byłem pijakiem"
"I know that I find only a short numbing of the senses"
"Wiem, że odczuwam tylko krótkie odrętwienie zmysłów"
"I find it in my exercises and meditations"
"Znajduję ją w moich ćwiczeniach i medytacjach"
"and I find I am just as far removed from wisdom as a child in the mother's womb"
"i odkrywam, że jestem tak daleki od mądrości, jak dziecko w łonie matki"
"this I know, oh Govinda"
"To wiem, o Govinda"

And once again, another time, Siddhartha began to speak
I znowu, innym razem, Siddhartha zaczął mówić
Siddhartha had left the forest, together with Govinda
Siddhartha opuścił las razem z Govindą
they left to beg for some food in the village
Wyszli, aby żebrać o jedzenie w wiosce
he said, "What now, oh Govinda?"
Powiedział: "Co teraz, o Govindo?"
"are we on the right path?"
"Czy jesteśmy na dobrej drodze?"
"are we getting closer to enlightenment?"
"Czy zbliżamy się do Oświecenia?"

"are we getting closer to salvation?"
"Czy zbliżamy się do zbawienia?"
"Or do we perhaps live in a circle?"
– A może żyjemy w kręgu?
"we, who have thought we were escaping the cycle"
"My, którzy myśleliśmy, że uciekamy z cyklu"
Spoke Govinda, "We have learned a lot"
Govinda powiedział: "Wiele się nauczyliśmy"
"Siddhartha, there is still much to learn"
"Siddhartha, jest jeszcze wiele do nauczenia się"
"We are not going around in circles"
"Nie kręcimy się w kółko"
"we are moving up; the circle is a spiral"
"Idziemy w górę; Okrąg jest spiralą"
"we have already ascended many levels"
"Wspięliśmy się już na wiele poziomów"
Siddhartha answered, "How old would you think our oldest Samana is?"
Siddhartha odpowiedział: "Jak myślisz, ile lat ma nasza najstarsza Samana?"
"how old is our venerable teacher?"
"Ile lat ma nasz czcigodny nauczyciel?"
Spoke Govinda, "Our oldest one might be about sixty years of age"
Govinda powiedział: "Nasz najstarszy może mieć około sześćdziesięciu lat"
Spoke Siddhartha, "He has lived for sixty years"
Siddhartha powiedział: "On żyje od sześćdziesięciu lat"
"and yet he has not reached the nirvana"
"A jednak nie osiągnął nirwany"
"He'll turn seventy and eighty"
"Skończy siedemdziesiąt osiemdziesiąt lat"
"you and me, we will grow just as old as him"
"Ty i ja, będziemy tak samo starzy jak on"
"and we will do our exercises"
"A my będziemy ćwiczyć"
"and we will fast, and we will meditate"

"I będziemy pościć, i będziemy rozmyślać"
"But we will not reach the nirvana"
"Ale nie osiągniemy nirwany"
"he won't reach nirvana and we won't"
"On nie osiągnie nirwany i my nie"
"there are uncountable Samanas out there"
"Są tam niezliczone Samany"
"perhaps not a single one will reach the nirvana"
"Być może żaden z nich nie osiągnie nirwany"
"We find comfort, we find numbness, we learn feats"
"Znajdujemy pocieszenie, znajdujemy odrętwienie, uczymy się wyczynów"
"we learn these things to deceive others"
"Uczymy się tych rzeczy, aby zwodzić innych"
"But the most important thing, the path of paths, we will not find"
"Ale najważniejsze, czyli ścieżki ścieżek, nie znajdziemy"
Spoke Govinda "If you only wouldn't speak such terrible words, Siddhartha!"
Govinda odezwał się "Gdybyś tylko nie wypowiadał tak strasznych słów, Siddhartho!"
"there are so many learned men"
"Jest tak wielu uczonych"
"how could not one of them not find the path of paths?"
"Jakże jeden z nich nie mógłby nie odnaleźć ścieżki ścieżek?"
"how can so many Brahmans not find it?"
"Jak to możliwe, że tak wielu braminów go nie znajdzie?"
"how can so many austere and venerable Samanas not find it?"
— Jakże tylu surowych i czcigodnych Saman może go nie znaleźć?
"how can all those who are searching not find it?"
"Jakże ci wszyscy, którzy szukają, mogą jej nie znaleźć?"
"how can the holy men not find it?"
"Jakże święci mężowie mogą go nie znaleźć?"
But Siddhartha spoke with as much sadness as mockery
Ale Siddhartha mówił z równym smutkiem, co kpiną

he spoke with a quiet, a slightly sad, a slightly mocking voice
Mówił cichym, nieco smutnym, lekko kpiącym głosem
"Soon, Govinda, your friend will leave the path of the Samanas"
"Wkrótce, Govindo, twój przyjaciel zejdzie ze ścieżki Samanas"
"he has walked along your side for so long"
"On tak długo szedł u twego boku"
"I'm suffering of thirst"
"Cierpię z pragnienia"
"on this long path of a Samana, my thirst has remained as strong as ever"
"Na tej długiej ścieżce Samany moje pragnienie pozostało tak silne jak zawsze"
"I always thirsted for knowledge"
"Zawsze byłem spragniony wiedzy"
"I have always been full of questions"
"Zawsze byłem pełen pytań"
"I have asked the Brahmans, year after year"
"Pytałem braminów, rok po roku"
"and I have asked the holy Vedas, year after year"
"I prosiłem święte Wedy, rok po roku"
"and I have asked the devoted Samanas, year after year"
"I prosiłem oddanych Samanów, rok po roku"
"perhaps I could have learned it from the hornbill bird"
"Być może mógłbym się tego nauczyć od dzioborożca"
"perhaps I should have asked the chimpanzee"
"Może powinienem był zapytać szympansa"
"It took me a long time"
"Zajęło mi to dużo czasu"
"and I am not finished learning this yet"
"A ja jeszcze nie skończyłem się tego uczyć"
"oh Govinda, I have learned that there is nothing to be learned!"
"Och, Govindo, nauczyłem się, że nie ma się czego uczyć!"
"There is indeed no such thing as learning"

"Naprawdę nie ma czegoś takiego jak nauka"
"There is just one knowledge"
"Jest tylko jedna wiedza"
"this knowledge is everywhere, this is Atman"
"ta wiedza jest wszędzie, to jest Atman"
"this knowledge is within me and within you"
"Ta wiedza jest we mnie i w tobie"
"and this knowledge is within every creature"
"A ta wiedza jest w każdym stworzeniu"
"this knowledge has no worser enemy than the desire to know it"
"Ta wiedza nie ma gorszego wroga niż pragnienie jej poznania"
"that is what I believe"
"To jest to, w co wierzę"
At this, Govinda stopped on the path
W tym momencie Govinda zatrzymał się na ścieżce
he rose his hands, and spoke
Uniósł ręce i przemówił
"If only you would not bother your friend with this kind of talk"
"Gdybyś tylko nie zawracał głowy swojemu przyjacielowi taką rozmową"
"Truly, your words stir up fear in my heart"
"Zaprawdę, twoje słowa budzą strach w moim sercu"
"consider, what would become of the sanctity of prayer?"
"Zastanówcie się, co by się stało ze świętością modlitwy?"
"what would become of the venerability of the Brahmans' caste?"
"Co się stanie z czcią kasty braminów?"
"what would happen to the holiness of the Samanas?
"Co by się stało ze świętością Samanas?"
"What would then become of all of that is holy"
"Co by się wtedy stało z tym wszystkim, jest święte"
"what would still be precious?"
— Co jeszcze byłoby cenne?
And Govinda mumbled a verse from an Upanishad to

himself
Govinda wymamrotał do siebie werset z Upaniszady
"He who ponderingly, of a purified spirit, loses himself in the meditation of Atman"
"Ten, kto w zamyśleniu, z oczyszczonego ducha, zatraca się w medytacji Atmana"
"inexpressible by words is the blissfulness of his heart"
"Nie do wyrażenia słowami jest błogość Jego serca"
But Siddhartha remained silent
Ale Siddhartha milczał
He thought about the words which Govinda had said to him
Pomyślał o słowach, które wypowiedział do niego Govinda
and he thought the words through to their end
i przemyślał te słowa do końca
he thought about what would remain of all that which seemed holy
Myślał o tym, co pozostanie z tego, co wydawało się święte
What remains? What can stand the test?
Co pozostaje? Co wytrzyma próbę?
And he shook his head
I potrząsnął głową

the two young men had lived among the Samanas for about three years
dwaj młodzieńcy mieszkali wśród Saman od około trzech lat
some news, a rumour, a myth reached them
Dotarły do nich jakieś wieści, plotki, mity
the rumour had been retold many times
Plotka ta była powtarzana wiele razy
A man had appeared, Gotama by name
Pojawił się mężczyzna, imieniem Gotama
the exalted one, the Buddha
wywyższony, Budda
he had overcome the suffering of the world in himself
Przezwyciężył w sobie cierpienie świata
and he had halted the cycle of rebirths
i zatrzymał cykl ponownych narodzin

He was said to wander through the land, teaching
Mówiono, że wędrował po kraju, nauczając
he was said to be surrounded by disciples
Mówiono, że jest otoczony uczniami
he was said to be without possession, home, or wife
Mówiono, że jest bez majątku, domu i żony
he was said to be in just the yellow cloak of an ascetic
Mówiono, że ma na sobie tylko żółty płaszcz ascety
but he was with a cheerful brow
ale był z pogodnym czołem
and he was said to be a man of bliss
i mówiono, że jest człowiekiem szczęśliwym
Brahmans and princes bowed down before him
Bramini i książęta kłaniali się przed nim
and they became his students
i stali się jego uczniami
This myth, this rumour, this legend resounded
Ten mit, ta plotka, ta legenda rozbrzmiewała
its fragrance rose up, here and there, in the towns
Jego zapach unosił się, tu i ówdzie, w miastach
the Brahmans spoke of this legend
Bramini mówili o tej legendzie
and in the forest, the Samanas spoke of it
a w lesie mówili o tym Samanowie
again and again, the name of Gotama the Buddha reached the ears of the young men
raz po raz imię Buddy Gotamy docierało do uszu młodzieńców
there was good and bad talk of Gotama
O Gotamie mówiło się dobrze i źle
some praised Gotama, others defamed him
jedni chwalili Gotamę, inni go zniesławiali
It was as if the plague had broken out in a country
Wyglądało to tak, jakby w jakimś kraju wybuchła zaraza
news had been spreading around that in one or another place there was a man
Rozeszła się wieść, że w tym czy innym miejscu znajduje się

mężczyzna
a wise man, a knowledgeable one
Mądry człowiek, mądry
a man whose word and breath was enough to heal everyone
Człowiek, którego słowo i oddech wystarczyły, by uzdrowić wszystkich
his presence could heal anyone who had been infected with the pestilence
Jego obecność mogła uzdrowić każdego, kto został zarażony zarazą
such news went through the land, and everyone would talk about it
Takie wieści rozchodziły się po kraju i wszyscy o nich mówili
many believed the rumours, many doubted them
Wielu wierzyło w te pogłoski, wielu w nie wątpiło
but many got on their way as soon as possible
Ale wielu wyruszyło w drogę tak szybko, jak to było możliwe
they went to seek the wise man, the helper
Poszli szukać mędrca, wspomożyciela
the wise man of the family of Sakya
mędrzec z rodu Sakja
He possessed, so the believers said, the highest enlightenment
Posiadał, jak mówili wierzący, najwyższe oświecenie
he remembered his previous lives; he had reached the nirvana
Przypomniał sobie swoje poprzednie wcielenia; Osiągnął nirwanę
and he never returned into the cycle
i nigdy nie powrócił do cyklu
he was never again submerged in the murky river of physical forms
Nigdy więcej nie zanurzył się w mętnej rzece fizycznych form
Many wonderful and unbelievable things were reported of him
Opowiadano o nim wiele cudownych i niewiarygodnych rzeczy

he had performed miracles
Dokonywał cudów
he had overcome the devil
Pokonał diabła
he had spoken to the gods
Rozmawiał z bogami
But his enemies and disbelievers said Gotama was a vain seducer
Ale jego wrogowie i niedowiarkowie mówili, że Gotama był próżnym uwodzicielem
they said he spent his days in luxury
Mówili, że całe dnie spędzał w luksusie
they said he scorned the offerings
Mówili, że gardził tymi ofiarami
they said he was without learning
Mówili, że się nie uczy
they said he knew neither meditative exercises nor self-castigation
Mówili, że nie zna ani ćwiczeń medytacyjnych, ani samokrytyki
The myth of Buddha sounded sweet
Mit o Buddzie brzmiał słodko
The scent of magic flowed from these reports
Z tych doniesień unosił się zapach magii
After all, the world was sick, and life was hard to bear
W końcu świat był chory, a życie było trudne do zniesienia
and behold, here a source of relief seemed to spring forth
i oto, zdawało się, że wytrysnęło źródło ulgi
here a messenger seemed to call out
Tu posłaniec zdawał się wołać
comforting, mild, full of noble promises
pocieszający, łagodny, pełen szlachetnych obietnic
Everywhere where the rumour of Buddha was heard, the young men listened up
Wszędzie, gdzie słychać było pogłoski o Buddzie, słuchali ich młodzieńcy
everywhere in the lands of India they felt a longing

wszędzie na ziemiach Indii odczuwali tęsknotę
everywhere where the people searched, they felt hope
Wszędzie, gdzie ludzie szukali, czuli nadzieję
every pilgrim and stranger was welcome when he brought news of him
Każdy pielgrzym i przybysz był mile widziany, gdy przynosił wieści o Nim
the exalted one, the Sakyamuni
Wzniosły, Siakjamuni
The myth had also reached the Samanas in the forest
Mit dotarł również do Samanas w lesie
and Siddhartha and Govinda heard the myth too
Siddhartha i Govinda również słyszeli ten mit
slowly, drop by drop, they heard the myth
Powoli, kropla po kropli, usłyszeli mit
every drop was laden with hope
Każda kropla była pełna nadziei
every drop was laden with doubt
Każda kropla była pełna wątpliwości
They rarely talked about it
Rzadko o tym mówili
because the oldest one of the Samanas did not like this myth
ponieważ najstarszemu z Saman nie podobał się ten mit
he had heard that this alleged Buddha used to be an ascetic
słyszał, że ten rzekomy Budda był kiedyś ascetą
he heard he had lived in the forest
Słyszał, że mieszkał w lesie
but he had turned back to luxury and worldly pleasures
Wrócił jednak do zbytku i ziemskich przyjemności
and he had no high opinion of this Gotama
i nie miał wysokiego mniemania o tym Gotamie

"Oh Siddhartha," Govinda spoke one day to his friend
– Och, Siddhartho – odezwał się pewnego dnia Govinda do przyjaciela
"Today, I was in the village"
"Dzisiaj byłem w wiosce"

"and a Brahman invited me into his house"
"I Brahman zaprosił mnie do swego domu"
"and in his house, there was the son of a Brahman from Magadha"
"A w jego domu był syn bramina z Magadhy"
"he has seen the Buddha with his own eyes"
"widział Buddhę na własne oczy"
"and he has heard him teach"
"I słyszał, jak nauczał"
"Verily, this made my chest ache when I breathed"
"Zaprawdę, to sprawiło, że bolała mnie klatka piersiowa, kiedy oddychałem"
"and I thought this to myself:"
"I pomyślałem sobie:
"if only we heard the teachings from the mouth of this perfected man!"
"Gdybyśmy tylko usłyszeli nauki z ust tego doskonałego człowieka!"
"Speak, friend, wouldn't we want to go there too"
"Mów, przyjacielu, czy my też nie chcielibyśmy tam pojechać?"
"wouldn't it be good to listen to the teachings from the Buddha's mouth?"
"Czy nie byłoby dobrze słuchać nauk płynących z ust Buddhy?"
Spoke Siddhartha, "I had thought you would stay with the Samanas"
Siddhartha odezwał się: "Myślałem, że zostaniesz z Samanami"
"I always had believed your goal was to live to be seventy"
"Zawsze wierzyłem, że twoim celem jest dożyć siedemdziesiątki"
"I thought you would keep practising those feats and exercises"
"Myślałem, że będziesz ćwiczył te wyczyny i ćwiczenia"
"and I thought you would become a Samana"
"A ja myślałem, że staniesz się Samaną"

"But behold, I had not known Govinda well enough"
"Ale oto nie znałem wystarczająco dobrze Govindy"
"I knew little of his heart"
"Niewiele wiedziałem o jego sercu"
"So now you want to take a new path"
"Więc teraz chcesz obrać nową ścieżkę"
"and you want to go there where the Buddha spreads his teachings"
"A ty chcesz iść tam, gdzie Buddha szerzy swoje nauki"
Spoke Govinda, "You're mocking me"
Govinda powiedział: "Kpisz sobie ze mnie"
"Mock me if you like, Siddhartha!"
— Kwij ze mnie, jeśli chcesz, Siddhartho!
"But have you not also developed a desire to hear these teachings?"
"Ale czy i wy nie rozwinęliśmy w sobie pragnienia słuchania tych nauk?"
"have you not said you would not walk the path of the Samanas for much longer?"
— Czy nie powiedziałeś, że nie będziesz szedł ścieżką Saman zbyt długo?
At this, Siddhartha laughed in his very own manner
Słysząc to, Siddhartha roześmiał się na swój własny sposób
the manner in which his voice assumed a touch of sadness
sposób, w jaki jego głos przybrał nutkę smutku
but it still had that touch of mockery
Ale wciąż miał w sobie tę nutkę kpiny
Spoke Siddhartha, "Govinda, you've spoken well"
Siddhartha odezwał się: "Govinda, dobrze mówiłeś"
"you've remembered correctly what I said"
"dobrze pamiętasz, co powiedziałem"
"If only you remembered the other thing you've heard from me"
"Gdybyś tylko przypomniał sobie o drugiej rzeczy, którą ode mnie usłyszałeś"
"I have grown distrustful and tired against teachings and learning"

"Stałem się nieufny i zmęczony naukami i uczeniem się"
"my faith in words, which are brought to us by teachers, is small"
"Moja wiara w słowa, które przynoszą nam nauczyciele, jest mała"
"But let's do it, my dear"
"Ale zróbmy to, moja droga"
"I am willing to listen to these teachings"
"Jestem gotów słuchać tych nauk"
"though in my heart I do not have hope"
"choć w sercu nie mam nadziei"
"I believe that we've already tasted the best fruit of these teachings"
"Wierzę, że skosztowaliśmy już najlepszych owoców tych nauk"
Spoke Govinda, "Your willingness delights my heart"
Govinda odezwał się: "Twoja gotowość raduje moje serce"
"But tell me, how should this be possible?"
— Ale powiedz mi, jak to możliwe?
"How can the Gotama's teachings have already revealed their best fruit to us?"
"Jak to możliwe, że nauki Gotamy już ujawniły nam swoje najlepsze owoce?"
"we have not heard his words yet"
"Jeszcze nie słyszeliśmy jego słów"
Spoke Siddhartha, "Let us eat this fruit"
Siddhartha powiedział: "Zjedzmy ten owoc"
"and let us wait for the rest, oh Govinda!"
— A my poczekajmy na resztę, o Govindo!
"But this fruit consists in him calling us away from the Samanas"
"Ale ten owoc polega na tym, że wzywa nas z dala od Samanów"
"and we have already received it thanks to the Gotama!"
"A my już go otrzymaliśmy dzięki Gotamie!"
"Whether he has more, let us await with calm hearts"
"Czy będzie miał więcej, czekajmy ze spokojnym sercem"

On this very same day Siddhartha spoke to the oldest Samana
Tego samego dnia Siddhartha rozmawiał z najstarszym Samanem
he told him of his decision to leaves the Samanas
opowiedział mu o swojej decyzji opuszczenia Saman
he informed the oldest one with courtesy and modesty
Poinformował o tym najstarszego z grzecznością i skromnością
but the Samana became angry that the two young men wanted to leave him
ale Samana rozgniewał się, że dwaj młodzieńcy chcieli go opuścić
and he talked loudly and used crude words
Mówił głośno i używał wulgarnych słów
Govinda was startled and became embarrassed
Govinda był zaskoczony i zawstydzony
But Siddhartha put his mouth close to Govinda's ear
Ale Siddhartha przyłożył usta do ucha Govindy
"Now, I want to show the old man what I've learned from him"
"Teraz chcę pokazać starcowi, czego się od niego nauczyłem"
Siddhartha positioned himself closely in front of the Samana
Siddhartha usadowił się tuż przed Samaną
with a concentrated soul, he captured the old man's glance
Ze skupioną duszą pochwycił spojrzenie starca
he deprived him of his power and made him mute
Pozbawił go władzy i uczynił niemym
he took away his free will
Odebrał mu wolną wolę
he subdued him under his own will, and commanded him
Ujarzmił go pod własną wolą i rozkazał mu
his eyes became motionless, and his will was paralysed
Jego oczy zastygły w bezruchu, a wola została sparaliżowana
his arms were hanging down without power

Jego ramiona zwisały bez mocy
he had fallen victim to Siddhartha's spell
padł ofiarą zaklęcia Siddharthy
Siddhartha's thoughts brought the Samana under their control
Myśli Siddharthy sprawiły, że Samana znalazła się pod ich kontrolą
he had to carry out what they commanded
Musiał wykonać to, co mu nakazali
And thus, the old man made several bows
I tak starzec wykonał kilka ukłonów
he performed gestures of blessing
Wykonywał gesty błogosławieństwa
he spoke stammeringly a godly wish for a good journey
Wyjąkał jąkając pobożne życzenie dobrej podróży
the young men returned the good wishes with thanks
Młodzieńcy odwzajemnili życzenia podziękowaniami
they went on their way with salutations
Ruszyli w drogę z pozdrowieniami
On the way, Govinda spoke again
Po drodze Govinda odezwał się ponownie
"Oh Siddhartha, you have learned more from the Samanas than I knew"
"Och, Siddhartho, nauczyłeś się więcej od Saman niż ja wiedziałem"
"It is very hard to cast a spell on an old Samana"
"Bardzo trudno jest rzucić zaklęcie na starą Samanę"
"Truly, if you had stayed there, you would soon have learned to walk on water"
"Doprawdy, gdybyś tam został, wkrótce nauczyłbyś się chodzić po wodzie"
"I do not seek to walk on water" said Siddhartha
— Nie chcę chodzić po wodzie — rzekł Siddhartha
"Let old Samanas be content with such feats!"
— Niech stary Samanas zadowoli się takimi wyczynami!

Gotama

In Savathi, every child knew the name of the exalted Buddha
W Savati każde dziecko znało imię wzniosłego Buddy
every house was prepared for his coming
Każdy dom był przygotowany na Jego przyjście
each house filled the alms-dishes of Gotama's disciples
każdy dom napełniał naczynia z jałmużną uczniów Gotamy
Gotama's disciples were the silently begging ones
Uczniowie Gotamy byli tymi, którzy w milczeniu żebrzeli
Near the town was Gotama's favourite place to stay
W pobliżu miasta znajdowało się ulubione miejsce pobytu Gotamy
he stayed in the garden of Jetavana
zatrzymał się w ogrodzie Jetavana
the rich merchant Anathapindika had given the garden to Gotama
bogaty kupiec Anathapindika podarował ogród Gotamie
he had given it to him as a gift
Dał mu ją w prezencie
he was an obedient worshipper of the exalted one
Był posłusznym czcicielem Wywyższonego
the two young ascetics had received tales and answers
Dwaj młodzi asceci otrzymali opowieści i odpowiedzi
all these tales and answers pointed them to Gotama's abode
wszystkie te opowieści i odpowiedzi wskazywały im siedzibę Gotamy
they arrived in the town of Savathi
przybyli do miasta Savathi
they went to the very first door of the town
Udali się do pierwszych drzwi miasta
and they begged for food at the door
i prosili o jedzenie przy drzwiach
a woman offered them food
Pewna kobieta zaproponowała im jedzenie
and they accepted the food

i przyjęli jedzenie
Siddhartha asked the woman
– zapytał Siddhartha kobietę
"oh charitable one, where does the Buddha dwell?"
"Och, miłosierny, gdzie mieszka Budda?"
"we are two Samanas from the forest"
"jesteśmy dwoma Saman z lasu"
"we have come to see the perfected one"
"Przyszliśmy oglądać Doskonałego"
"we have come to hear the teachings from his mouth"
"Przyszliśmy słuchać nauk z ust jego"
Spoke the woman, "you Samanas from the forest"
Odezwała się kobieta: "Wy Samanas z lasu"
"you have truly come to the right place"
"Naprawdę trafiłeś we właściwe miejsce"
"you should know, in Jetavana, there is the garden of Anathapindika"
"Powinieneś wiedzieć, że w Jetavanie jest ogród Anathapindika"
"that is where the exalted one dwells"
"Tam mieszka Wywyższony"
"there you pilgrims shall spend the night"
"Tam wy, pielgrzymi, przenocujecie"
"there is enough space for the innumerable, who flock here"
"Miejsca jest dość dla niezliczonych, którzy się tu gromadzą"
"they too come to hear the teachings from his mouth"
"Oni też przychodzą, aby słuchać nauk z ust jego"
This made Govinda happy, and full of joy
To sprawiło, że Govinda był szczęśliwy i pełen radości
he exclaimed, "we have reached our destination"
Wykrzyknął: "Dotarliśmy do celu"
"our path has come to an end!"
"Nasza droga dobiegła końca!"
"But tell us, oh mother of the pilgrims"
"Ale powiedz nam, o Matko pielgrzymów"
"do you know him, the Buddha?"
— Znasz go, Buddę?

"have you seen him with your own eyes?"
– Widziałeś go na własne oczy?
Spoke the woman, "Many times I have seen him, the exalted one"
Niewiasta powiedziała: "Wiele razy widziałam Tego, Wywyższonego"
"On many days I have seen him"
"Widziałem go od wielu dni"
"I have seen him walking through the alleys in silence"
"Widziałem, jak w milczeniu przechadzał się po alejkach"
"I have seen him wearing his yellow cloak"
"Widziałem go w żółtym płaszczu"
"I have seen him presenting his alms-dish in silence"
"Widziałem, jak w milczeniu podawał swój talerz z jałmużną"
"I have seen him at the doors of the houses"
"Widziałem go u drzwi domów"
"and I have seen him leaving with a filled dish"
"i widziałem, jak wychodził z nadzieniem do nadzienia"
Delightedly, Govinda listened to the woman
Govinda z zachwytem słuchał kobiety
and he wanted to ask and hear much more
Chciał zapytać i usłyszeć o wiele więcej
But Siddhartha urged him to walk on
Ale Siddhartha nalegał na niego, by poszedł dalej
They thanked the woman and left
Podziękowali kobiecie i odeszli
they hardly had to ask for directions
Prawie nie musieli pytać o drogę
many pilgrims and monks were on their way to the Jetavana
wielu pielgrzymów i mnichów było w drodze do Jetavana
they reached it at night, so there were constant arrivals
Docierali do niego w nocy, więc ciągle przybywali
and those who sought shelter got it
a ci, którzy szukali schronienia, otrzymywali je
The two Samanas were accustomed to life in the forest
Dwaj Samany byli przyzwyczajeni do życia w lesie
so without making any noise they quickly found a place to

stay
Nie robiąc hałasu, szybko znaleźli miejsce na nocleg
and they rested there until the morning
i odpoczywali tam do rana

At sunrise, they saw with astonishment the size of the crowd
O wschodzie słońca ze zdumieniem ujrzeli wielkość tłumu
a great many number of believers had come
Przyszło bardzo wielu wierzących
and a great number of curious people had spent the night here
i wielu ciekawskich ludzi spędziło tu noc
On all paths of the marvellous garden, monks walked in yellow robes
Po wszystkich ścieżkach cudownego ogrodu przechadzali się mnisi w żółtych szatach
under the trees they sat here and there, in deep contemplation
Tu i ówdzie siedzieli pod drzewami, pogrążeni w głębokiej kontemplacji
or they were in a conversation about spiritual matters
albo rozmawiali o sprawach duchowych
the shady gardens looked like a city
Zacienione ogrody wyglądały jak miasto
a city full of people, bustling like bees
miasto pełne ludzi, tętniących życiem jak pszczoły
The majority of the monks went out with their alms-dish
Większość mnichów wyszła z miseczką na jałmużnę
they went out to collect food for their lunch
Poszli zbierać jedzenie na obiad
this would be their only meal of the day
To miał być ich jedyny posiłek w ciągu dnia
The Buddha himself, the enlightened one, also begged in the mornings
Sam Budda, oświecony, również żebrał rano
Siddhartha saw him, and he instantly recognised him
Siddhartha zobaczył go i natychmiast go rozpoznał

he recognised him as if a God had pointed him out
rozpoznał go tak, jakby wskazał go Bóg
He saw him, a simple man in a yellow robe
Zobaczył go, prostego człowieka w żółtej szacie
he was bearing the alms-dish in his hand, walking silently
Trzymał w ręku miseczkę z jałmużną i szedł w milczeniu
"Look here!" Siddhartha said quietly to Govinda
— Spójrz tutaj! — rzekł cicho Siddhartha do Govindy
"This one is the Buddha"
"To jest Budda"
Attentively, Govinda looked at the monk in the yellow robe
Govinda przyjrzał się uważnie mnichowi w żółtej szacie
this monk seemed to be in no way different from any of the others
Ten mnich zdawał się w niczym nie różnić od pozostałych
but soon, Govinda also realized that this is the one
ale wkrótce Govinda zdał sobie sprawę, że to jest ten jedyny
And they followed him and observed him
A oni szli za Nim i obserwowali Go
The Buddha went on his way, modestly and deep in his thoughts
Buddha poszedł swoją drogą, skromnie i głęboko pogrążony w swoich myślach
his calm face was neither happy nor sad
Jego spokojna twarz nie była ani szczęśliwa, ani smutna
his face seemed to smile quietly and inwardly
Jego twarz zdawała się uśmiechać cicho i w duchu
his smile was hidden, quiet and calm
Jego uśmiech był ukryty, cichy i spokojny
the way the Buddha walked somewhat resembled a healthy child
sposób, w jaki chodził Budda, przypominał nieco zdrowe dziecko
he walked just as all of his monks did
Chodził tak, jak wszyscy jego mnisi
he placed his feet according to a precise rule
Postawił stopy według precyzyjnej reguły

his face and his walk, his quietly lowered glance
jego twarz i chód, jego cicho spuszczone spojrzenie
his quietly dangling hand, every finger of it
jego cicho zwisająca dłoń, każdy jej palec
all these things expressed peace
Wszystko to wyrażało pokój
all these things expressed perfection
Wszystkie te rzeczy wyrażały doskonałość
he did not search, nor did he imitate
Nie szukał ani nie naśladował
he softly breathed inwardly an unwhithering calm
Odetchnął cicho w duchu niezwykłym spokojem
he shone outwardly an unwhithering light
Na zewnątrz jaśniał światłem niedokąd
he had about him an untouchable peace
Miał wokół siebie nietykalny spokój
the two Samanas recognised him solely by the perfection of his calm
dwaj Samany poznali go jedynie po doskonałym spokoju
they recognized him by the quietness of his appearance
Poznali go po cichym wyglądzie
the quietness in his appearance in which there was no searching
spokój w jego wyglądzie, w którym nie było szukania
there was no desire, nor imitation
Nie było w tym ani pragnienia, ani naśladownictwa
there was no effort to be seen
Nie było żadnego wysiłku, aby być widzianym
only light and peace was to be seen in his appearance
W jego wyglądzie można było dostrzec tylko światło i spokój
"Today, we'll hear the teachings from his mouth" said Govinda
"Dzisiaj usłyszymy nauki z jego ust" – powiedział Govinda
Siddhartha did not answer
Siddhartha nie odpowiedział
He felt little curiosity for the teachings
Nie czuł ciekawości dla nauk

he did not believe that they would teach him anything new
Nie wierzył, że nauczą go czegoś nowego
he had heard the contents of this Buddha's teachings again and again
Wielokrotnie słyszał treść nauk tego Buddy
but these reports only represented second hand information
Ale te raporty reprezentowały tylko informacje z drugiej ręki
But attentively he looked at Gotama's head
Ale uważnie spojrzał na głowę Gotamy
his shoulders, his feet, his quietly dangling hand
Jego ramiona, stopy, cicho zwisająca ręka
it was as if every finger of this hand was of these teachings
Wyglądało to tak, jakby każdy palec tej ręki pochodził z tych nauk
his fingers spoke of truth
Jego palce mówiły prawdę
his fingers breathed and exhaled the fragrance of truth
Jego palce oddychały i wydychały zapach prawdy
his fingers glistened with truth
Jego palce lśniły prawdą
this Buddha was truthful down to the gesture of his last finger
ten Budda był prawdomówny aż do ostatniego gestu
Siddhartha could see that this man was holy
Siddhartha widział, że ten człowiek jest święty
Never before, Siddhartha had venerated a person so much
Nigdy przedtem Siddhartha nie czcił nikogo tak bardzo
he had never before loved a person as much as this one
Nigdy przedtem nie kochał nikogo tak bardzo jak tego
They both followed the Buddha until they reached the town
Obaj podążali za Buddhą, aż dotarli do miasta
and then they returned to their silence
A potem powrócili do milczenia
they themselves intended to abstain on this day
Oni sami zamierzali wstrzymać się od głosu w tym dniu
They saw Gotama returning the food that had been given to him

Zobaczyli, jak Gotama zwraca jedzenie, które mu dano
what he ate could not even have satisfied a bird's appetite
To, co jadł, nie mogło zaspokoić nawet ptasiego apetytu
and they saw him retiring into the shade of the mango-trees
i ujrzeli go wycofującego się w cień drzew mangowych

in the evening the heat had cooled down
Wieczorem upał ostygł
everyone in the camp started to bustle about and gathered around
Wszyscy w obozie zaczęli krzątać się i gromadzić wokół
they heard the Buddha teaching, and his voice
słyszeli nauki Buddhy i jego głos
and his voice was also perfected
a jego głos również został udoskonalony
his voice was of perfect calmness
Jego głos był pełen doskonałego spokoju
his voice was full of peace
Jego głos był pełen pokoju
Gotama taught the teachings of suffering
Gotama nauczał nauk o cierpieniu
he taught of the origin of suffering
Nauczał o pochodzeniu cierpienia
he taught of the way to relieve suffering
Nauczał o tym, jak ulżyć cierpieniu
Calmly and clearly his quiet speech flowed on
Spokojnie i wyraźnie mówił dalej
Suffering was life, and full of suffering was the world
Cierpienie było życiem, a świat pełen cierpienia
but salvation from suffering had been found
ale wybawienie od cierpienia zostało odnalezione
salvation was obtained by him who would walk the path of the Buddha
zbawienie zostało osiągnięte przez tego, który chciał kroczyć ścieżką Buddy
With a soft, yet firm voice the exalted one spoke
Cichym, ale stanowczym głosem przemówił wywyższony

he taught the four main doctrines
Nauczał czterech głównych doktryn
he taught the eight-fold path
Nauczał ośmiorakiej ścieżki
patiently he went the usual path of the teachings
Cierpliwie szedł zwykłą ścieżką nauk
his teachings contained the examples
Jego nauki zawierały przykłady
his teaching made use of the repetitions
W swoim nauczaniu posługiwał się powtórkami
brightly and quietly his voice hovered over the listeners
Jasno i cicho jego głos unosił się nad słuchaczami
his voice was like a light
Jego głos był jak światło
his voice was like a starry sky
Jego głos był jak gwiaździste niebo
When the Buddha ended his speech, many pilgrims stepped forward
Kiedy Buddha zakończył swoje przemówienie, wielu pielgrzymów wystąpiło naprzód
they asked to be accepted into the community
Poprosili o przyjęcie do wspólnoty
they sought refuge in the teachings
Szukali schronienia w naukach
And Gotama accepted them by speaking
A Gotama przyjął je, przemawiając
"You have heard the teachings well"
"Dobrze słyszeliście nauki"
"join us and walk in holiness"
"Przyłącz się do nas i krocz w świętości"
"put an end to all suffering"
"Położyć kres wszelkim cierpieniom"
Behold, then Govinda, the shy one, also stepped forward and spoke
Wtedy Govinda, ten nieśmiały, również wystąpił naprzód i przemówił
"I also take my refuge in the exalted one and his teachings"

"Ja też znajduję schronienie w Wywyższonym i w Jego naukach"
and he asked to be accepted into the community of his disciples
i prosił o przyjęcie do wspólnoty swoich uczniów
and he was accepted into the community of Gotama's disciples
i został przyjęty do wspólnoty uczniów Gotamy

the Buddha had retired for the night
Buddha udał się na spoczynek na noc
Govinda turned to Siddhartha and spoke eagerly
Govinda odwrócił się do Siddharthy i odezwał się z zapałem
"Siddhartha, it is not my place to scold you"
"Siddhartho, nie do mnie należy karcenie cię"
"We have both heard the exalted one"
"Oboje słyszeliśmy Wywyższonego"
"we have both perceived the teachings"
"Oboje dostrzegliśmy nauki"
"Govinda has heard the teachings"
"Govinda usłyszał nauki"
"he has taken refuge in the teachings"
"Znalazł schronienie w naukach"
"But, my honoured friend, I must ask you"
— Ależ, mój szanowny przyjacielu, muszę cię zapytać.
"don't you also want to walk the path of salvation?"
"Czy i wy nie chcecie kroczyć ścieżką zbawienia?"
"Would you want to hesitate?"
— Chciałabyś się wahać?
"do you want to wait any longer?"
— Chcesz jeszcze dłużej czekać?
Siddhartha awakened as if he had been asleep
Siddhartha obudził się, jakby spał
For a long time, he looked into Govinda's face
Przez dłuższą chwilę wpatrywał się w twarz Govindy
Then he spoke quietly, in a voice without mockery
Potem odezwał się cicho, głosem pozbawionym drwin

"Govinda, my friend, now you have taken this step"
"Govinda, mój przyjacielu, teraz zrobiłeś ten krok"
"now you have chosen this path"
"Teraz wybrałeś tę drogę"
"Always, oh Govinda, you've been my friend"
"Zawsze, o Govinda, byłeś moim przyjacielem"
"you've always walked one step behind me"
"Zawsze szedłeś o krok za mną"
"Often I have thought about you"
"Często myślałem o tobie"
"'Won't Govinda for once also take a step by himself'"
"Czy Govinda nie zrobi choć raz kroku sam?"
"'won't Govinda take a step without me?'"
"Czy Govinda nie zrobi kroku beze mnie?"
"'won't he take a step driven by his own soul?'"
"'Czy nie zrobi kroku wiedziony własną duszą?'"
"Behold, now you've turned into a man"
"Oto teraz zamieniłeś się w mężczyznę"
"you are choosing your path for yourself"
"Wybierasz dla siebie swoją ścieżkę"
"I wish that you would go it up to its end"
"Chciałbym, żebyś dotrwał do końca"
"oh my friend, I hope that you shall find salvation!"
"Och, mój przyjacielu, mam nadzieję, że znajdziesz zbawienie!"
Govinda, did not completely understand it yet
Govinda, jeszcze nie do końca to rozumiał
he repeated his question in an impatient tone
— powtórzył pytanie zniecierpliwionym tonem
"Speak up, I beg you, my dear!"
— Mów głośno, błagam cię, moja droga!
"Tell me, since it could not be any other way"
"Powiedz mi, bo nie może być inaczej"
"won't you also take your refuge with the exalted Buddha?"
"Czy i ty nie przyjmiesz schronienia u wzniosłego Buddy?"
Siddhartha placed his hand on Govinda's shoulder
Siddhartha położył dłoń na ramieniu Govindy

"You failed to hear my good wish for you"
"Nie usłyszałeś moich dobrych życzeń dla ciebie"
"I'm repeating my wish for you"
"Ponawiam moje życzenie dla ciebie"
"I wish that you would go this path"
"Chciałbym, żebyś poszedł tą drogą"
"I wish that you would go up to this path's end"
"Chciałbym, żebyś doszedł do końca tej drogi"
"I wish that you shall find salvation!"
"Życzę ci, abyś znalazł zbawienie!"
In this moment, Govinda realized that his friend had left him
W tym momencie Govinda zdał sobie sprawę, że jego przyjaciel go opuścił
when he realized this he started to weep
Kiedy zdał sobie z tego sprawę, zaczął płakać
"Siddhartha!" he exclaimed lamentingly
"Siddhartha!" – wykrzyknął żałośnie
Siddhartha kindly spoke to him
Siddhartha uprzejmie się do niego odezwał
"don't forget, Govinda, who you are"
"Nie zapominaj, Govindo, kim jesteś"
"you are now one of the Samanas of the Buddha"
"Jesteś teraz jednym z Saman Buddy"
"You have renounced your home and your parents"
"Wyrzekłeś się domu i rodziców"
"you have renounced your birth and possessions"
"Wyrzekłeś się swego urodzenia i majętności"
"you have renounced your free will"
"Wyrzekłeś się swojej wolnej woli"
"you have renounced all friendship"
"Wyrzekłeś się wszelkiej przyjaźni"
"This is what the teachings require"
"Tego wymagają nauki"
"this is what the exalted one wants"
"Tego chce Wywyższony"
"This is what you wanted for yourself"

"To jest to, czego chciałeś dla siebie"
"Tomorrow, oh Govinda, I will leave you"
"Jutro, o Govindo, zostawię cię"
For a long time, the friends continued walking in the garden
Przez długi czas przyjaciele spacerowali po ogrodzie
for a long time, they lay there and found no sleep
Długo tak leżały i nie zasnęły
And over and over again, Govinda urged his friend
I raz po raz Govinda ponaglał przyjaciela
"why would you not want to seek refuge in Gotama's teachings?"
"Dlaczego nie miałbyś szukać schronienia w naukach Gotamy?"
"what fault could you find in these teachings?"
"Jaką wadę można znaleźć w tych naukach?"
But Siddhartha turned away from his friend
Ale Siddhartha odwrócił się od przyjaciela
every time he said, "Be content, Govinda!"
za każdym razem mówił: "Bądź zadowolony, Govinda!".
"Very good are the teachings of the exalted one"
"Bardzo dobre są nauki wywyższonego"
"how could I find a fault in his teachings?"
"Jak mógłbym znaleźć błąd w jego naukach?"

it was very early in the morning
Był bardzo wczesny ranek
one of the oldest monks went through the garden
Jeden z najstarszych mnichów przechodził przez ogród
he called to those who had taken their refuge in the teachings
Wezwał tych, którzy przyjęli schronienie w naukach
he called them to dress them up in the yellow robe
Zawołał ich, aby ubrali ich w żółtą szatę
and he instruct them in the first teachings and duties of their position
i poucza ich o pierwszych naukach i obowiązkach związanych z ich stanowiskiem

Govinda once again embraced his childhood friend
Govinda po raz kolejny uściskał swojego przyjaciela z dzieciństwa
and then he left with the novices
A potem odszedł z nowicjuszami
But Siddhartha walked through the garden, lost in thought
Ale Siddhartha szedł przez ogród, pogrążony w myślach
Then he happened to meet Gotama, the exalted one
Potem spotkał Gotamę, wywyższonego
he greeted him with respect
Przywitał go z szacunkiem
the Buddha's glance was full of kindness and calm
spojrzenie Buddhy było pełne dobroci i spokoju
the young man summoned his courage
Młodzieniec zebrał się na odwagę
he asked the venerable one for the permission to talk to him
Poprosił czcigodnego o pozwolenie na rozmowę z nim
Silently, the exalted one nodded his approval
W milczeniu wzniosły kiwnął głową z aprobatą
Spoke Siddhartha, "Yesterday, oh exalted one"
Siddhartha odezwał się: "Wczoraj, o wywyższony"
"I had been privileged to hear your wondrous teachings"
"Miałem zaszczyt słuchać twoich cudownych nauk"
"Together with my friend, I had come from afar, to hear your teachings"
"Razem z moim przyjacielem przybyłem z daleka, aby posłuchać twoich nauk"
"And now my friend is going to stay with your people"
"A teraz mój przyjaciel zostanie z twoimi ludźmi"
"he has taken his refuge with you"
"On zabrał z tobą swoje schronienie"
"But I will again start on my pilgrimage"
"Ale ja znowu wyruszę w moją pielgrzymkę"
"As you please," the venerable one spoke politely
— Jak pan sobie życzy — odezwał się uprzejmie czcigodny
"Too bold is my speech," Siddhartha continued
— Moja mowa jest zbyt śmiała — ciągnął Siddhartha

"but I do not want to leave the exalted on this note"
"ale nie chcę zostawiać wywyższonych na tej nucie"
"I want to share with the most venerable one my honest thoughts"
"Chcę podzielić się z najczcigodniejszym moimi szczerymi przemyśleniami"
"Does it please the venerable one to listen for one moment longer?"
— Czy podoba się czcigodnemu słuchać jeszcze przez chwilę?
Silently, the Buddha nodded his approval
W milczeniu Buddha skinął głową z aprobatą
Spoke Siddhartha, "oh most venerable one"
Siddhartha odezwał się: "O najczcigodniejszy"
"there is one thing I have admired in your teachings most of all"
"Jest jedna rzecz, którą najbardziej podziwiam w twoich naukach"
"Everything in your teachings is perfectly clear"
"Wszystko w twoich naukach jest doskonale jasne"
"what you speak of is proven"
"To, o czym mówisz, jest dowiedzione"
"you are presenting the world as a perfect chain"
"Przedstawiasz świat jako doskonały łańcuch"
"a chain which is never and nowhere broken"
"łańcuch, który nigdy i nigdzie nie jest zerwany"
"an eternal chain the links of which are causes and effects"
"wieczny łańcuch, którego ogniwami są przyczyny i skutki"
"Never before, has this been seen so clearly"
"Nigdy wcześniej nie było to tak wyraźnie widoczne"
"never before, has this been presented so irrefutably"
"Nigdy wcześniej nie zostało to przedstawione tak niepodważalnie"
"truly, the heart of every Brahman has to beat stronger with love"
"Zaprawdę, serce każdego Brahmana musi bić mocniej z miłości"
"he has seen the world through your perfectly connected

teachings"
"On widział świat poprzez twoje doskonale połączone nauki"
"without gaps, clear as a crystal"
"bez szczelin, czysty jak kryształ"
"not depending on chance, not depending on Gods"
"nie polegając na przypadku, nie polegając na bogach"
"he has to accept it whether it may be good or bad"
"Musi to zaakceptować, niezależnie od tego, czy jest to dobre, czy złe"
"he has to live by it whether it would be suffering or joy"
"Musi nią żyć, niezależnie od tego, czy będzie to cierpienie, czy radość"
"but I do not wish to discuss the uniformity of the world"
"Nie chcę jednak dyskutować o jednolitości świata"
"it is possible that this is not essential"
"Możliwe, że nie jest to konieczne"
"everything which happens is connected"
"Wszystko, co się dzieje, jest ze sobą połączone"
"the great and the small things are all encompassed"
"Wielkie i małe rzeczy są w tym zawarte"
"they are connected by the same forces of time"
"Łączą je te same siły czasu"
"they are connected by the same law of causes"
"łączy je to samo prawo przyczyn"
"the causes of coming into being and of dying"
"Przyczyny powstawania i umierania"
"this is what shines brightly out of your exalted teachings"
"To jest to, co jasno jaśnieje z twoich wzniosłych nauk"
"But, according to your very own teachings, there is a small gap"
"Ale, zgodnie z twoimi własnymi naukami, istnieje mała luka"
"this unity and necessary sequence of all things is broken in one place"
"Ta jedność i konieczny ciąg wszystkich rzeczy zostaje zerwany w jednym miejscu"
"this world of unity is invaded by something alien"
"Ten świat jedności jest atakowany przez coś obcego"

"there is something new, which had not been there before"
"Jest coś nowego, czego wcześniej nie było"
"there is something which cannot be demonstrated"
"Jest coś, czego nie da się udowodnić"
"there is something which cannot be proven"
"Jest coś, czego nie da się udowodnić"
"these are your teachings of overcoming the world"
"To są wasze nauki o pokonywaniu świata"
"these are your teachings of salvation"
"To są wasze nauki zbawienia"
"But with this small gap, the eternal breaks apart again"
"Ale z tą małą przerwą wieczność znów się rozpada"
"with this small breach, the law of the world becomes void"
"Z tym małym wyłomem prawo świata staje się puste"
"Please forgive me for expressing this objection"
"Proszę mi wybaczyć, że wyrażam ten sprzeciw"
Quietly, Gotama had listened to him, unmoved
Gotama słuchał go w milczeniu, niewzruszony
Now he spoke, the perfected one, with his kind and polite clear voice
Teraz przemówił, ten doskonały, swoim miłym i uprzejmym, czystym głosem
"You've heard the teachings, oh son of a Brahman"
"Słyszałeś nauki, o synu bramina"
"and good for you that you've thought about it this deeply"
"I dobrze dla ciebie, że tak głęboko o tym pomyślałeś"
"You've found a gap in my teachings, an error"
"Znalazłeś lukę w moich naukach, błąd"
"You should think about this further"
"Powinieneś się nad tym głębiej zastanowić"
"But be warned, oh seeker of knowledge, of the thicket of opinions"
"Lecz strzeż się, poszukiwaczu wiedzy, gąszczu opinii"
"be warned of arguing about words"
"Uważaj na kłótnie o słowa"
"There is nothing to opinions"
"Nie ma nic do opinii"

"they may be beautiful or ugly"
"Mogą być piękne lub brzydkie"
"opinions may be smart or foolish"
"Opinie mogą być mądre lub głupie"
"everyone can support opinions, or discard them"
"Każdy może poprzeć opinie lub je odrzucić"
"But the teachings, you've heard from me, are no opinion"
"Ale nauki, które usłyszałeś ode mnie, nie są żadną opinią"
"their goal is not to explain the world to those who seek knowledge"
"Ich celem nie jest wyjaśnianie świata tym, którzy poszukują wiedzy"
"They have a different goal"
"Mają inny cel"
"their goal is salvation from suffering"
"Ich celem jest zbawienie od cierpienia"
"This is what Gotama teaches, nothing else"
"Tego właśnie uczy Gotama, nic więcej"
"I wish that you, oh exalted one, would not be angry with me" said the young man
— Chciałbym, żebyś ty, o wywyższony, nie gniewał się na mnie — rzekł młodzieniec
"I have not spoken to you like this to argue with you"
"Nie mówiłem do ciebie w ten sposób, żeby się z tobą kłócić"
"I do not wish to argue about words"
"Nie chcę się spierać o słowa"
"You are truly right, there is little to opinions"
"Naprawdę masz rację, niewiele jest opinii"
"But let me say one more thing"
"Ale pozwólcie, że powiem jeszcze jedno"
"I have not doubted in you for a single moment"
"Nie zwątpiłem w ciebie ani przez chwilę"
"I have not doubted for a single moment that you are Buddha"
"Ani przez chwilę nie wątpiłem, że jesteś Buddą"
"I have not doubted that you have reached the highest goal"
"Nie wątpię, że osiągnąłeś najwyższy cel"

"the highest goal towards which so many Brahmans are on their way"
"najwyższy cel, do którego zmierza tak wielu braminów"
"You have found salvation from death"
"Znalazłeś wybawienie od śmierci"
"It has come to you in the course of your own search"
"Przyszło do ciebie w trakcie twoich własnych poszukiwań"
"it has come to you on your own path"
"Przyszła do ciebie na twojej własnej drodze"
"it has come to you through thoughts and meditation"
"Przyszło do ciebie przez myśli i medytację"
"it has come to you through realizations and enlightenment"
"Przyszło to do ciebie poprzez urzeczywistnienie i oświecenie"
"but it has not come to you by means of teachings!"
"Ale nie przyszło to do was przez nauki!"
"And this is my thought"
"I to jest moja myśl"
"nobody will obtain salvation by means of teachings!"
"Nikt nie dostąpi zbawienia przez nauki!"
"You will not be able to convey your hour of enlightenment"
"Nie będziesz w stanie przekazać swojej godziny oświecenia"
"words of what has happened to you won't convey the moment!"
"Słowa o tym, co ci się przydarzyło, nie oddadzą tej chwili!"
"The teachings of the enlightened Buddha contain much"
"Nauki oświeconego Buddy zawierają wiele"
"it teaches many to live righteously"
"Uczy wielu prawego życia"
"it teaches many to avoid evil"
"Uczy wielu, jak unikać zła"
"But there is one thing which these teachings do not contain"
"Ale jest jedna rzecz, której te nauki nie zawierają"
"they are clear and venerable, but the teachings miss something"
"Są jasne i czcigodne, ale w naukach czegoś brakuje"
"the teachings do not contain the mystery"
"Nauki nie zawierają tajemnicy"

"the mystery of what the exalted one has experienced for himself"
"Tajemnica tego, czego wywyższony doświadczył dla siebie"
"among hundreds of thousands, only he experienced it"
"Spośród setek tysięcy tylko on tego doświadczył"
"This is what I have thought and realized, when I heard the teachings"
"To jest to, co pomyślałem i zdałem sobie sprawę, kiedy usłyszałem nauki"
"This is why I am continuing my travels"
"Dlatego kontynuuję moje podróże"
"this is why I do not to seek other, better teachings"
"dlatego nie szukam innych, lepszych nauk"
"I know there are no better teachings"
"Wiem, że nie ma lepszych nauk"
"I leave to depart from all teachings and all teachers"
"Odchodzę, aby odejść od wszystkich nauk i wszystkich nauczycieli"
"I leave to reach my goal by myself, or to die"
"Odchodzę, aby osiągnąć swój cel o własnych siłach, albo umrzeć"
"But often, I'll think of this day, oh exalted one"
"Ale często myślę o tym dniu, o wzniosły"
"and I'll think of this hour, when my eyes beheld a holy man"
"I pomyślę o tej godzinie, kiedy moje oczy ujrzały świętego męża"
The Buddha's eyes quietly looked to the ground
Oczy Buddhy spokojnie wpatrywały się w ziemię
quietly, in perfect equanimity, his inscrutable face was smiling
Cicho, w doskonałym spokoju, uśmiechał się jego nieodgadniona twarz
the venerable one spoke slowly
Czcigodny mówił powoli
"I wish that your thoughts shall not be in error"
"Życzę wam, aby wasze myśli nie błądziły"

"I wish that you shall reach the goal!"
"Życzę ci, żebyś osiągnął cel!"
"But there is something I ask you to tell me"
"Ale jest coś, o co cię proszę, żebyś mi powiedział"
"Have you seen the multitude of my Samanas?"
— Czy widziałeś mnóstwo moich Samanów?
"they have taken refuge in the teachings"
"Znaleźli schronienie w naukach"
"do you believe it would be better for them to abandon the teachings?"
"Czy uważasz, że byłoby lepiej, gdyby porzucili nauki?"
"should they to return into the world of desires?"
"Czy powinni powrócić do świata pragnień?"
"Far is such a thought from my mind" exclaimed Siddhartha
— Daleko mi do takiej myśli — wykrzyknął Siddhartha
"I wish that they shall all stay with the teachings"
"Życzę im, aby wszyscy pozostali przy naukach"
"I wish that they shall reach their goal!"
"Życzę im, aby osiągnęli swój cel!"
"It is not my place to judge another person's life"
"Nie do mnie należy osądzanie życia innej osoby"
"I can only judge my own life "
"Mogę osądzać tylko własne życie"
"I must decide, I must chose, I must refuse"
"Muszę zdecydować, muszę wybrać, muszę odmówić"
"Salvation from the self is what we Samanas search for"
"Zbawienie od jaźni jest tym, czego szukamy my, Samanas"
"oh exalted one, if only I were one of your disciples"
"O wywyższony, gdybym tylko był jednym z Twoich uczniów"
"I'd fear that it might happen to me"
"Bałbym się, że może mi się to przydarzyć"
"only seemingly, would my self be calm and be redeemed"
"Tylko pozornie moja jaźń byłaby spokojna i odkupiona"
"but in truth it would live on and grow"
"Ale tak naprawdę będzie żył i rósł"
"because then I would replace my self with the teachings"

"bo wtedy zastąpiłbym siebie naukami"
"my self would be my duty to follow you"
"Moja jaźń byłaby moim obowiązkiem podążać za Tobą"
"my self would be my love for you"
"Moja jaźń byłaby moją miłością do ciebie"
"and my self would be the community of the monks!"
"A ja sam byłbym wspólnotą mnichów!"
With half of a smile Gotama looked into the stranger's eyes
Z półuśmiechem Gotama spojrzał nieznajomemu w oczy
his eyes were unwaveringly open and kind
Jego oczy były niezachwianie otwarte i życzliwe
he bid him to leave with a hardly noticeable gesture
Ledwo zauważalnym gestem kazał mu odejść
"You are wise, oh Samana" the venerable one spoke
"Jesteś mądra, o Samano" – odezwał się czcigodny
"You know how to talk wisely, my friend"
"Umiesz mądrze mówić, przyjacielu"
"Be aware of too much wisdom!"
"Uważaj na zbyt wiele mądrości!"
The Buddha turned away
Buddha odwrócił się
Siddhartha would never forget his glance
Siddhartha nigdy nie zapomni jego spojrzenia
his half smile remained forever etched in Siddhartha's memory
jego półuśmiech na zawsze wyrył się w pamięci Siddharthy
Siddhartha thought to himself
Siddhartha pomyślał
"I have never before seen a person glance and smile this way"
"Nigdy wcześniej nie widziałem, żeby ktoś patrzył i uśmiechał się w ten sposób"
"no one else sits and walks like he does"
"Nikt inny nie siedzi i nie chodzi tak jak on"
"truly, I wish to be able to glance and smile this way"
"Naprawdę, chciałbym móc patrzeć i uśmiechać się w ten sposób"

"I wish to be able to sit and walk this way, too"
"Ja też chciałbym móc tak siedzieć i chodzić"
"liberated, venerable, concealed, open, childlike and mysterious"
"wyzwolony, czcigodny, ukryty, otwarty, dziecięcy i tajemniczy"
"he must have succeeded in reaching the innermost part of his self"
"Musiało mu się udać dotrzeć do najgłębszej części siebie"
"only then can someone glance and walk this way"
"Tylko wtedy ktoś może spojrzeć i iść tą drogą"
"I will also seek to reach the innermost part of my self"
"Będę też starał się dotrzeć do najgłębszej części mojej jaźni"
"I saw a man" Siddhartha thought
"Widziałem człowieka" – pomyślał Siddhartha
"a single man, before whom I would have to lower my glance"
"Samotny mężczyzna, przed którym musiałbym spuścić wzrok"
"I do not want to lower my glance before anyone else"
"Nie chcę spuszczać wzroku przed nikogo innego"
"No teachings will entice me more anymore"
"Żadne nauki nie będą mnie już bardziej kusić"
"because this man's teachings have not enticed me"
"Bo nauki tego człowieka mnie nie pociągnęły"
"I am deprived by the Buddha" thought Siddhartha
"Zostałem pozbawiony przez Buddhę" – pomyślał Siddhartha
"I am deprived, although he has given so much"
"Jestem pokrzywdzony, chociaż tak wiele dał"
"he has deprived me of my friend"
"Pozbawił mnie mego przyjaciela"
"my friend who had believed in me"
"Mój przyjacielu, który we mnie uwierzył"
"my friend who now believes in him"
"Mój przyjaciel, który teraz w niego wierzy"
"my friend who had been my shadow"
"Mój przyjaciel, który był moim cieniem"

"and now he is Gotama's shadow"
"a teraz jest cieniem Gotamy"
"but he has given me Siddhartha"
"ale dał mi Siddharthę"
"he has given me myself"
"On dał mi samego siebie"

Awakening
Przebudzenie

Siddhartha left the mango grove behind him
Siddhartha zostawił za sobą gaj mango
but he felt his past life also stayed behind
Czuł jednak, że jego poprzednie życie również pozostało za nim
the Buddha, the perfected one, stayed behind
Budda, ten doskonały, pozostał z tyłu
and Govinda stayed behind too
Govinda też został z tyłu
and his past life had parted from him
a jego przeszłe życie rozstało się z nim
he pondered as he was walking slowly
— zastanawiał się, idąc powoli
he pondered about this sensation, which filled him completely
Zastanawiał się nad tym uczuciem, które wypełniło go całkowicie
He pondered deeply, like diving into a deep water
Zamyślił się głęboko, jakby rzucił się na głęboką wodę
he let himself sink down to the ground of the sensation
Pozwolił sobie opaść na ziemię doznania
he let himself sink down to the place where the causes lie
Pozwolił sobie zanurzyć się w miejscu, w którym leżą przyczyny
to identify the causes is the very essence of thinking
Identyfikacja przyczyn jest istotą myślenia
this was how it seemed to him
Tak mu się wydawało
and by this alone, sensations turn into realizations
I tylko przez to doznania zamieniają się w urzeczywistnienia
and these sensations are not lost
i te odczucia nie giną
but the sensations become entities
ale doznania stają się bytami

and the sensations start to emit what is inside of them
a odczucia zaczynają emitować to, co jest w ich wnętrzu
they show their truths like rays of light
Ukazują swoje prawdy jak promienie światła
Slowly walking along, Siddhartha pondered
Idąc powoli, Siddhartha zamyślił się
He realized that he was no youth any more
Zdał sobie sprawę, że nie jest już młodzieńcem
he realized that he had turned into a man
Zdał sobie sprawę, że zamienił się w mężczyznę
He realized that something had left him
Zdał sobie sprawę, że coś go opuściło
the same way a snake is left by its old skin
W ten sam sposób, w jaki wąż zostaje pozostawiony przez swoją starą skórę
what he had throughout his youth no longer existed in him
To, co miał przez całą młodość, już w nim nie istniało
it used to be a part of him; the wish to have teachers
Kiedyś była jego częścią; Pragnienie posiadania nauczycieli
the wish to listen to teachings
pragnienie słuchania nauk
He had also left the last teacher who had appeared on his path
Opuścił też ostatniego nauczyciela, który pojawił się na jego drodze
he had even left the highest and wisest teacher
Opuścił nawet najwyższego i najmądrzejszego nauczyciela
he had left the most holy one, Buddha
opuścił Najświętszego, Buddę
he had to part with him, unable to accept his teachings
Musiał się z nim rozstać, nie mogąc przyjąć jego nauk
Slower, he walked along in his thoughts
Wolniej szedł w myślach
and he asked himself, "But what is this?"
I zadał sobie pytanie: "Ale co to jest?"
"what have you sought to learn from teachings and from teachers?"

"Czego chciałeś się nauczyć z nauk i od nauczycieli?"
"and what were they, who have taught you so much?"
— A cóż to byli ci, którzy cię tak wiele nauczyli?
"what are they if they have been unable to teach you?"
"Kim oni są, jeśli nie byli w stanie cię nauczyć?"
And he found, "It was the self"
I odkrył: "To była jaźń"
"it was the purpose and essence of which I sought to learn"
"to był cel i istota, o której chciałem się dowiedzieć"
"It was the self I wanted to free myself from"
"To było ja, od którego chciałem się uwolnić"
"the self which I sought to overcome"
"jaźń, którą starałem się przezwyciężyć"
"But I was not able to overcome it"
"Ale nie byłem w stanie tego przezwyciężyć"
"I could only deceive it"
"Mogłem go tylko oszukać"
"I could only flee from it"
"Mogłem tylko od tego uciec"
"I could only hide from it"
"Mogłem się tylko przed tym ukryć"
"Truly, no thing in this world has kept my thoughts so busy"
"Doprawdy, nic na tym świecie nie zajmowało moich myśli tak bardzo"
"I have been kept busy by the mystery of me being alive"
"Byłem zajęty tajemnicą mojego życia"
"the mystery of me being one"
"Tajemnica tego, że jestem jeden"
"the mystery if being separated and isolated from all others"
"Tajemnica oddzielenia i odizolowania od wszystkich innych"
"the mystery of me being Siddhartha!"
"Tajemnica tego, że jestem Siddharthą!"
"And there is no thing in this world I know less about"
"I nie ma na tym świecie rzeczy, o której wiem mniej"
he had been pondering while slowly walking along
Rozmyślał, idąc powoli
he stopped as these thoughts caught hold of him

Zatrzymał się, gdy te myśli go ogarnęły
and right away another thought sprang forth from these thoughts
i od razu z tych myśli wyrosła inna myśl
"there's one reason why I know nothing about myself"
"Jest jeden powód, dla którego nic o sobie nie wiem"
"there's one reason why Siddhartha has remained alien to me"
"Jest jeden powód, dla którego Siddhartha pozostał mi obcy"
"all of this stems from one cause"
"Wszystko to wynika z jednej przyczyny"
"I was afraid of myself, and I was fleeing"
"Bałam się siebie i uciekałam"
"I have searched for both Atman and Brahman"
"Szukałem zarówno Atmana, jak i Brahmana"
"for this I was willing to dissect my self"
"Za to byłem gotów poddać autokarcie samego siebie"
"and I was willing to peel off all of its layers"
"i byłem gotów zedrzeć wszystkie jego warstwy"
"I wanted to find the core of all peels in its unknown interior"
"Chciałem odnaleźć rdzeń wszystkich peelingów w jego nieznanym wnętrzu"
"the Atman, life, the divine part, the ultimate part"
"Atman, życie, boska część, ostateczna część"
"But I have lost myself in the process"
"Ale zatraciłem się w tym procesie"
Siddhartha opened his eyes and looked around
Siddhartha otworzył oczy i rozejrzał się dookoła
looking around, a smile filled his face
Rozejrzawszy się dookoła, na jego twarzy pojawił się uśmiech
a feeling of awakening from long dreams flowed through him
Ogarnęło go uczucie przebudzenia z długich snów
the feeling flowed from his head down to his toes
Uczucie to przeniosło się z jego głowy na palce u nóg
And it was not long before he walked again

Nie minęło wiele czasu, zanim znów zaczął chodzić
he walked quickly, like a man who knows what he has got to do
Szedł szybko, jak człowiek, który wie, co ma robić
"now I will not let Siddhartha escape from me again!"
"Teraz już nie pozwolę, by Siddhartha uciekł ode mnie!"
"I no longer want to begin my thoughts and my life with Atman"
"Nie chcę już zaczynać swoich myśli i życia od Atmana"
"nor do I want to begin my thoughts with the suffering of the world"
"Nie chcę też zaczynać moich myśli od cierpienia świata"
"I do not want to kill and dissect myself any longer"
"Nie chcę już zabijać i przeprowadzać sekcji"
"Yoga-Veda shall not teach me any more"
"Jogaweda już mnie nie nauczy"
"nor Atharva-Veda, nor the ascetics"
"ani Atharwa-Weda, ani asceci"
"there will not be any kind of teachings"
"Nie będzie żadnych nauk"
"I want to learn from myself and be my student"
"Chcę uczyć się od siebie i być swoim uczniem"
"I want to get to know myself; the secret of Siddhartha"
"Chcę poznać siebie; tajemnica Siddharthy"

He looked around, as if he was seeing the world for the first time
Rozejrzał się dookoła, jakby po raz pierwszy widział świat
Beautiful and colourful was the world
Piękny i kolorowy był świat
strange and mysterious was the world
Dziwny i tajemniczy był świat
Here was blue, there was yellow, here was green
Tu był niebieski, tu żółty, tu zielono
the sky and the river flowed
Niebo i rzeka płynęły
the forest and the mountains were rigid

Las i góry były sztywne
all of the world was beautiful
Cały świat był piękny
all of it was mysterious and magical
Wszystko to było tajemnicze i magiczne
and in its midst was he, Siddhartha, the awakening one
a pośród niego on, Siddhartha, przebudzony
and he was on the path to himself
i był na drodze do samego siebie
all this yellow and blue and river and forest entered Siddhartha
cała ta żółć i błękit, rzeka i las wkroczyły do Siddharthy
for the first time it entered through the eyes
po raz pierwszy weszła oczami
it was no longer a spell of Mara
to już nie było zaklęcie Mary
it was no longer the veil of Maya
to już nie była zasłona Majów
it was no longer a pointless and coincidental
Nie było to już bezcelowe i przypadkowe
things were not just a diversity of mere appearances
Rzeczy nie były tylko różnorodnością samych pozorów
appearances despicable to the deeply thinking Brahman
Przejawy nikczemne dla głęboko myślącego Brahmana
the thinking Brahman scorns diversity, and seeks unity
myślący Brahman gardzi różnorodnością i dąży do jedności
Blue was blue and river was river
Niebieski był niebieski, a rzeka rzeką
the singular and divine lived hidden in Siddhartha
to, co niezwykłe i boskie, ukryte w Siddharcie
divinity's way and purpose was to be yellow here, and blue there
Droga i cel boskości polegały na tym, by tu być żółtym, a tam niebieskim
there sky, there forest, and here Siddhartha
tam niebo, tam las, a tu Siddhartha
The purpose and essential properties was not somewhere

behind the things
Cel i istotne właściwości nie leżały gdzieś poza rzeczami
the purpose and essential properties was inside of everything
Cel i istotne właściwości znajdowały się we wszystkim
"How deaf and stupid have I been!" he thought
"Jakże byłem głuchy i głupi!" — pomyślał
and he walked swiftly along
i szedł szybko
"When someone reads a text he will not scorn the symbols and letters"
"Kiedy ktoś czyta tekst, nie pogardzi symbolami i literami"
"he will not call the symbols deceptions or coincidences"
"Nie nazwie symboli oszustwem ani zbiegiem okoliczności"
"but he will read them as they were written"
"Lecz On będzie je czytał tak, jak napisano"
"he will study and love them, letter by letter"
"Będzie je studiował i kochał, litera po literze"
"I wanted to read the book of the world and scorned the letters"
"Chciałem czytać księgę świata i gardziłem literami"
"I wanted to read the book of myself and scorned the symbols"
"Chciałem przeczytać książkę o sobie i wzgardziłem symbolami"
"I called my eyes and my tongue coincidental"
"Nazwałem moje oczy i język przypadkowym"
"I said they were worthless forms without substance"
"Powiedziałem, że są to bezwartościowe formy bez treści"
"No, this is over, I have awakened"
"Nie, to już koniec, obudziłem się"
"I have indeed awakened"
"Zaprawdę się obudziłem"
"I had not been born before this very day"
"Nie urodziłem się przed tym dniem"
In thinking these thoughts, Siddhartha suddenly stopped once again

Myśląc o tym, Siddhartha nagle znów się zatrzymał
he stopped as if there was a snake lying in front of him
Zatrzymał się, jakby przed nim leżał wąż
suddenly, he had also become aware of something else
Nagle uświadomił sobie coś jeszcze
He was indeed like someone who had just woken up
Rzeczywiście był jak ktoś, kto właśnie się obudził
he was like a new-born baby starting life anew
Był jak nowo narodzone dziecko, które zaczyna życie od nowa
and he had to start again at the very beginning
i na samym początku musiał zaczynać od nowa
in the morning he had had very different intentions
Rano miał zupełnie inne zamiary
he had thought to return to his home and his father
Myślał o powrocie do domu i ojca
But now he stopped as if a snake was lying on his path
Ale teraz zatrzymał się, jakby na jego drodze leżał wąż
he made a realization of where he was
Uświadomił sobie, gdzie się znajduje
"I am no longer the one I was"
"Nie jestem już tym, kim byłem"
"I am no ascetic any more"
"Nie jestem już ascetą"
"I am not a priest any more"
"Nie jestem już księdzem"
"I am no Brahman any more"
"Nie jestem już Brahmanem"
"Whatever should I do at my father's place?"
– Co mam robić u ojca?
"Study? Make offerings? Practise meditation?"
"Studiować? Składać ofiary? Praktykować medytację?"
"But all this is over for me"
"Ale dla mnie to wszystko się skończyło"
"all of this is no longer on my path"
"Tego wszystkiego już nie ma"
Motionless, Siddhartha remained standing there
Siddhartha stał nieruchomo

and for the time of one moment and breath, his heart felt cold
i przez jedną chwilę i oddech jego serce było zimne
he felt a coldness in his chest
Poczuł chłód w piersi
the same feeling a small animal feels when it sees how alone it is
To samo uczucie, które odczuwa małe zwierzę, gdy widzi, jak bardzo jest samotne
For many years, he had been without home and had felt nothing
Przez wiele lat był bez domu i nic nie czuł
Now, he felt he had been without a home
Teraz czuł, że został bez domu
Still, even in the deepest meditation, he had been his father's son
A jednak, nawet w najgłębszej medytacji, był synem ojca
he had been a Brahman, of a high caste
Był braminem z wysokiej kasty
he had been a cleric
Był duchownym
Now, he was nothing but Siddhartha, the awoken one
Teraz był tylko Siddharthą, przebudzonym
nothing else was left of him
Nic więcej po nim nie zostało
Deeply, he inhaled and felt cold
Wziął głęboki wdech i poczuł chłód
a shiver ran through his body
Dreszcz przebiegł przez jego ciało
Nobody was as alone as he was
Nikt nie był tak samotny jak on
There was no nobleman who did not belong to the noblemen
Nie było szlachcica, który by nie należał do szlachty
there was no worker that did not belong to the workers
Nie było pracownika, który by nie należał do robotników
they had all found refuge among themselves

Wszyscy znaleźli schronienie między sobą
they shared their lives and spoke their languages
Dzielili się swoim życiem i mówili swoimi językami
there are no Brahman who would not be regarded as Brahmans
Nie ma Brahmana, który nie byłby uważany za Brahmanów
and there are no Brahmans that didn't live as Brahmans
i nie ma braminów, którzy nie żyliby jako bramini
there are no ascetic who could not find refuge with the Samanas
Nie ma ascety, który nie znalazłby schronienia u Saman
and even the most forlorn hermit in the forest was not alone
I nawet najbardziej opuszczony pustelnik w lesie nie był sam
he was also surrounded by a place he belonged to
Był też otoczony miejscem, do którego należał
he also belonged to a caste in which he was at home
Należał też do kasty, w której czuł się jak w domu
Govinda had left him and became a monk
Govinda opuścił go i został mnichem
and a thousand monks were his brothers
a tysiąc mnichów było jego braćmi
they wore the same robe as him
Mieli na sobie tę samą szatę co on
they believed in his faith and spoke his language
Wierzyli w jego wiarę i mówili jego językiem
But he, Siddhartha, where did he belong to?
Ale on, Siddhartha, dokąd on należał?
With whom would he share his life?
Z kim miałby dzielić życie?
Whose language would he speak?
Czyim językiem miałby mówić?
the world melted away all around him
Świat wokół niego rozpłynął się
he stood alone like a star in the sky
Stał samotnie jak gwiazda na niebie
cold and despair surrounded him
Ogarnął go chłód i rozpacz

but Siddhartha emerged out of this moment
ale Siddhartha wyszedł z tej chwili
Siddhartha emerged more his true self than before
Siddhartha ujawnił się bardziej niż przedtem
he was more firmly concentrated than he had ever been
Był bardziej skoncentrowany niż kiedykolwiek
He felt; "this had been the last tremor of the awakening"
Czuł; "To był ostatni wstrząs przebudzenia"
"the last struggle of this birth"
"Ostatnia walka tych narodzin"
And it was not long until he walked again in long strides
Nie minęło wiele czasu, gdy znów szedł długimi krokami
he started to proceed swiftly and impatiently
Zaczął działać szybko i niecierpliwie
he was no longer going home
Nie wracał już do domu
he was no longer going to his father
Nie chodził już do ojca

Part Two - Część Druga
***
Kamala

Siddhartha learned something new on every step of his path
Siddhartha na każdym kroku uczył się czegoś nowego
because the world was transformed and his heart was enchanted
bo świat się przemienił, a jego serce zostało zaczarowane
He saw the sun rising over the mountains
Widział słońce wschodzące nad górami
and he saw the sun setting over the distant beach
i zobaczył słońce zachodzące nad odległą plażą
At night, he saw the stars in the sky in their fixed positions
W nocy widział gwiazdy na niebie w ich stałych pozycjach
and he saw the crescent of the moon floating like a boat in the blue
i zobaczył sierp księżyca unoszący się jak łódź na błękicie
He saw trees, stars, animals, and clouds
Widział drzewa, gwiazdy, zwierzęta i chmury
rainbows, rocks, herbs, flowers, streams and rivers
tęcze, skały, zioła, kwiaty, strumienie i rzeki
he saw the glistening dew in the bushes in the morning
Rano zobaczył lśniącą rosę w krzakach
he saw distant high mountains which were blue
Widział w oddali wysokie góry, które były błękitne
wind blew through the rice-field
Wiatr wiał przez pole ryżowe
all of this, a thousand-fold and colourful, had always been there
Wszystko to, tysiąckrotnie i kolorowo, było tam od zawsze
the sun and the moon had always shone
Słońce i księżyc zawsze świeciły
rivers had always roared and bees had always buzzed
Rzeki zawsze huczały, a pszczoły brzęczały
but in former times all of this had been a deceptive veil
Ale w dawnych czasach wszystko to było zwodniczą zasłoną

to him it had been nothing more than fleeting
Dla niego było to tylko ulotne
it was supposed to be looked upon in distrust
Miało się na to patrzeć nieufnie
it was destined to be penetrated and destroyed by thought
Jego przeznaczeniem było zostać przenikniętym i zniszczonym przez myśl
since it was not the essence of existence
ponieważ nie była to istota istnienia
since this essence lay beyond, on the other side of, the visible
ponieważ ta istota leżała poza, po drugiej stronie widzialnego,
But now, his liberated eyes stayed on this side
Ale teraz jego wyzwolone oczy pozostały po tej stronie
he saw and became aware of the visible
Zobaczył i uświadomił sobie to, co widzialne
he sought to be at home in this world
Starał się być na tym świecie jak w domu
he did not search for the true essence
Nie szukał prawdziwej istoty
he did not aim at a world beyond
Nie dążył do świata poza
this world was beautiful enough for him
Ten świat był dla niego wystarczająco piękny
looking at it like this made everything childlike
Patrzenie na to w ten sposób sprawiało, że wszystko było dziecinne
Beautiful were the moon and the stars
Piękny był księżyc i gwiazdy
beautiful was the stream and the banks
Piękny był strumień i brzegi
the forest and the rocks, the goat and the gold-beetle
Las i skały, koza i złoty chrząszcz
the flower and the butterfly; beautiful and lovely it was
kwiat i motyl; Piękne i piękne to było
to walk through the world was childlike again
Pójście przez świat znów było dziecinne

this way he was awoken
W ten sposób został obudzony
this way he was open to what is near
W ten sposób otworzył się na to, co bliskie
this way he was without distrust
W ten sposób był wolny od nieufności
differently the sun burnt the head
inaczej słońce paliło głowę
differently the shade of the forest cooled him down
Inaczej chłodził go cień lasu
differently the pumpkin and the banana tasted
inaczej smakowała dynia i banan
Short were the days, short were the nights
Krótkie były dni, krótkie noce
every hour sped swiftly away like a sail on the sea
Każda godzina pędziła szybko jak żagiel na morzu
and under the sail was a ship full of treasures, full of joy
a pod żaglami płynął statek pełen skarbów, pełen radości
Siddhartha saw a group of apes moving through the high canopy
Siddhartha zobaczył grupę małp poruszających się przez wysoki baldachim
they were high in the branches of the trees
Znajdowały się wysoko w gałęziach drzew
and he heard their savage, greedy song
i usłyszał ich dziką, chciwą pieśń
Siddhartha saw a male sheep following a female one and mating with her
Siddhartha zobaczył samca owcy podążającego za samicą i kopulującego z nią
In a lake of reeds, he saw the pike hungrily hunting for its dinner
W jeziorze trzcin zobaczył szczupaka łapczywie polującego na swój obiad
young fish were propelling themselves away from the pike
Młode ryby odpychały się od szczupaka
they were scared, wiggling and sparkling

Były przestraszone, trzęsły się i iskrzyły
the young fish jumped in droves out of the water
Młode ryby wyskakiwały tłumnie z wody
the scent of strength and passion came forcefully out of the water
Zapach siły i namiętności wydobywał się z wody
and the pike stirred up the scent
A szczupak wzniecił zapach
All of this had always existed
Wszystko to istniało od zawsze
and he had not seen it, nor had he been with it
i nie widział go, ani nie był z nim
Now he was with it and he was part of it
Teraz był z nią i był jej częścią
Light and shadow ran through his eyes
Światło i cień przebiegały przez jego oczy
stars and moon ran through his heart
Gwiazdy i księżyc przebiegły przez jego serce

Siddhartha remembered everything he had experienced in the Garden Jetavana
Siddhartha przypomniał sobie wszystko, czego doświadczył w Ogrodzie Jetavana
he remembered the teaching he had heard there from the divine Buddha
przypomniał sobie nauki, które usłyszał tam od boskiego Buddy
he remembered the farewell from Govinda
Przypomniał sobie pożegnanie z Govindą
he remembered the conversation with the exalted one
Przypomniał sobie rozmowę z Wywyższonym
Again he remembered his own words that he had spoken to the exalted one
Znowu przypomniał sobie swoje własne słowa, które wypowiedział do wywyższonego
he remembered every word
Pamiętał każde słowo

he realized he had said things which he had not really known
Zdał sobie sprawę, że powiedział rzeczy, których tak naprawdę nie wiedział
he astonished himself with what he had said to Gotama
zdumiał się tym, co powiedział Gotamie
the Buddha's treasure and secret was not the teachings
skarbem i tajemnicą Buddhy nie były nauki
but the secret was the inexpressable and not teachable
Ale sekret był niewyrażalny i niemożliwy do wyuczenia
the secret which he had experienced in the hour of his enlightenment
tajemnica, której doświadczył w godzinie swego oświecenia
the secret was nothing but this very thing which he had now gone to experience
Tajemnica nie była niczym innym, jak tylko tym, czego teraz doświadczył
the secret was what he now began to experience
Sekret tkwił w tym, czego teraz zaczął doświadczać
Now he had to experience his self
Teraz musiał doświadczyć siebie
he had already known for a long time that his self was Atman
już od dawna wiedział, że jego jaźń jest Atmanem
he knew Atman bore the same eternal characteristics as Brahman
wiedział, że Atman posiada te same wieczne cechy, co Brahman
But he had never really found this self
Ale tak naprawdę nigdy nie odnalazł tego "ja"
because he had wanted to capture the self in the net of thought
ponieważ chciał uchwycić jaźń w sieci myśli
but the body was not part of the self
Ale ciało nie było częścią jaźni
it was not the spectacle of the senses
To nie był spektakl zmysłów

so it also was not the thought, nor the rational mind
Nie była to więc ani myśl, ani rozumny umysł
it was not the learned wisdom, nor the learned ability
Nie była to ani wyuczona mądrość, ani wyuczona umiejętność
from these things no conclusions could be drawn
Z tego wszystkiego nie można było wyciągnąć żadnych wniosków
No, the world of thought was also still on this side
Nie, świat myśli też był po tej stronie
Both, the thoughts as well as the senses, were pretty things
Zarówno myśli, jak i zmysły były ładne
but the ultimate meaning was hidden behind both of them
Ale ostateczny sens krył się za nimi obydwoma
both had to be listened to and played with
Obu trzeba było słuchać i bawić się nimi
neither had to be scorned nor overestimated
ani nie można było nimi pogardzać ani przeceniać
there were secret voices of the innermost truth
Słychać było tajemne głosy najgłębszej prawdy
these voices had to be attentively perceived
Głosy te musiały być uważnie odbierane
He wanted to strive for nothing else
Nie chciał dążyć do niczego innego
he would do what the voice commanded him to do
Robił to, co nakazywał mu głos
he would dwell where the voices adviced him to
Będzie mieszkał tam, gdzie głosy mu radziły
Why had Gotama sat down under the Bodhi tree?
Dlaczego Gotama usiadł pod drzewem Bodhi?
He had heard a voice in his own heart
Usłyszał głos w swoim sercu
a voice which had commanded him to seek rest under this tree
Głos, który nakazał mu szukać odpoczynku pod tym drzewem
he could have gone on to make offerings
Mógł iść dalej składać ofiary

he could have performed his ablutions
Mógł dokonywać ablucji
he could have spent that moment in prayer
Mógł spędzić tę chwilę na modlitwie
he had chosen not to eat or drink
Postanowił nie jeść ani nie pić
he had chosen not to sleep or dream
Postanowił nie spać ani nie śnić
instead, he had obeyed the voice
Zamiast tego posłuchał głosu
To obey like this was good
Posłuszeństwo w ten sposób było dobre
it was good not to obey to an external command
Dobrze było nie być posłusznym rozkazowi z zewnątrz
it was good to obey only the voice
Dobrze było być posłusznym tylko głosowi
to be ready like this was good and necessary
Bycie gotowym w ten sposób było dobre i konieczne
there was nothing else that was necessary
Nie było nic więcej, co było konieczne

in the night Siddhartha got to a river
w nocy Siddhartha dotarł do rzeki
he slept in the straw hut of a ferryman
Spał w słomianej chacie przewoźnika
this night Siddhartha had a dream
tej nocy Siddhartha miał sen
Govinda was standing in front of him
Govinda stał przed nim
he was dressed in the yellow robe of an ascetic
Ubrany był w żółtą szatę ascety
Sad was how Govinda looked
Smutny był wygląd Govindy
sadly he asked, "Why have you forsaken me?"
Ze smutkiem zapytał: "Czemuś mnie opuścił?"
Siddhartha embraced Govinda, and wrapped his arms around him

Siddhartha objął Govindę i objął go ramionami
he pulled him close to his chest and kissed him
Przyciągnął go do piersi i pocałował
but it was not Govinda anymore, but a woman
ale to już nie była Govinda, tylko kobieta
a full breast popped out of the woman's dress
Pełna pierś wyskoczyła z kobiecej sukienki
Siddhartha lay and drank from the breast
Siddhartha leżał i pił z piersi
sweetly and strongly tasted the milk from this breast
słodko i mocno smakowało mleko z tej piersi
It tasted of woman and man
Smakował kobietą i mężczyzną
it tasted of sun and forest
Smakował słońcem i lasem
it tasted of animal and flower
Smakował zwierzęciem i kwiatem
it tasted of every fruit and every joyful desire
Smakował każdym owocem i każdym radosnym pragnieniem
It intoxicated him and rendered him unconscious
Odurzyło go to i pozbawiło przytomności
Siddhartha woke up from the dream
Siddhartha obudził się ze snu
the pale river shimmered through the door of the hut
Blada rzeka migotała przez drzwi chaty
a dark call of an owl resounded deeply through the forest
Ciemny głos sowy rozbrzmiał głęboko w lesie
Siddhartha asked the ferryman to get him across the river
Siddhartha poprosił przewoźnika, by przewiózł go na drugą stronę rzeki
The ferryman got him across the river on his bamboo-raft
Przewoźnik przewiózł go przez rzekę na swojej bambusowej tratwie
the water shimmered reddish in the light of the morning
Woda mieniła się czerwonawo w świetle poranka
"This is a beautiful river," he said to his companion
— To piękna rzeka — rzekł do swego towarzysza

"Yes," said the ferryman, "a very beautiful river"
— Tak — odparł przewoźnik — bardzo piękna rzeka.
"I love it more than anything"
"Kocham to bardziej niż cokolwiek innego"
"Often I have listened to it"
"Często tego słuchałem"
"often I have looked into its eyes"
"Nieraz patrzyłem mu w oczy"
"and I have always learned from it"
"i zawsze się z tego uczyłem"
"Much can be learned from a river"
"Z rzeki można się wiele nauczyć"
"I thank you, my benefactor" spoke Siddhartha
— Dziękuję ci, mój dobroczyńco — odezwał się Siddhartha
he disembarked on the other side of the river
Wysiadł po drugiej stronie rzeki
"I have no gift I could give you for your hospitality, my dear"
"Nie mam daru, który mógłbym ci dać za twoją gościnność, moja droga"
"and I also have no payment for your work"
"A ja też nie mam zapłaty za twoją pracę"
"I am a man without a home"
"Jestem człowiekiem bez domu"
"I am the son of a Brahman and a Samana"
"Jestem synem Brahmana i Samany"
"I did see it," spoke the ferryman
— Widziałem — odezwał się przewoźnik
"I did not expect any payment from you"
"Nie oczekiwałem od ciebie żadnej zapłaty"
"it is custim for guests to bear a gift"
"To jest custim dla gości, aby przynieść prezent"
"but I did not expect this from you either"
"Ale ja też się tego po tobie nie spodziewałem"
"You will give me the gift another time"
"Podarujesz mi ten prezent innym razem"
"Do you think so?" asked Siddhartha, bemusedly

"Tak sądzisz?" zapytał Siddhartha zdziwiony
"I am sure of it," replied the ferryman
— Jestem tego pewien — odparł przewoźnik
"This too, I have learned from the river"
"Tego też nauczyłem się od rzeki"
"everything that goes comes back!"
"Wszystko, co idzie, wraca!"
"You too, Samana, will come back"
"Ty też, Samana, wrócisz"
"Now farewell! Let your friendship be my reward"
"A teraz żegnaj! Niech wasza przyjaźń będzie moją nagrodą"
"Commemorate me, when you make offerings to the gods"
"Wspominajcie mnie, gdy składacie ofiary bogom"
Smiling, they parted from each other
Uśmiechnięci rozstali się
Smiling, Siddhartha was happy about the friendship
Uśmiechając się, Siddhartha cieszył się z tej przyjaźni
and he was happy about the kindness of the ferryman
i cieszył się z życzliwości przewoźnika
"He is like Govinda," he thought with a smile
"Jest jak Govinda" – pomyślał z uśmiechem
"all I meet on my path are like Govinda"
"wszystko, co spotykam na swojej drodze, jest jak Govinda"
"All are thankful for what they have"
"Wszyscy są wdzięczni za to, co mają"
"but they are the ones who would have a right to receive thanks"
"Ale to oni mają prawo do otrzymywania podziękowań"
"all are submissive and would like to be friends"
"Wszyscy są ulegli i chcieliby być przyjaciółmi"
"all like to obey and think little"
"Wszyscy lubią być posłuszni i mało myśleć"
"all people are like children"
"Wszyscy ludzie są jak dzieci"

At about noon, he came through a village
Około południa przejeżdżał przez wioskę
In front of the mud cottages, children were rolling about in the street
Przed lepiankami dzieci tarzały się po ulicy
they were playing with pumpkin-seeds and sea-shells
Bawili się pestkami dyni i muszlami
they screamed and wrestled with each other
Krzyczeli i mocowali się ze sobą
but they all timidly fled from the unknown Samana
ale wszyscy nieśmiało uciekli przed nieznanym Samanem
In the end of the village, the path led through a stream
Na końcu wsi ścieżka prowadziła przez potok
by the side of the stream, a young woman was kneeling
Nad brzegiem strumienia klęczała młoda kobieta
she was washing clothes in the stream
Pierła ubrania w strumieniu
When Siddhartha greeted her, she lifted her head
Kiedy Siddhartha ją przywitał, podniosła głowę
and she looked up to him with a smile
i spojrzała na niego z uśmiechem
he could see the white in her eyes glistening
Widział, jak białko w jej oczach błyszczy
He called out a blessing to her
Zawołał do niej błogosławieństwo
this was the custom among travellers
Taki był zwyczaj wśród podróżników
and he asked how far it was to the large city
i zapytał, jak daleko jest do dużego miasta
Then she got up and came to him
Potem wstała i podeszła do niego
beautifully her wet mouth was shimmering in her young face
Pięknie jej mokre usta lśniły na jej młodej twarzy
She exchanged humorous banter with him
Wymieniła z nim żartobliwe przekomarzanie się
she asked whether he had eaten already

Zapytała, czy już jadł
and she asked curious questions
i zadawała ciekawe pytania
"is it true that the Samanas slept alone in the forest at night?"
— Czy to prawda, że Samany spały samotnie w lesie w nocy?
"is it true Samanas are not allowed to have women with them"
"Czy to prawda, że Samanom nie wolno mieć przy sobie kobiet?"
While talking, she put her left foot on his right one
Rozmawiając, położyła lewą stopę na jego prawej
the movement of a woman who would want to initiate sexual pleasure
ruch kobiety, która chciałaby zainicjować przyjemność seksualną
the textbooks call this "climbing a tree"
Podręczniki nazywają to "wspinaniem się na drzewo"
Siddhartha felt his blood heating up
Siddhartha poczuł, jak krew w jego żyłach się rozgrzewa
he had to think of his dream again
Musiał znowu myśleć o swoim śnie
he bend slightly down to the woman
Pochylił się lekko do kobiety
and he kissed with his lips the brown nipple of her breast
i pocałował ustami brązowy sutek jej piersi
Looking up, he saw her face smiling
Spojrzał w górę i zobaczył jej uśmiechniętą twarz
and her eyes were full of lust
a jej oczy były pełne pożądania
Siddhartha also felt desire for her
Siddhartha również czuł do niej pożądanie
he felt the source of his sexuality moving
Czuł, że porusza się źródło jego seksualności
but he had never touched a woman before
Ale nigdy przedtem nie dotknął kobiety
so he hesitated for a moment
Zawahał się więc przez chwilę

his hands were already prepared to reach out for her
Jego dłonie były już gotowe, by po nią sięgnąć
but then he heard the voice of his innermost self
Ale wtedy usłyszał głos swojej najgłębszej jaźni
he shuddered with awe at his voice
Wzdrygnął się z podziwu, słysząc jego głos
and this voice told him no
A ten głos powiedział mu, że nie
all charms disappeared from the young woman's smiling face
Wszystkie uroki zniknęły z uśmiechniętej twarzy młodej kobiety
he no longer saw anything else but a damp glance
Nie widział już nic poza wilgotnym spojrzeniem
all he could see was female animal in heat
Widział tylko samicę w rui
Politely, he petted her cheek
Grzecznie pogłaskał ją po policzku
he turned away from her and disappeared away
Odwrócił się od niej i zniknął
he left from the disappointed woman with light steps
Odszedł od zawiedzionej kobiety lekkim krokiem
and he disappeared into the bamboo-wood
i zniknął w bambusowym lesie

he reached the large city before the evening
Do dużego miasta dotarł przed wieczorem
and he was happy to have reached the city
i cieszył się, że dotarł do miasta
because he felt the need to be among people
bo czuł potrzebę przebywania wśród ludzi
or a long time, he had lived in the forests
Albo od dawna mieszkał w lasach
for first time in a long time he slept under a roof
Po raz pierwszy od dawna spał pod dachem
Before the city was a beautifully fenced garden
Przed miastem był pięknie ogrodzony ogród

the traveller came across a small group of servants
Podróżny natknął się na małą grupkę służących
the servants were carrying baskets of fruit
Słudzy nieśli kosze z owocami
four servants were carrying an ornamental sedan-chair
Czterej służący nieśli ozdobne krzesło
on this chair sat a woman, the mistress
Na krześle tym siedziała kobieta, kochanka
she was on red pillows under a colourful canopy
Leżała na czerwonych poduszkach pod kolorowym baldachimem
Siddhartha stopped at the entrance to the pleasure-garden
Siddhartha zatrzymał się przy wejściu do ogrodu uciech
and he watched the parade go by
i patrzył na przechodzącą paradę
he saw saw the servants and the maids
Widział sługi i dziewczęta
he saw the baskets and the sedan-chair
Zobaczył kosze i fotel
and he saw the lady on the chair
I zobaczył kobietę na krześle
Under her black hair he saw a very delicate face
Pod jej czarnymi włosami dostrzegł bardzo delikatną twarz
a bright red mouth, like a freshly cracked fig
jaskrawoczerwone usta, jak świeżo pęknięta figa
eyebrows which were well tended and painted in a high arch
brwi, które były dobrze zadbane i pomalowane w wysoki łuk
they were smart and watchful dark eyes
Były to bystre i czujne ciemne oczy
a clear, tall neck rose from a green and golden garment
jasna, wysoka szyja wyrastała z zielono-złotej szaty
her hands were resting, long and thin
Jej dłonie spoczywały, długie i chude
she had wide golden bracelets over her wrists
Na nadgarstkach miała szerokie złote bransolety
Siddhartha saw how beautiful she was, and his heart

rejoiced
Siddhartha zobaczył, jaka jest piękna, i uradował się w sercu
He bowed deeply, when the sedan-chair came closer
Skłonił się głęboko, gdy fotel podszedł bliżej
straightening up again, he looked at the fair, charming face
Wyprostował się i spojrzał na jasną, czarującą twarz
he read her smart eyes with the high arcs
Czytał w jej bystrych oczach wysokimi łukami
he breathed in a fragrance of something he did not know
Wdychał zapach czegoś, czego nie znał
With a smile, the beautiful woman nodded for a moment
Piękna kobieta z uśmiechem skinęła na chwilę głową
then she disappeared into the garden
Potem zniknęła w ogrodzie
and then the servants disappeared as well
A potem zniknęli też słudzy
"I am entering this city with a charming omen" Siddhartha thought
"Wchodzę do tego miasta z czarującą wróżbą" – pomyślał Siddhartha
He instantly felt drawn into the garden
Natychmiast poczuł się wciągnięty do ogrodu
but he thought about his situation
Ale pomyślał o swojej sytuacji
he became aware of how the servants and maids had looked at him
Uświadomił sobie, jak patrzyli na niego słudzy i służące
they thought him despicable, distrustful, and rejected him
Uważali go za nikczemnego, nieufnego i odrzucili
"I am still a Samana" he thought
"Nadal jestem Samaną" – pomyślał
"I am still an ascetic and beggar"
"Nadal jestem ascetą i żebrakiem"
"I must not remain like this"
"Nie mogę tak pozostać"
"I will not be able to enter the garden like this," he laughed
– Nie będę mógł tak wejść do ogrodu – zaśmiał się

he asked the next person who came along the path about the garden
Zapytał następną osobę, która szła ścieżką, o ogród
and he asked for the name of the woman
i zapytał o imię tej kobiety
he was told that this was the garden of Kamala, the famous courtesan
powiedziano mu, że jest to ogród Kamali, słynnej kurtyzany
and he was told that she also owned a house in the city
Powiedziano mu, że ona również ma dom w mieście
Then, he entered the city with a goal
Potem wkroczył do miasta z celem
Pursuing his goal, he allowed the city to suck him in
Dążąc do celu, pozwolił, by miasto go wciągnęło
he drifted through the flow of the streets
Dryfował wśród nurtu ulic
he stood still on the squares in the city
Stał nieruchomo na placach miasta
he rested on the stairs of stone by the river
Odpoczywał na kamiennych schodach nad rzeką
When the evening came, he made friends with a barber's assistant
Gdy nadszedł wieczór, zaprzyjaźnił się z pomocnikiem fryzjera
he had seen him working in the shade of an arch
Widział go pracującego w cieniu łuku
and he found him again praying in a temple of Vishnu
i znalazł go znowu modlącego się w świątyni Wisznu
he told about stories of Vishnu and the Lakshmi
opowiadał historie o Wisznu i Lakszmi
Among the boats by the river, he slept this night
Tę noc przespał wśród łodzi nad rzeką
Siddhartha came to him before the first customers came into his shop
Siddhartha przyszedł do niego, zanim pierwsi klienci przyszli do jego sklepu
he had the barber's assistant shave his beard and cut his hair

Kazał pomocnikowi fryzjera zgolić brodę i obciąć włosy
he combed his hair and anointed it with fine oil
Uczesał włosy i namaścił je drobnym olejkiem
Then he went to take his bath in the river
Potem poszedł wykąpać się w rzece

late in the afternoon, beautiful Kamala approached her garden
Późnym popołudniem piękna Kamala podeszła do swojego ogrodu
Siddhartha was standing at the entrance again
Siddhartha znów stał przy wejściu
he made a bow and received the courtesan's greeting
Ukłonił się i otrzymał pozdrowienie kurtyzany
he got the attention of one of the servant
Zwrócił na siebie uwagę jednego ze służących
he asked him to inform his mistress
Poprosił go, aby poinformował o tym swoją panią
"a young Brahman wishes to talk to her"
"młody bramin pragnie z nią porozmawiać"
After a while, the servant returned
Po chwili sługa wrócił
the servant asked Siddhartha to follow him
Sługa poprosił Siddharthę, by poszedł za nim
Siddhartha followed the servant into a pavilion
Siddhartha poszedł za sługą do pawilonu
here Kamala was lying on a couch
tutaj Kamala leżała na kanapie
and the servant left him alone with her
Sługa zostawiła go z nią sam na sam
"Weren't you also standing out there yesterday, greeting me?" asked Kamala
"Czy ty też nie stałeś tam wczoraj i nie witałeś mnie?" zapytała Kamala
"It's true that I've already seen and greeted you yesterday"
"To prawda, że już wczoraj cię widziałem i pozdrawiam"
"But didn't you yesterday wear a beard, and long hair?"

— Ale czy nie nosiłeś wczoraj brody i długich włosów?
"and was there not dust in your hair?"
— A czy we włosach nie było kurzu?
"You have observed well, you have seen everything"
"Dobrze obserwowałeś, widziałeś wszystko"
"You have seen Siddhartha, the son of a Brahman"
"Widziałeś Siddharthę, syna bramina"
"the Brahman who has left his home to become a Samana"
"Brahman, który opuścił swój dom, aby stać się Samaną"
"the Brahman who has been a Samana for three years"
"Brahman, który jest Samaną od trzech lat"
"But now, I have left that path and came into this city"
"Ale teraz porzuciłem tę drogę i przyszedłem do tego miasta"
"and the first one I met, even before I had entered the city, was you"
"A pierwszym, którego spotkałem, zanim jeszcze wszedłem do miasta, byłeś ty"
"To say this, I have come to you, oh Kamala!"
"Aby to powiedzieć, przyszedłem do ciebie, o Kamala!"
"before, Siddhartha addressed all woman with his eyes to the ground"
"przedtem Siddhartha zwracał się do wszystkich kobiet ze wzrokiem wbitym w ziemię"
"You are the first woman whom I address otherwise"
"Jesteś pierwszą kobietą, do której zwracam się inaczej"
"Never again do I want to turn my eyes to the ground"
"Nigdy więcej nie chcę patrzeć na ziemię"
"I won't turn when I'm coming across a beautiful woman"
"Nie odwrócę się, gdy natknę się na piękną kobietę"
Kamala smiled and played with her fan of peacocks' feathers
Kamala uśmiechnęła się i bawiła wachlarzem pawich piór
"And only to tell me this, Siddhartha has come to me?"
— I tylko po to, żeby mi to powiedzieć, Siddhartha przyszedł do mnie?
"To tell you this and to thank you for being so beautiful"
"Powiedzieć ci to i podziękować ci za to, że jesteś taka piękna"

"I would like to ask you to be my friend and teacher"
"Chciałbym cię prosić, abyś był moim przyjacielem i nauczycielem"
"for I know nothing yet of that art which you have mastered"
"Bo nie wiem jeszcze nic o tej sztuce, którą opanowałeś do perfekcji"
At this, Kamala laughed aloud
Słysząc to, Kamala roześmiała się głośno
"Never before this has happened to me, my friend"
"Nigdy przedtem mi się to nie zdarzyło, przyjacielu"
"a Samana from the forest came to me and wanted to learn from me!"
"Samana z lasu przyszedł do mnie i chciał się ode mnie uczyć!"
"Never before this has happened to me"
"Nigdy wcześniej mi się to nie zdarzyło"
"a Samana came to me with long hair and an old, torn loincloth!"
"Przyszedł do mnie Samana z długimi włosami i starą, podartą przepaską na biodrach!"
"Many young men come to me"
"Wielu młodych ludzi przychodzi do mnie"
"and there are also sons of Brahmans among them"
"A są wśród nich także synowie braminów"
"but they come in beautiful clothes"
"Ale przychodzą w pięknych szatach"
"they come in fine shoes"
"Przychodzą w dobrych butach"
"they have perfume in their hair
"Mają perfumy we włosach
"and they have money in their pouches"
"A oni mają pieniądze w sakiewkach"
"This is how the young men are like, who come to me"
"Tacy są młodzieńcy, którzy do mnie przychodzą"
Spoke Siddhartha, "Already I am starting to learn from you"
Siddhartha powiedział: "Już zaczynam się od ciebie uczyć"
"Even yesterday, I was already learning"
"Jeszcze wczoraj się uczyłem"

"I have already taken off my beard"
"Już zdjąłem brodę"
"I have combed the hair"
"Uczesałem włosy"
"and I have oil in my hair"
"a ja mam olej we włosach"
"There is little which is still missing in me"
"Niewiele mi jeszcze brakuje"
"oh excellent one, fine clothes, fine shoes, money in my pouch"
"O, doskonała, piękne ubranie, piękne buty, pieniądze w sakiewce"
"You shall know Siddhartha has set harder goals for himself"
"Wiesz, że Siddhartha wyznaczył sobie trudniejsze cele"
"and he has reached these goals"
"I osiągnął te cele"
"How shouldn't I reach that goal?"
"Jak miałbym nie osiągnąć tego celu?"
"the goal which I have set for myself yesterday"
"cel, który sobie wczoraj wyznaczyłem"
"to be your friend and to learn the joys of love from you"
"Być twoim przyjacielem i uczyć się od ciebie radości miłości"
"You'll see that I'll learn quickly, Kamala"
"Zobaczysz, że szybko się nauczę, Kamala"
"I have already learned harder things than what you're supposed to teach me"
"Nauczyłem się już trudniejszych rzeczy niż te, których powinieneś mnie nauczyć"
"And now let's get to it"
"A teraz przejdźmy do rzeczy"
"You aren't satisfied with Siddhartha as he is?"
– Nie jesteś zadowolony z Siddharthy takim, jakim jest?
"with oil in his hair, but without clothes"
"Z olejem we włosach, ale bez ubrania"
"Siddhartha without shoes, without money"
"Siddhartha bez butów, bez pieniędzy"

Laughing, Kamala exclaimed, "No, my dear"
Śmiejąc się, Kamala wykrzyknęła: "Nie, moja droga"
"he doesn't satisfy me, yet"
"Jeszcze mnie nie zadowala"
"Clothes are what he must have"
"Ubrania są tym, co musi mieć"
"pretty clothes, and shoes is what he needs"
"Ładne ubrania i buty to jest to, czego potrzebuje"
"pretty shoes, and lots of money in his pouch"
"Ładne buty i dużo pieniędzy w sakiewce"
"and he must have gifts for Kamala"
"i musi mieć prezenty dla Kamali"
"Do you know it now, Samana from the forest?"
— Wiesz już o tym, Samana z lasu?
"Did you mark my words?"
— Zapamiętałeś moje słowa?
"Yes, I have marked your words," Siddhartha exclaimed
— Tak, zaznaczyłem twoje słowa — zawołał Siddhartha
"How should I not mark words which are coming from such a mouth!"
"Jakże nie zaznaczyć słów, które wychodzą z takich ust!"
"Your mouth is like a freshly cracked fig, Kamala"
"Twoje usta są jak świeżo pęknięta figa, Kamala"
"My mouth is red and fresh as well"
"Moje usta też są czerwone i świeże"
"it will be a suitable match for yours, you'll see"
"To będzie odpowiedni mecz dla twojego, zobaczysz"
"But tell me, beautiful Kamala"
"Ale powiedz mi, piękna Kamala"
"aren't you at all afraid of the Samana from the forest""
"Czy wcale nie boisz się Samany z lasu?"
"the Samana who has come to learn how to make love"
"Samana, który przyszedł, aby nauczyć się kochać"
"Whatever for should I be afraid of a Samana?"
"Po co miałbym się bać Samany?"
"a stupid Samana from the forest"
"głupia Samana z lasu"

"a Samana who is coming from the jackals"
"Samana, który pochodzi od szakali"
"a Samana who doesn't even know yet what women are?"
— Samana, która nawet jeszcze nie wie, czym są kobiety?
"Oh, he's strong, the Samana"
"Och, on jest silny, Samana"
"and he isn't afraid of anything"
"I niczego się nie boi"
"He could force you, beautiful girl"
"Mógłby cię zmusić, piękna dziewczyno"
"He could kidnap you and hurt you"
"Mógł cię porwać i skrzywdzić"
"No, Samana, I am not afraid of this"
"Nie, Samana, nie boję się tego"
"Did any Samana or Brahman ever fear someone might come and grab him?"
"Czy ktokolwiek z Saman lub Brahman kiedykolwiek obawiał się, że ktoś może przyjść i go złapać?"
"could he fear someone steals his learning?"
"Czy może się obawiać, że ktoś ukradnie mu wiedzę?
"could anyone take his religious devotion"
"Czy ktokolwiek mógłby przyjąć jego religijną pobożność"
"is it possible to take his depth of thought?
"Czy można uchwycić jego głębię myśli?
"No, because these things are his very own"
"Nie, bo to jest jego własność"
"he would only give away the knowledge he is willing to give"
"Oddałby tylko wiedzę, którą jest gotów dać"
"he would only give to those he is willing to give to"
"Dałby tylko tym, którym chce dać"
"precisely like this it is also with Kamala"
"dokładnie tak jest i z Kamalą"
"and it is the same way with the pleasures of love"
"I tak samo jest z rozkoszami miłości"
"Beautiful and red is Kamala's mouth," answered Siddhartha
— Piękne i czerwone są usta Kamali — odparł Siddhartha

"but don't try to kiss it against Kamala's will"
"Ale nie próbuj go całować wbrew woli Kamali"
"because you will not obtain a single drop of sweetness from it"
"Bo nie uzyskasz z niego ani kropli słodyczy"
"You are learning easily, Siddhartha"
"Łatwo się uczysz, Siddhartho"
"you should also learn this"
"Tego też powinniście się nauczyć"
"love can be obtained by begging, buying"
"Miłość można zdobyć żebrząc, kupując"
"you can receive it as a gift"
"Możesz to otrzymać w prezencie"
"or you can find it in the street"
"Albo możesz go znaleźć na ulicy"
"but love cannot be stolen"
"Ale miłości nie można ukraść"
"In this, you have come up with the wrong path"
"W ten sposób poszedłeś złą drogą"
"it would be a pity if you would want to tackle love in such a wrong manner"
"Szkoda by było, gdybyś chciał zająć się miłością w tak niewłaściwy sposób"
Siddhartha bowed with a smile
Siddhartha skłonił się z uśmiechem
"It would be a pity, Kamala, you are so right"
"Szkoda, Kamala, masz rację"
"It would be such a great pity"
"To wielka szkoda"
"No, I shall not lose a single drop of sweetness from your mouth"
"Nie, nie stracę ani kropli słodyczy z twoich ust"
"nor shall you lose sweetness from my mouth"
"I nie utracisz słodyczy z ust moich"
"So it is agreed. Siddhartha will return"
— A więc jest zgoda. Siddhartha powróci"
"Siddhartha will return once he has what he still lacks"

"Siddhartha powróci, gdy będzie miał to, czego mu jeszcze brakuje"
"he will come back with clothes, shoes, and money"
"Wróci z ubraniem, butami i pieniędzmi"
"But speak, lovely Kamala, couldn't you still give me one small advice?"
– Ale mów, śliczna Kamala, czy nie mogłabyś dać mi jeszcze jednej małej rady?
"Give you an advice? Why not?"
"Dam ci radę? Czemu nie?
"Who wouldn't like to give advice to a poor, ignorant Samana?"
"Kto nie chciałby udzielać rad biednej, nieświadomej Samanie?"
"Dear Kamala, where I should go to find these three things most quickly?"
– Droga Kamala, dokąd mam się udać, żeby jak najszybciej odnaleźć te trzy rzeczy?
"Friend, many would like to know this"
"Przyjacielu, wielu chciałoby to wiedzieć"
"You must do what you've learned and ask for money"
"Musisz zrobić to, czego się nauczyłeś i poprosić o pieniądze"
"There is no other way for a poor man to obtain money"
"Nie ma innego sposobu, aby biedny człowiek zdobył pieniądze"
"What might you be able to do?"
– Co mógłbyś zrobić?
"I can think. I can wait. I can fast" said Siddhartha
— Potrafię myśleć. Mogę poczekać. Mogę pościć – powiedział Siddhartha
"Nothing else?" asked Kamala
"Nic więcej?" zapytała Kamala
"yes, I can also write poetry"
"Tak, umiem też pisać wiersze"
"Would you like to give me a kiss for a poem?"
"Czy zechciałabyś dać mi buziaka do wiersza?"
"I would like to, if I like your poem"

"Chciałbym, jeśli podoba mi się twój wiersz"
"What would be its title?"
– Jaki byłby jego tytuł?
Siddhartha spoke, after he had thought about it for a moment
Siddhartha odezwał się, po chwili namysłu
"Into her shady garden stepped the pretty Kamala"
"Do jej cienistego ogrodu weszła śliczna Kamala"
"At the garden's entrance stood the brown Samana"
"Przy wejściu do ogrodu stała brązowa Samana"
"Deeply, seeing the lotus's blossom, Bowed that man"
"Głęboko, widząc kwiat lotosu, Skłonił się temu człowiekowi"
"and smiling, Kamala thanked him"
"i uśmiechając się, Kamala podziękowała mu"
"More lovely, thought the young man, than offerings for gods"
"Piękniejsze, pomyślał młodzieniec, niż ofiary dla bogów"
Kamala clapped her hands so loud that the golden bracelets clanged
Kamala klasnęła w dłonie tak głośno, że złote bransolety zabrzęczały
"Beautiful are your verses, oh brown Samana"
"Piękne są twoje wersy, o brązowa Samana"
"and truly, I'm losing nothing when I'm giving you a kiss for them"
"I naprawdę, nic nie tracę, kiedy daję ci buziaka dla nich"
She beckoned him with her eyes
Skinęła na niego wzrokiem
he tilted his head so that his face touched hers
Przechylił głowę tak, że jego twarz dotknęła jej twarzy
and he placed his mouth on her mouth
i położył usta na jej ustach
the mouth which was like a freshly cracked fig
usta, które były jak świeżo pęknięta figa
For a long time, Kamala kissed him
Przez długi czas Kamala go całowała
and with a deep astonishment Siddhartha felt how she

taught him
i z głębokim zdumieniem Siddhartha poczuł, jak go poucza
he felt how wise she was
Czuł, jaka jest mądra
he felt how she controlled him
Czuł, jak go kontroluje
he felt how she rejected him
Czuł, jak go odrzuca
he felt how she lured him
Czuł, jak go zwabiła
and he felt how there were to be more kisses
i czuł, że będzie więcej pocałunków
every kiss was different from the others
Każdy pocałunek różnił się od pozostałych
he was still, when he received the kisses
Był nieruchomy, gdy otrzymał pocałunki
Breathing deeply, he remained standing where he was
Oddychając głęboko, pozostał tam, gdzie był
he was astonished like a child about the things worth learning
Był zdumiony jak dziecko rzeczami, których warto się nauczyć
the knowledge revealed itself before his eyes
Wiedza objawiła się na jego oczach
"Very beautiful are your verses" exclaimed Kamala
— Bardzo piękne są twoje wiersze — wykrzyknęła Kamala
"if I were rich, I would give you pieces of gold for them"
"Gdybym był bogaty, dałbym ci za nich złote monety"
"But it will be difficult for you to earn enough money with verses"
"Ale trudno ci będzie zarobić wystarczająco dużo pieniędzy na wierszach"
"because you need a lot of money, if you want to be Kamala's friend"
"bo potrzebujesz dużo pieniędzy, jeśli chcesz być przyjacielem Kamali"
"The way you're able to kiss, Kamala!" stammered

Siddhartha

"Sposób, w jaki potrafisz się całować, Kamala!" wyjąkał Siddhartha

"Yes, this I am able to do"
"Tak, jestem w stanie to zrobić"
"therefore I do not lack clothes, shoes, bracelets"
"dlatego nie brakuje mi ubrań, butów, bransoletek"
"I have all the beautiful things"
"Mam wszystkie piękne rzeczy"
"But what will become of you?"
— Ale co się z tobą stanie?
"Aren't you able to do anything else?"
– Nie jesteś w stanie zrobić nic innego?
"can you do mroe than think, fast, and make poetry?"
"Czy potrafisz zrobić coś więcej niż tylko myśleć, pościć i tworzyć poezję?"
"I also know the sacrificial songs" said Siddhartha
— Znam też pieśni ofiarne — rzekł Siddhartha
"but I do not want to sing those songs any more"
"ale nie chcę już śpiewać tych piosenek"
"I also know how to make magic spells"
"Wiem też, jak robić magiczne zaklęcia"
"but I do not want to speak them any more"
"ale ja już nie chcę ich wypowiadać"
"I have read the scriptures"
"Czytałem pisma"
"Stop!" Kamala interrupted him
— Stój! Kamala przerwała mu
"You're able to read and write?"
– Umiesz czytać i pisać?
"Certainly, I can do this, many people can"
"Oczywiście, że mogę to zrobić, wielu ludzi może"
"Most people can't," Kamala replied
"Większość ludzi nie może" – odpowiedziała Kamala
"I am also one of those who can't do it"
"Ja też jestem jednym z tych, którzy nie mogą tego zrobić"
"It is very good that you're able to read and write"

"To bardzo dobrze, że umiesz czytać i pisać"
"you will also find use for the magic spells"
"Znajdziesz też zastosowanie dla magicznych zaklęć"
In this moment, a maid came running in
W tym momencie przybiegła służąca
she whispered a message into her mistress's ear
Szepnęła wiadomość do ucha swojej pani
"There's a visitor for me" exclaimed Kamala
– Jest dla mnie gość – wykrzyknęła Kamala
"Hurry and get yourself away, Siddhartha"
"Pospiesz się i uciekaj, Siddhartho"
"nobody may see you in here, remember this!"
"Nikt cię tu nie zobaczy, pamiętaj o tym!"
"Tomorrow, I'll see you again"
"Jutro znów się zobaczymy"
Kamala ordered her maid to give Siddhartha white garments
Kamala kazała służącej dać Siddharcie białe szaty
and then Siddhartha found himself being dragged away by the maid
a potem Siddhartha został odciągnięty przez służącą
he was brought into a garden-house out of sight of any paths
Zaprowadzono go do domku ogrodowego, poza zasięgiem wzroku jakichkolwiek ścieżek
then he was led into the bushes of the garden
Potem zaprowadzono go w krzaki ogrodu
he was urged to get himself out of the garden as soon as possible
Namawiano go, by jak najszybciej wyszedł z ogrodu
and he was told he must not be seen
i powiedziano mu, że nie wolno go widzieć
he did as he had been told
Zrobił tak, jak mu kazano
he was accustomed to the forest
Był przyzwyczajony do lasu
so he managed to get out without making a sound
Udało mu się więc wydostać bez wydawania dźwięku

he returned to the city carrying the rolled up garments under his arm
Wrócił do miasta, niosąc pod pachą zwinięte szaty
At the inn, where travellers stay, he positioned himself by the door
W gospodzie, w której zatrzymują się podróżni, usadowił się przy drzwiach
without words he asked for food
Bez słów poprosił o jedzenie
without a word he accepted a piece of rice-cake
Bez słowa przyjął kawałek ciasta ryżowego
he thought about how he had always begged
Pomyślał o tym, jak zawsze żebrał
"Perhaps as soon as tomorrow I will ask no one for food any more"
"Być może już jutro nie będę już nikogo prosił o jedzenie"
Suddenly, pride flared up in him
Nagle rozprzała się w nim duma
He was no Samana any more
Nie był już Samanem
it was no longer appropriate for him to beg for food
Nie wypadało mu już żebrać o jedzenie
he gave the rice-cake to a dog
Dał ciastko ryżowe psu
and that night he remained without food
Tej nocy pozostał bez jedzenia
Siddhartha thought to himself about the city
Siddhartha pomyślał o mieście
"Simple is the life which people lead in this world"
"Proste jest życie, które ludzie wiodą na tym świecie"
"this life presents no difficulties"
"To życie nie sprawia trudności"
"Everything was difficult and toilsome when I was a Samana"
"Wszystko było trudne i mozolne, kiedy byłam Samaną"
"as a Samana everything was hopeless"
"jako Samana wszystko było beznadziejne"

"**but now everything is easy**"
"Ale teraz wszystko jest łatwe"
"**it is easy like the lesson in kissing from Kamala**"
"To jest łatwe jak lekcja całowania od Kamali"
"**I need clothes and money, nothing else**"
"Potrzebuję ubrań i pieniędzy, nic więcej"
"**these goals are small and achievable**"
"Te cele są małe i osiągalne"
"**such goals won't make a person lose any sleep**"
"Takie cele nie sprawią, że człowiek straci sen z powiek"

the next day he returned to Kamala's house
nazajutrz wrócił do domu Kamali
"**Things are working out well**" **she called out to him**
— Wszystko dobrze się układa — zawołała do niego
"**They are expecting you at Kamaswami's**"
"Oczekują cię u Kamaswamiego"
"**he is the richest merchant of the city**"
"Jest najbogatszym kupcem w mieście"
"**If he likes you, he'll accept you into his service**"
"Jeśli cię polubi, przyjmie cię na swoją służbę"
"**but you must be smart, brown Samana**"
"Ale musisz być mądra, brązowa Samana"
"**I had others tell him about you**"
"Inni mówili mu o tobie"
"**Be polite towards him, he is very powerful**"
"Bądź dla niego uprzejmy, jest bardzo potężny"
"**But I warn you, don't be too modest!**"
"Ale ostrzegam cię, nie bądź zbyt skromny!"
"**I do not want you to become his servant**"
"Nie chcę, żebyś stał się jego sługą"
"**you shall become his equal**"
"Staniesz się mu równy"
"**or else I won't be satisfied with you**"
"bo inaczej nie będę z ciebie zadowolony"
"**Kamaswami is starting to get old and lazy**"
"Kamaswami zaczyna się starzeć i rozleniwiać"

"If he likes you, he'll entrust you with a lot"
"Jeśli cię polubi, powierzy ci wiele"
Siddhartha thanked her and laughed
Siddhartha podziękował jej i roześmiał się
she found out that he had not eaten
Dowiedziała się, że nic nie jadł
so she sent him bread and fruits
Posłała mu więc chleb i owoce
"You've been lucky" she said when they parted
– Miałeś szczęście – powiedziała, kiedy się rozstali
"I'm opening one door after another for you"
"Otwieram dla ciebie jedne drzwi za drugim"
"How come? Do you have a spell?"
"Jak to? Masz jakieś zaklęcie?
"I told you I knew how to think, to wait, and to fast"
"Mówiłem ci, że umiem myśleć, czekać i pościć"
"but you thought this was of no use"
"Ale myślałeś, że to nic nie da"
"But it is useful for many things"
"Ale przydaje się do wielu rzeczy"
"Kamala, you'll see that the stupid Samanas are good at learning"
"Kamala, zobaczysz, że głupie Samany są dobre w nauce"
"you'll see they are able to do many pretty things in the forest"
"Zobaczysz, że potrafią robić wiele ładnych rzeczy w lesie"
"things which the likes of you aren't capable of"
"rzeczy, do których tacy jak ty nie są zdolni"
"The day before yesterday, I was still a shaggy beggar"
"Przedwczoraj byłem jeszcze kudłatym żebrakiem"
"as recently as yesterday I have kissed Kamala"
"Nie dalej jak wczoraj całowałem Kamalę"
"and soon I'll be a merchant and have money"
"A niedługo będę kupcem i będę miał pieniądze"
"and I'll have all those things you insist upon"
"A ja będę miał wszystkie te rzeczy, na które nalegasz"
"Well yes," she admitted, "but where would you be without

me?"
– No tak – przyznała – ale gdzie byś był beze mnie?
"What would you be, if Kamala wasn't helping you?"
– Kim byś był, gdyby Kamala ci nie pomagała?
"Dear Kamala" said Siddhartha
– Droga Kamalo – powiedział Siddhartha
and he straightened up to his full height
i wyprostował się do pełnej wysokości
"when I came to you into your garden, I did the first step"
"Kiedy przyszedłem do ciebie do twego ogrodu, uczyniłem pierwszy krok"
"It was my resolution to learn love from this most beautiful woman"
"Postanowiłam nauczyć się miłości od tej najpiękniejszej kobiety"
"that moment I had made this resolution"
"W tym momencie podjąłem to postanowienie"
"and I knew I would carry it out"
"i wiedziałem, że to wykonam"
"I knew that you would help me"
"Wiedziałem, że mi pomożesz"
"at your first glance at the entrance of the garden I already knew it"
"Już wiedziałem na pierwszy rzut oka przy wejściu do ogrodu"
"But what if I hadn't been willing?" asked Kamala
"A co, gdybym nie chciała?" – zapytała Kamala
"You were willing" replied Siddhartha
— Byłeś chętny — odparł Siddhartha
"When you throw a rock into water, it takes the fastest course to the bottom"
"Kiedy wrzucasz kamień do wody, obiera on najszybszy kurs na dno"
"This is how it is when Siddhartha has a goal"
"Tak to jest, gdy Siddhartha ma cel"
"Siddhartha does nothing; he waits, he thinks, he fasts"
— Siddhartha nic nie robi. czeka, myśli, pości"

"**but he passes through the things of the world like a rock through water**"
"Lecz On przechodzi przez rzeczy tego świata jak skała przez wodę"
"**he passed through the water without doing anything**"
"Przeszedł przez wodę, nic nie robiąc"
"**he is drawn to the bottom of the water**"
"Ciągnie go na dno wody"
"**he lets himself fall to the bottom of the water**"
"Pozwala sobie spaść na dno wody"
"**His goal attracts him towards it**"
"Pociąga go do tego cel"
"**he doesn't let anything enter his soul which might oppose the goal**"
"Nie dopuszcza do swojej duszy niczego, co mogłoby sprzeciwić się celowi"
"**This is what Siddhartha has learned among the Samanas**"
"Tego właśnie nauczył się Siddhartha wśród Samanów"
"**This is what fools call magic**"
"To jest to, co głupcy nazywają magią"
"**they think it is done by daemons**"
"Myślą, że robią to demony"
"**but nothing is done by daemons**"
"Ale demony nic nie robią"
"**there are no daemons in this world**"
"Nie ma demonów na tym świecie"
"**Everyone can perform magic, should they choose to**"
"Każdy może uprawiać magię, jeśli tylko zechce"
"**everyone can reach his goals if he is able to think**"
"Każdy może osiągnąć swoje cele, jeśli jest w stanie myśleć"
"**everyone can reach his goals if he is able to wait**"
"Każdy może osiągnąć swoje cele, jeśli potrafi czekać"
"**everyone can reach his goals if he is able to fast**"
"Każdy może osiągnąć swoje cele, jeśli jest w stanie pościć"
Kamala listened to him; she loved his voice
Kamala słuchała go; Uwielbiała jego głos
she loved the look from his eyes

Uwielbiała spojrzenie jego oczu
"Perhaps it is as you say, friend"
— Być może jest tak, jak mówisz, przyjacielu.
"But perhaps there is another explanation"
"Ale może jest inne wytłumaczenie"
"Siddhartha is a handsome man"
"Siddhartha jest przystojnym mężczyzną"
"his glance pleases the women"
"Jego spojrzenie podoba się kobietom"
"good fortune comes towards him because of this"
"Z tego powodu szczęście mu się podoba"
With one kiss, Siddhartha bid his farewell
Jednym pocałunkiem Siddhartha pożegnał się
"I wish that it should be this way, my teacher"
"Chciałbym, żeby tak było, mój nauczycielu"
"I wish that my glance shall please you"
"Chciałbym, żeby moje spojrzenie sprawiło ci przyjemność"
"I wish that that you always bring me good fortune"
"Życzę Ci, abyś zawsze przynosił mi szczęście"

With the Childlike People
Z Dziecięcymi Ludźmi

Siddhartha went to Kamaswami the merchant
Siddhartha udał się do kupca Kamaswamiego
he was directed into a rich house
Skierowano go do bogatego domu
servants led him between precious carpets into a chamber
Słudzy zaprowadzili go między drogocennymi dywanami do komnaty
in the chamber was where he awaited the master of the house
W komnacie czekał na pana domu
Kamaswami entered swiftly into the room
Kamaswami szybko wszedł do pokoju
he was a smoothly moving man
Był człowiekiem sprawnie poruszającym się
he had very gray hair and very intelligent, cautious eyes
Miał bardzo siwe włosy i bardzo inteligentne, ostrożne oczy
and he had a greedy mouth
i miał chciwe usta
Politely, the host and the guest greeted one another
Gospodarz i gość grzecznie się przywitali
"I have been told that you were a Brahman" the merchant began
– Powiedziano mi, że jesteś braminem – zaczął kupiec
"I have been told that you are a learned man"
"Powiedziano mi, że jesteś człowiekiem uczonym"
"and I have also been told something else"
"Powiedziano mi też coś jeszcze"
"you seek to be in the service of a merchant"
"Starasz się być w służbie kupca"
"Might you have become destitute, Brahman, so that you seek to serve?"
"Czy mógłbyś stać się pozbawiony środków do życia, Brahmanie, tak że starasz się służyć?"
"No," said Siddhartha, "I have not become destitute"

"Nie", odparł Siddhartha, "nie zostałem pozbawiony środków do życia"

"nor have I ever been destitute" added Siddhartha

— Nigdy też nie byłem bez środków do życia — dodał Siddhartha

"You should know that I'm coming from the Samanas"

"Powinnaś wiedzieć, że pochodzę z Samanas"

"I have lived with them for a long time"

"Mieszkam z nimi od dawna"

"you are coming from the Samanas"

"Pochodzisz z Samanas"

"how could you be anything but destitute?"

"Jak mógłbyś być kimś innym niż nędzarzem?"

"Aren't the Samanas entirely without possessions?"

— Czyż Samana nie są zupełnie pozbawieni dóbr?

"I am without possessions, if that is what you mean" said Siddhartha

— Jestem bez majątku, jeśli o to ci chodzi — rzekł Siddhartha

"But I am without possessions voluntarily"

"Lecz ja dobrowolnie jestem bez majętności"

"and therefore I am not destitute"

"i dlatego nie jestem pozbawiony środków do życia"

"But what are you planning to live of, being without possessions?"

— Ale z czego zamierzasz żyć, nie mając majątku?

"I haven't thought of this yet, sir"

— Jeszcze o tym nie pomyślałem, sir.

"For more than three years, I have been without possessions"

"Od ponad trzech lat jestem bez majątku"

"and I have never thought about of what I should live"

"i nigdy nie myślałem o tym, jak mam żyć"

"So you've lived of the possessions of others"

"A więc żyłeś z cudzych dóbr"

"Presumable, this is how it is?"

— Przypuszczalnie, tak to jest?

"Well, merchants also live of what other people own"

"Cóż, kupcy żyją również z tego, co posiadają inni"

"Well said," granted the marchent
— Dobrze powiedziane — przyznał marszacz
"But he wouldn't take anything from another person for nothing"
"Ale on nie wziął niczego od innej osoby za nic"
"he would give his merchandise in return" said Kamaswami
— W zamian oddałby swój towar — rzekł Kamaswami
"So it seems to be indeed"
"Wygląda na to, że tak jest w istocie"
"Everyone takes, everyone gives, such is life"
"Każdy bierze, każdy daje, takie jest życie"
"But if you don't mind me asking, I have a question"
"Ale jeśli nie masz nic przeciwko temu, że zapytam, mam pytanie"
"being without possessions, what would you like to give?"
"Będąc bez dóbr, co chciałbyś dać?"
"Everyone gives what he has"
"Każdy daje to, co ma"
"The warrior gives strength"
"Wojownik daje siłę"
"the merchant gives merchandise"
"Kupiec daje towar"
"the teacher gives teachings"
"Nauczyciel udziela nauk"
"the farmer gives rice"
"Rolnik daje ryż"
"the fisher gives fish"
"Rybak daje ryby"
"Yes indeed. And what is it that you've got to give?"
— W rzeczy samej. A co masz do zaoferowania?"
"What is it that you've learned?"
— Czego się nauczyłeś?
"what you're able to do?"
— Co jesteś w stanie zrobić?
"I can think. I can wait. I can fast"
— Potrafię myśleć. Mogę poczekać. Mogę pościć"
"That's everything?" asked Kamaswami

"To wszystko?" zapytał Kamaswami
"I believe that is everything there is!"
"Wierzę, że to wszystko, co istnieje!"
"And what's the use of that?"
— A jaki z tego pożytek?
"For example; fasting. What is it good for?"
"Na przykład; post. Do czego się przydaje?"
"It is very good, sir"
— To bardzo dobrze, proszę pana.
"there are times a person has nothing to eat"
"Są chwile, kiedy człowiek nie ma co jeść"
"then fasting is the smartest thing he can do"
"W takim razie post jest najmądrzejszą rzeczą, jaką może zrobić"
"there was a time where Siddhartha hadn't learned to fast"
"Był czas, kiedy Siddhartha nie nauczył się pościć"
"in this time he had to accept any kind of service"
"W tym czasie musiał przyjąć każdą służbę"
"because hunger would force him to accept the service"
"Bo głód zmusiłby go do przyjęcia służby"
"But like this, Siddhartha can wait calmly"
"Ale w ten sposób Siddhartha może spokojnie czekać"
"he knows no impatience, he knows no emergency"
"On nie zna zniecierpliwienia, nie zna nagłego wypadku"
"for a long time he can allow hunger to besiege him"
"Przez długi czas może pozwolić, by głód go oblegał"
"and he can laugh about the hunger"
"I potrafi śmiać się z głodu"
"This, sir, is what fasting is good for"
"Do tego, proszę pana, służy post"
"You're right, Samana" acknowledged Kamaswami
– Masz rację, Samana – przyznał Kamaswami
"Wait for a moment" he asked of his guest
– Poczekaj chwilę – poprosił gościa
Kamaswami left the room and returned with a scroll
Kamaswami wyszedł z pokoju i wrócił ze zwojem
he handed Siddhartha the scroll and asked him to read it

podał Siddharcie zwój i poprosił go, by go przeczytał
Siddhartha looked at the scroll handed to him
Siddhartha spojrzał na podany mu zwój
on the scroll a sales-contract had been written
Na zwoju była napisana umowa sprzedaży
he began to read out the scroll's contents
Zaczął odczytywać zawartość zwoju
Kamaswami was very pleased with Siddhartha
Kamaswami był bardzo zadowolony z Siddharthy
"would you write something for me on this piece of paper?"
– Czy mógłbyś napisać coś dla mnie na tej kartce?
He handed him a piece of paper and a pen
Podał mu kartkę papieru i długopis
Siddhartha wrote, and returned the paper
Siddhartha napisał i zwrócił gazetę
Kamaswami read, "Writing is good, thinking is better"
Kamaswami przeczytał: "Pisanie jest dobre, myślenie jest lepsze"
"Being smart is good, being patient is better"
"Bycie mądrym jest dobre, bycie cierpliwym jest lepsze"
"It is excellent how you're able to write" the merchant praised him
"To wspaniale, jak umiesz pisać" – pochwalił go kupiec
"Many a thing we will still have to discuss with one another"
"Jeszcze wiele rzeczy będziemy musieli ze sobą przedyskutować"
"For today, I'm asking you to be my guest"
"Na dziś proszę cię, abyś był moim gościem"
"please come to live in this house"
"Proszę, zamieszkaj w tym domu"
Siddhartha thanked Kamaswami and accepted his offer
Siddhartha podziękował Kamaswamiemu i przyjął jego propozycję
he lived in the dealer's house from now on
Od tej pory mieszkał w domu handlarza
Clothes were brought to him, and shoes
Przyniesiono mu ubrania i buty

and every day, a servant prepared a bath for him
i codziennie sługa przygotowywał dla niego kąpiel

Twice a day, a plentiful meal was served
Dwa razy dziennie podawano obfity posiłek
but Siddhartha only ate once a day
ale Siddhartha jadł tylko raz dziennie
and he ate neither meat, nor did he drink wine
Nie jadł mięsa ani nie pił wina
Kamaswami told him about his trade
Kamaswami opowiedział mu o swoim fachu
he showed him the merchandise and storage-rooms
Pokazał mu towary i magazyny
he showed him how the calculations were done
Pokazał mu, jak wykonuje się obliczenia
Siddhartha got to know many new things
Siddhartha dowiedział się wielu nowych rzeczy
he heard a lot and spoke little
Dużo słyszał, a mało mówił
but he did not forget Kamala's words
ale nie zapomniał słów Kamali
so he was never subservient to the merchant
Nigdy więc nie był podporządkowany kupcowi
he forced him to treat him as an equal
Zmusił go, by traktował go jak równego sobie
perhaps he forced him to treat him as even more than an equal
Być może zmusił go do traktowania go jak równego sobie
Kamaswami conducted his business with care
Kamaswami prowadził swój interes z należytą starannością
and he was very passionate about his business
i był wielkim pasjonatem swojego biznesu
but Siddhartha looked upon all of this as if it was a game
ale Siddhartha patrzył na to wszystko jak na grę
he tried hard to learn the rules of the game precisely
Usilnie starał się dokładnie poznać zasady gry
but the contents of the game did not touch his heart

Ale treść gry nie poruszyła jego serca
He had not been in Kamaswami's house for long
Nie był długo w domu Kamaswamiego
but soon he took part in his landlord's business
Wkrótce jednak wziął udział w interesach gospodarza

every day he visited beautiful Kamala
każdego dnia odwiedzał piękną Kamalę
Kamala had an hour appointed for their meetings
Kamala wyznaczyła godzinę na ich spotkania
she was wearing pretty clothes and fine shoes
Miała na sobie ładne ubrania i eleganckie buty
and soon he brought her gifts as well
Wkrótce przyniósł jej także prezenty
Much he learned from her red, smart mouth
Wiele nauczył się z jej czerwonych, mądrych ust
Much he learned from her tender, supple hand
Wiele nauczył się od jej delikatnej, giętkiej dłoni
regarding love, Siddhartha was still a boy
Jeśli chodzi o miłość, Siddhartha był jeszcze chłopcem
and he had a tendency to plunge into love blindly
i miał skłonność do ślepego pogrążania się w miłości
he fell into lust like into a bottomless pit
Wpadł w pożądanie jak w bezdenną otchłań
she taught him thoroughly, starting with the basics
Nauczyła go dokładnie, zaczynając od podstaw
pleasure cannot be taken without giving pleasure
Nie można czerpać przyjemności bez dawania przyjemności
every gesture, every caress, every touch, every look
Każdy gest, każda pieszczota, każdy dotyk, każde spojrzenie
every spot of the body, however small it was, had its secret
Każda plama ciała, nawet najmniejsza, miała swoją tajemnicę
the secrets would bring happiness to those who know them
Sekrety przyniosłyby szczęście tym, którzy je poznają
lovers must not part from one another after celebrating love
Kochankowie nie mogą się rozstawać po świętowaniu miłości
they must not part without one admiring the other

Nie wolno im się rozstać, gdy jeden nie podziwia drugiego
they must be as defeated as they have been victorious
Muszą być tak samo pokonani, jak zwyciężyli
neither lover should start feeling fed up or bored
Żaden z kochanków nie powinien czuć się zmęczony ani znudzony
they should not get the evil feeling of having been abusive
Nie powinni mieć złego uczucia znęcania się nad nimi
and they should not feel like they have been abused
i nie powinni czuć, że zostali wykorzystani
Wonderful hours he spent with the beautiful and smart artist
Cudowne godziny spędził z piękną i mądrą artystką
he became her student, her lover, her friend
Stał się jej uczniem, kochankiem, przyjacielem
Here with Kamala was the worth and purpose of his present life
Tutaj, z Kamalą, była wartość i cel jego obecnego życia
his purpose was not with the business of Kamaswami
jego celem nie były interesy Kamaswamiego

Siddhartha received important letters and contracts
Siddhartha otrzymywał ważne listy i kontrakty
Kamaswami began discussing all important affairs with him
Kamaswami zaczął omawiać z nim wszystkie ważne sprawy
He soon saw that Siddhartha knew little about rice and wool
Wkrótce przekonał się, że Siddhartha niewiele wie o ryżu i wełnie
but he saw that he acted in a fortunate manner
Widział jednak, że postąpił w sposób szczęśliwy
and Siddhartha surpassed him in calmness and equanimity
a Siddhartha przewyższał go spokojem i spokojem
he surpassed him in the art of understanding previously unknown people
Prześcignął go w sztuce rozumienia nieznanych wcześniej ludzi
Kamaswami spoke about Siddhartha to a friend

Kamaswami rozmawiał o Siddharcie z przyjacielem
"This Brahman is no proper merchant"
"Ten bramin nie jest prawdziwym kupcem"
"he will never be a merchant"
"On nigdy nie będzie kupcem"
"for business there is never any passion in his soul"
"Do biznesu nigdy nie ma pasji w duszy"
"But he has a mysterious quality about him"
"Ale ma w sobie coś tajemniczego"
"this quality brings success about all by itself"
"Ta cecha sama w sobie przynosi sukces"
"it could be from a good Star of his birth"
"To może być od dobrej Gwiazdy jego narodzin"
"or it could be something he has learned among Samanas"
"A może to być coś, czego nauczył się wśród Samanów"
"He always seems to be merely playing with our business-affairs"
"Wydaje się, że zawsze tylko bawi się naszymi sprawami"
"his business never fully becomes a part of him"
"Jego biznes nigdy nie staje się w pełni jego częścią"
"his business never rules over him"
"Jego sprawy nigdy nim nie rządzą"
"he is never afraid of failure"
"Nigdy nie boi się porażki"
"he is never upset by a loss"
"Nigdy nie denerwuje go strata"
The friend advised the merchant
Przyjaciel doradził kupcowi
"Give him a third of the profits he makes for you"
"Daj mu jedną trzecią zysków, które dla ciebie osiągnie"
"but let him also be liable when there are losses"
"Ale niech i on ponosi odpowiedzialność w razie strat"
"Then, he'll become more zealous"
"Wtedy stanie się bardziej gorliwy"
Kamaswami was curious, and followed the advice
Kamaswami był zaciekawiony i poszedł za radą
But Siddhartha cared little about loses or profits

Ale Siddhartha nie dbał o straty i zyski
When he made a profit, he accepted it with equanimity
Kiedy osiągał zysk, przyjmował go ze spokojem
when he made losses, he laughed it off
Kiedy ponosił straty, śmiał się z tego
It seemed indeed, as if he did not care about the business
Wyglądało na to, że nie dba o interes
At one time, he travelled to a village
Pewnego razu pojechał do wioski
he went there to buy a large harvest of rice
Udał się tam, aby kupić duże zbiory ryżu
But when he got there, the rice had already been sold
Ale kiedy tam dotarł, ryż był już sprzedany
another merchant had gotten to the village before him
Inny kupiec dotarł do wioski przed nim
Nevertheless, Siddhartha stayed for several days in that village
Mimo to Siddhartha zatrzymał się w tej wiosce na kilka dni
he treated the farmers for a drink
Poczęstował rolników napojem
he gave copper-coins to their children
Dał ich dzieciom miedziane monety
he joined in the celebration of a wedding
Przyłączył się do uroczystości weselnej
and he returned extremely satisfied from his trip
i wrócił bardzo zadowolony ze swojej podróży
Kamaswami was angry that Siddhartha had wasted time and money
Kamaswami był zły, że Siddhartha zmarnował czas i pieniądze
Siddhartha answered "Stop scolding, dear friend!"
Siddhartha odpowiedział: "Przestań łajać, drogi przyjacielu!"
"Nothing was ever achieved by scolding"
"Łajanie nigdy niczego nie osiągnęło"
"If a loss has occurred, let me bear that loss"
"Jeśli zdarzyła się strata, pozwól mi ją ponieść"
"I am very satisfied with this trip"

"Jestem bardzo zadowolona z tego wyjazdu"
"I have gotten to know many kinds of people"
"Poznałem wielu ludzi"
"a Brahman has become my friend"
"Brahman stał się moim przyjacielem"
"children have sat on my knees"
"Dzieci usiadły mi na kolanach"
"farmers have shown me their fields"
"Rolnicy pokazali mi swoje pola"
"nobody knew that I was a merchant"
"Nikt nie wiedział, że jestem kupcem"
"That's all very nice," exclaimed Kamaswami indignantly
— To bardzo miłe — wykrzyknął z oburzeniem Kamaswami
"but in fact, you are a merchant after all"
"Ale w gruncie rzeczy jesteś kupcem"
"Or did you have only travel for your amusement?"
— A może podróżowałeś tylko dla rozrywki?
"of course I have travelled for my amusement" Siddhartha laughed
— Oczywiście, że podróżowałem dla rozrywki — zaśmiał się Siddhartha
"For what else would I have travelled?"
— Po cóż innego miałbym podróżować?
"I have gotten to know people and places"
"Poznałem ludzi i miejsca"
"I have received kindness and trust"
"Otrzymałem życzliwość i zaufanie"
"I have found friendships in this village"
"Znalazłem przyjaciół w tej wiosce"
"if I had been Kamaswami, I would have travelled back annoyed"
"Gdybym był Kamaswami, wróciłbym zirytowany"
"I would have been in hurry as soon as my purchase failed"
"Spieszyłbym się, gdy tylko mój zakup się nie powiódł"
"and time and money would indeed have been lost"
"A czas i pieniądze rzeczywiście zostałyby stracone"
"But like this, I've had a few good days"

"Ale w ten sposób miałem kilka dobrych dni"
"I've learned from my time there"
"Nauczyłem się tego od tam"
"and I have had joy from the experience"
"i miałem radość z tego doświadczenia"
"I've neither harmed myself nor others by annoyance and hastiness"
"Nie skrzywdziłem ani siebie, ani innych przez irytację i pośpiech"
"if I ever return friendly people will welcome me"
"jeśli kiedykolwiek wrócę, przyjaźni ludzie przyjmą mnie z otwartymi ramionami"
"if I return to do business friendly people will welcome me too"
"jeśli wrócę do robienia interesów, życzliwi ludzie też mnie przyjmą"
"I praise myself for not showing any hurry or displeasure"
"Chwalę siebie za to, że nie okazuję pośpiechu ani niezadowolenia"
"So, leave it as it is, my friend"
"Więc zostaw to tak, jak jest, przyjacielu"
"and don't harm yourself by scolding"
"I nie rób sobie krzywdy przez łajanie"
"If you see Siddhartha harming himself, then speak with me"
"Jeśli zobaczysz, że Siddhartha robi sobie krzywdę, porozmawiaj ze mną"
"and Siddhartha will go on his own path"
"A Siddhartha pójdzie własną drogą"
"But until then, let's be satisfied with one another"
"Ale do tego czasu bądźmy z siebie zadowoleni"
the merchant's attempts to convince Siddhartha were futile
Próby kupca, by przekonać Siddharthę, okazały się daremne
he could not make Siddhartha eat his bread
nie mógł zmusić Siddharthy do jedzenia chleba
Siddhartha ate his own bread
Siddhartha jadł swój własny chleb

or rather, they both ate other people's bread
A raczej oboje jedli chleb innych ludzi
Siddhartha never listened to Kamaswami's worries
Siddhartha nigdy nie słuchał zmartwień Kamaswamiego
and Kamaswami had many worries he wanted to share
a Kamaswami miał wiele zmartwień, którymi chciał się podzielić
there were business-deals going on in danger of failing
Prowadzono interesy gospodarcze, którym groziło niepowodzenie
shipments of merchandise seemed to have been lost
Wydawało się, że przesyłki z towarami zaginęły
debtors seemed to be unable to pay
Wydawało się, że dłużnicy nie są w stanie spłacać
Kamaswami could never convince Siddhartha to utter words of worry
Kamaswami nigdy nie potrafił przekonać Siddharthy do wypowiedzenia słów zmartwienia
Kamaswami could not make Siddhartha feel anger towards business
Kamaswami nie potrafił sprawić, by Siddhartha poczuł gniew na interesy
he could not get him to to have wrinkles on the forehead
Nie mógł zmusić go do zmarszczek na czole
he could not make Siddhartha sleep badly
nie mógł sprawić, by Siddhartha źle spał

one day, Kamaswami tried to speak with Siddhartha
Pewnego dnia Kamaswami próbował porozmawiać z Siddharthą
"Siddhartha, you have failed to learn anything new"
"Siddhartho, nie nauczyłeś się niczego nowego"
but again, Siddhartha laughed at this
ale Siddhartha znowu się roześmiał
"Would you please not kid me with such jokes"
"Czy mógłbyś nie żartować ze mnie takimi żartami"
"What I've learned from you is how much a basket of fish

costs"
"Nauczyłem się od ciebie, ile kosztuje kosz ryb"
"and I learned how much interest may be charged on loaned money"
"i dowiedziałem się, ile odsetek można naliczyć od pożyczonych pieniędzy"
"These are your areas of expertise"
"To są twoje obszary specjalizacji"
"I haven't learned to think from you, my dear Kamaswami"
"Nie nauczyłem się myśleć od ciebie, mój drogi Kamaswami"
"you ought to be the one seeking to learn from me"
"To ty powinieneś się ode mnie uczyć"
Indeed his soul was not with the trade
Rzeczywiście, jego dusza nie była związana z handlem
The business was good enough to provide him with money for Kamala
Interes był na tyle dobry, że zapewnił mu pieniądze dla Kamali
and it earned him much more than he needed
i zarobił znacznie więcej, niż potrzebował
Besides Kamala, Siddhartha's curiosity was with the people
Oprócz Kamali, ciekawość Siddharthy była związana z ludźmi
their businesses, crafts, worries, and pleasures
ich interesy, rzemiosło, zmartwienia i przyjemności
all these things used to be alien to him
Wszystkie te rzeczy były mu obce
their acts of foolishness used to be as distant as the moon
Ich głupoty były tak odległe jak księżyc
he easily succeeded in talking to all of them
Z łatwością udało mu się porozmawiać z nimi wszystkimi
he could live with all of them
Mógł żyć z nimi wszystkimi
and he could continue to learn from all of them
i mógł się od nich wszystkich uczyć
but there was something which separated him from them
Było jednak coś, co oddzielało go od nich
he could feel a divide between him and the people

Czuł przepaść między nim a ludźmi
this separating factor was him being a Samana
tym czynnikiem oddzielającym było to, że był Samaną
He saw mankind going through life in a childlike manner
Widział, jak ludzkość idzie przez życie w sposób dziecięcy
in many ways they were living the way animals live
Pod wieloma względami żyli tak, jak żyją zwierzęta
he loved and also despised their way of life
Kochał, a także gardził ich stylem życia
He saw them toiling and suffering
Widział, jak się trudzili i cierpieli
they were becoming gray for things unworthy of this price
Stawali się siwi z powodu rzeczy niegodnych tej ceny
they did things for money and little pleasures
Robili różne rzeczy dla pieniędzy i małych przyjemności
they did things for being slightly honoured
Robili różne rzeczy dla bycia choć trochę uhonorowanymi
he saw them scolding and insulting each other
Widział, jak łajają się i obrażają nawzajem
he saw them complaining about pain
Widział, jak skarżą się na ból
pains at which a Samana would only smile
bóle, na które Samana tylko by się uśmiechnął,
and he saw them suffering from deprivations
i widział ich cierpiących niedostatek
deprivations which a Samana would not feel
niedostatki, których Samana by nie odczuł
He was open to everything these people brought his way
Był otwarty na wszystko, co ci ludzie przynosili mu
welcome was the merchant who offered him linen for sale
Mile widziany był kupiec, który zaoferował mu płótno na sprzedaż
welcome was the debtor who sought another loan
Mile widziany był dłużnik, który szukał kolejnej pożyczki
welcome was the beggar who told him the story of his poverty
Powitany był żebrak, który opowiedział mu historię jego

ubóstwa
the beggar who was not half as poor as any Samana
żebrak, który nie był nawet w połowie tak biedny jak każdy Samana
He did not treat the rich merchant and his servant different
Nie traktował bogatego kupca i jego sługi inaczej
he let street-vendor cheat him when buying bananas
Pozwolił, by uliczny sprzedawca oszukiwał go, kupując banany
Kamaswami would often complain to him about his worries
Kamaswami często skarżył mu się na swoje zmartwienia
or he would reproach him about his business
albo będzie robił mu wyrzuty z powodu jego interesów.
he listened curiously and happily
Słuchał z zaciekawieniem i radością
but he was puzzled by his friend
Był jednak zdziwiony swoim przyjacielem
he tried to understand him
Próbował go zrozumieć
and he admitted he was right, up to a certain point
I do pewnego momentu przyznał rację
there were many who asked for Siddhartha
było wielu, którzy prosili o Siddharthę
many wanted to do business with him
Wielu chciało robić z nim interesy
there were many who wanted to cheat him
Było wielu, którzy chcieli go oszukać
many wanted to draw some secret out of him
Wielu chciało wydobyć z niego jakąś tajemnicę
many wanted to appeal to his sympathy
Wielu chciało odwołać się do jego sympatii
many wanted to get his advice
Wielu chciało zasięgnąć jego rady
He gave advice to those who wanted it
Udzielał rad tym, którzy tego chcieli
he pitied those who needed pity
Litował się nad tymi, którzy potrzebowali litości

he made gifts to those who liked presents
Robił prezenty tym, którzy lubili prezenty
he let some cheat him a bit
Pozwolił, by ktoś go trochę oszukał
this game which all people played occupied his thoughts
Ta gra, w którą grali wszyscy ludzie, zaprzątała jego myśli
he thought about this game just as much as he had about the Gods
myślał o tej grze tak samo, jak o bogach
deep in his chest he felt a dying voice
Głęboko w piersi poczuł umierający głos
this voice admonished him quietly
Ten głos upominał go cicho
and he hardly perceived the voice inside of himself
i ledwo dostrzegł głos w sobie
And then, for an hour, he became aware of something
A potem, przez godzinę, uświadomił sobie coś
he became aware of the strange life he was leading
Uświadomił sobie, jak dziwne życie prowadzi
he realized this life was only a game
Zdał sobie sprawę, że to życie było tylko grą
at times he would feel happiness and joy
Czasami czuł szczęście i radość
but real life was still passing him by
Ale prawdziwe życie wciąż go omijało
and it was passing by without touching him
i przechodził obok niego, nie dotykając go
Siddhartha played with his business-deals
Siddhartha bawił się swoimi interesami
Siddhartha found amusement in the people around him
Siddhartha znajdował rozrywkę w otaczających go ludziach
but regarding his heart, he was not with them
ale jeśli chodzi o jego serce, nie było go z nimi
The source ran somewhere, far away from him
Źródło biegło gdzieś, daleko od niego
it ran and ran invisibly
Biegł i biegł niewidzialnie

it had nothing to do with his life any more
Nie miało to już nic wspólnego z jego życiem
at several times he became scared on account of such thoughts
Kilkakrotnie przestraszył się z powodu takich myśli
he wished he could participate in all of these childlike games
Żałował, że nie może uczestniczyć w tych wszystkich dziecięcych zabawach
he wanted to really live
Chciał naprawdę żyć
he wanted to really act in their theatre
Chciał naprawdę grać w ich teatrze
he wanted to really enjoy their pleasures
Chciał naprawdę cieszyć się ich przyjemnościami
and he wanted to live, instead of just standing by as a spectator
Chciał żyć, a nie tylko stać z boku jako widz

But again and again, he came back to beautiful Kamala
Ale raz po raz wracał do pięknej Kamali
he learned the art of love
Nauczył się sztuki miłości
and he practised the cult of lust
i praktykował kult pożądania
lust, in which giving and taking becomes one
pożądanie, w którym dawanie i branie staje się jednym
he chatted with her and learned from her
Rozmawiał z nią i uczył się od niej
he gave her advice, and he received her advice
Dał jej radę i otrzymał jej radę
She understood him better than Govinda used to understand him
Rozumiała go lepiej niż Govinda rozumiał go
she was more similar to him than Govinda had been
była do niego bardziej podobna niż Govinda
"You are like me," he said to her

– Jesteś taka jak ja – powiedział do niej
"you are different from most people"
"Różnisz się od większości ludzi"
"You are Kamala, nothing else"
"Jesteś Kamalą, niczym więcej"
"and inside of you, there is a peace and refuge"
"A w tobie jest pokój i schronienie"
"a refuge to which you can go at every hour of the day"
"Schronienie, do którego można się udać o każdej porze dnia"
"you can be at home with yourself"
"Możesz być ze sobą w domu"
"I can do this too"
"Ja też to potrafię"
"Few people have this place"
"Mało kto ma takie miejsce"
"and yet all of them could have it"
"A jednak każdy z nich mógł ją mieć"
"Not all people are smart" said Kamala
"Nie wszyscy ludzie są mądrzy" – powiedziała Kamala
"No," said Siddhartha, "that's not the reason why"
— Nie — odparł Siddhartha — to nie jest powód, dla którego tak się dzieje.
"Kamaswami is just as smart as I am"
"Kamaswami jest tak samo mądry jak ja"
"but he has no refuge in himself"
"ale nie ma schronienia w sobie"
"Others have it, although they have the minds of children"
"Inni ją mają, chociaż mają umysły dzieci"
"Most people, Kamala, are like a falling leaf"
"Większość ludzi, Kamala, jest jak spadający liść"
"a leaf which is blown and is turning around through the air"
"liść, który jest zdmuchnięty i obraca się w powietrzu"
"a leaf which wavers, and tumbles to the ground"
"liść, który chwieje się i spada na ziemię"
"But others, a few, are like stars"
"Ale inni, nieliczni, są jak gwiazdy"

"they go on a fixed course"
"Idą ustalonym kursem"
"no wind reaches them"
"Żaden wiatr ich nie dosięga"
"in themselves they have their law and their course"
"Oni sami w sobie mają swoje prawo i swój bieg"
"Among all the learned men I have met, there was one of this kind"
"Wśród wszystkich uczonych, których spotkałem, był jeden taki"
"he was a truly perfected one"
"Był prawdziwie doskonały"
"I'll never be able to forget him"
"Nigdy nie zapomnę go"
"It is that Gotama, the exalted one"
"To jest ten Gotama, wywyższony"
"Thousands of followers are listening to his teachings every day"
"Tysiące wyznawców słucha jego nauk każdego dnia"
"they follow his instructions every hour"
"Postępują zgodnie z Jego wskazówkami co godzinę"
"but they are all falling leaves"
"Ale one wszystkie są spadającymi liśćmi"
"not in themselves they have teachings and a law"
"Nie mają same w sobie nauk i prawa"
Kamala looked at him with a smile
Kamala spojrzała na niego z uśmiechem
"Again, you're talking about him," she said
– Znowu mówisz o nim – powiedziała
"again, you're having a Samana's thoughts"
"znowu, masz myśli Samany"
Siddhartha said nothing, and they played the game of love
Siddhartha nic nie powiedział i zagrali w miłosną grę
one of the thirty or forty different games Kamala knew
jedną z trzydziestu czy czterdziestu różnych gier, które znała Kamala
Her body was flexible like that of a jaguar

Jej ciało było giętkie jak u jaguara
flexible like the bow of a hunter
elastyczny jak łuk myśliwego
he who had learned from her how to make love
Ten, który nauczył się od niej, jak się kochać
he was knowledgeable of many forms of lust
Znał wiele form pożądania
he that learned from her knew many secrets
Ten, kto się od niej uczył, znał wiele tajemnic
For a long time, she played with Siddhartha
Przez długi czas bawiła się z Siddharthą
she enticed him and rejected him
Zwabiła go i odrzuciła
she forced him and embraced him
Zmusiła go i objęła
she enjoyed his masterful skills
Podobały jej się jego mistrzowskie umiejętności
until he was defeated and rested exhausted by her side
dopóki nie został pokonany i nie odpoczął wyczerpany u jej boku
The courtesan bent over him
Kurtyzana pochyliła się nad nim
she took a long look at his face
Długo przyglądała mu się twarzy
she looked at his eyes, which had grown tired
Spojrzała na jego oczy, które się zmęczyły
"You are the best lover I have ever seen" she said thoughtfully
– Jesteś najlepszym kochankiem, jakiego kiedykolwiek widziałam – powiedziała w zamyśleniu
"You're stronger than others, more supple, more willing"
"Jesteś silniejszy od innych, bardziej giętki, chętniejszy"
"You've learned my art well, Siddhartha"
"Dobrze nauczyłeś się mojej sztuki, Siddhartho"
"At some time, when I'll be older, I'd want to bear your child"
"Kiedyś, kiedy będę starsza, będę chciała urodzić twoje

dziecko"
"And yet, my dear, you've remained a Samana"
"A jednak, moja droga, pozostałaś Samaną"
"and despite this, you do not love me"
"A mimo to mnie nie kochasz"
"there is nobody that you love"
"Nie ma nikogo, kogo kochasz"
"Isn't it so?" asked Kamala
"Czyż nie tak?" zapytała Kamala
"It might very well be so," Siddhartha said tiredly
— Bardzo możliwe, że tak jest — odparł zmęczonym głosem Siddhartha
"I am like you, because you also do not love"
"Jestem jak ty, bo i ty nie kochasz"
"how else could you practise love as a craft?"
"Jak inaczej mógłbyś praktykować miłość jako rzemiosło?"
"Perhaps, people of our kind can't love"
"Być może ludzie naszego pokroju nie potrafią kochać"
"The childlike people can love, that's their secret"
"Dziecinni ludzie potrafią kochać, to ich sekret"

Sansara

For a long time, Siddhartha had lived in the world and lust
Przez długi czas Siddhartha żył w świecie i pożądaniu
he lived this way though, without being a part of it
Żył jednak w ten sposób, nie będąc jego częścią
he had killed this off when he had been a Samana
zabił to, kiedy był Samaną
but now they had awoken again
Ale teraz obudzili się znowu
he had tasted riches, lust, and power
Zakosztował bogactwa, pożądania i władzy
for a long time he had remained a Samana in his heart
przez długi czas pozostawał Samaną w swoim sercu
Kamala, being smart, had realized this quite right
Kamala, będąc bystrą, zdawała sobie z tego sprawę całkiem słusznie
thinking, waiting, and fasting still guided his life
Myślenie, czekanie i post wciąż kierowały jego życiem
the childlike people remained alien to him
Dziecięcy ludzie pozostali mu obcy
and he remained alien to the childlike people
i pozostał obcy dla dziecięcych ludzi
Years passed by; surrounded by the good life
Mijały lata; Otoczeni dobrym życiem
Siddhartha hardly felt the years fading away
Siddhartha nie czuł, że lata mijają
He had become rich and possessed a house of his own
Stał się bogaty i posiadał własny dom
he even had his own servants
Miał nawet własnych sług
he had a garden before the city, by the river
Miał ogród przed miastem, nad rzeką
The people liked him and came to him for money or advice
Ludzie go lubili i przychodzili do niego po pieniądze lub radę
but there was nobody close to him, except Kamala
ale nie było nikogo blisko niego, oprócz Kamali

the bright state of being awake
jasny stan przebudzenia
the feeling which he had experienced at the height of his youth
uczucie, którego doświadczył u szczytu młodości
in those days after Gotama's sermon
w tamtych dniach po kazaniu Gotamy
after the separation from Govinda
po rozstaniu z Govindą
the tense expectation of life
Napięte oczekiwanie na życie
the proud state of standing alone
Dumny stan samotności
being without teachings or teachers
Bycie bez nauk i nauczycieli
the supple willingness to listen to the divine voice in his own heart
giętką gotowość do słuchania Boskiego głosu we własnym sercu
all these things had slowly become a memory
Wszystkie te rzeczy powoli stawały się wspomnieniem
the memory had been fleeting, distant, and quiet
Wspomnienie było ulotne, odległe i ciche
the holy source, which used to be near, now only murmured
Święte źródło, które kiedyś było blisko, teraz tylko szemrało
the holy source, which used to murmur within himself
Święte Źródło, które szeptało w nim samym
Nevertheless, many things he had learned from the Samanas
Niemniej jednak wiele rzeczy nauczył się od Saman
he had learned from Gotama
uczył się od Gotamy
he had learned from his father the Brahman
nauczył się od swego ojca Brahmana
his father had remained within his being for a long time
Ojciec przez długi czas pozostawał w jego istocie
moderate living, the joy of thinking, hours of meditation
Umiarkowane życie, radość myślenia, godziny medytacji

the secret knowledge of the self; his eternal entity
tajemna wiedza o jaźni; Jego wieczna istota
the self which is neither body nor consciousness
Jaźń, która nie jest ani ciałem, ani świadomością
Many a part of this he still had
Wiele z tego wciąż miał
but one part after another had been submerged
ale jedna część po drugiej była zanurzona
and eventually each part gathered dust
i w końcu każda część zebrała kurz
a potter's wheel, once in motion, will turn for a long time
Koło garncarskie, gdy już zostanie wprawione w ruch, będzie się obracać przez długi czas
it loses its vigour only slowly
Powoli traci wigor
and it comes to a stop only after time
i zatrzymuje się dopiero po czasie
Siddhartha's soul had kept on turning the wheel of asceticism
Dusza Siddharthy wciąż kręciła kołem ascezy
the wheel of thinking had kept turning for a long time
Koło myślenia obracało się przez długi czas
the wheel of differentiation had still turned for a long time
Koło zróżnicowania obracało się jeszcze przez długi czas
but it turned slowly and hesitantly
ale odwrócił się powoli i niepewnie
and it was close to coming to a standstill
i niewiele brakowało, aby się zatrzymał
Slowly, like humidity entering the dying stem of a tree
Powoli, jak wilgoć wchodząca w umierający pień drzewa
filling the stem slowly and making it rot
powolne wypełnianie łodygi i gnicie
the world and sloth had entered Siddhartha's soul
świat i lenistwo wkroczyły w duszę Siddharthy
slowly it filled his soul and made it heavy
Powoli wypełniała jego duszę i czyniła ją ciężką
it made his soul tired and put it to sleep

To zmęczyło jego duszę i uśpiło ją
On the other hand, his senses had become alive
Z drugiej strony, jego zmysły ożyły
there was much his senses had learned
Wiele nauczyły się jego zmysły
there was much his senses had experienced
Było wiele rzeczy, których doświadczyły jego zmysły
Siddhartha had learned to trade
Siddhartha nauczył się handlować
he had learned how to use his power over people
Nauczył się, jak korzystać ze swojej władzy nad ludźmi
he had learned how to enjoy himself with a woman
Nauczył się, jak dobrze się bawić z kobietą
he had learned how to wear beautiful clothes
Nauczył się nosić piękne ubrania
he had learned how to give orders to servants
Nauczył się wydawać rozkazy sługom
he had learned how to bathe in perfumed waters
Nauczył się kąpać w perfumowanych wodach
He had learned how to eat tenderly and carefully prepared food
Nauczył się jeść z czułością i starannie przyrządzać potrawy
he even ate fish, meat, and poultry
Jadł nawet ryby, mięso i drób
spices and sweets and wine, which causes sloth and forgetfulness
przyprawy i słodycze oraz wino, które powoduje lenistwo i zapomnienie
He had learned to play with dice and on a chess-board
Nauczył się grać w kości i na szachownicy
he had learned to watch dancing girls
Nauczył się patrzeć na tańczące dziewczyny
he learned to have himself carried about in a sedan-chair
Nauczył się nosić siebie w sedanie
he learned to sleep on a soft bed
Nauczył się spać na miękkim łóżku
But still he felt different from others

Wciąż jednak czuł się inny niż inni
he still felt superior to the others
Wciąż czuł się lepszy od innych
he always watched them with some mockery
Zawsze patrzył na nich z pewną drwiną
there was always some mocking disdain to how he felt about them
Zawsze było w nim coś szyderczej pogardy dla tego, co do nich czuł
the same disdain a Samana feels for the people of the world
ta sama pogarda, jaką Samana odczuwa wobec ludzi na całym świecie

Kamaswami was ailing and felt annoyed
Kamaswami był chory i czuł się zirytowany
he felt insulted by Siddhartha
poczuł się obrażony przez Siddharthę
and he was vexed by his worries as a merchant
i dręczyły go troski kupca
Siddhartha had always watched these things with mockery
Siddhartha zawsze patrzył na to z drwiną
but his mockery had become more tired
Ale jego szyderstwa stały się bardziej zmęczone
his superiority had become more quiet
Jego wyższość stała się cichsza
as slowly imperceptible as the rainy season passing by
tak powoli, niezauważalna jak mijająca pora deszczowa
slowly, Siddhartha had assumed something of the childlike people's ways
Siddhartha powoli zaczął przyswajać sobie coś z dziecięcych zwyczajów
he had gained some of their childishness
Zyskał trochę z ich dziecinności
and he had gained some of their fearfulness
i zyskał trochę z ich bojaźni
And yet, the more be become like them the more he envied them

A jednak, im bardziej stawał się do nich podobny, tym
bardziej im zazdrościł
He envied them for the one thing that was missing from him
Zazdrościł im tej jednej rzeczy, której mu brakowało
the importance they were able to attach to their lives
znaczenie, jakie potrafili przywiązywać do swojego życia
the amount of passion in their joys and fears
ilość pasji w ich radościach i lękach
the fearful but sweet happiness of being constantly in love
przerażające, ale słodkie szczęście bycia stale zakochanym
These people were in love with themselves all of the time
Ci ludzie byli zakochani w sobie przez cały czas
women loved their children, with honours or money
Kobiety kochały swoje dzieci, zaszczytami lub pieniędzmi
the men loved themselves with plans or hopes
Mężczyźni kochali samych siebie planami i nadziejami
But he did not learn this from them
Ale tego się od nich nie nauczył
he did not learn the joy of children
Nie nauczył się radości dzieci
and he did not learn their foolishness
i nie poznał ich głupoty
what he mostly learned were their unpleasant things
To, czego się dowiedział, to głównie ich nieprzyjemne rzeczy
and he despised these things
i gardził tymi rzeczami
in the morning, after having had company
rano, po towarzystwie
more and more he stayed in bed for a long time
coraz dłużej leżał w łóżku
he felt unable to think, and was tired
Czuł się niezdolny do myślenia i zmęczony
**he became angry and impatient when Kamaswami bored
him with his worries**
stał się zły i zniecierpliwiony, gdy Kamaswami nudził go
swoimi zmartwieniami
he laughed just too loud when he lost a game of dice

Śmiał się zbyt głośno, gdy przegrał partię kości
His face was still smarter and more spiritual than others
Jego twarz była jeszcze mądrzejsza i bardziej uduchowiona niż inni
but his face rarely laughed anymore
Ale jego twarz rzadko się już śmiała
slowly, his face assumed other features
Powoli jego twarz nabierała innych rysów
the features often found in the faces of rich people
rysy często spotykane na twarzach bogatych ludzi
features of discontent, of sickliness, of ill-humour
Cechy niezadowolenia, chorobliwości, złego humoru
features of sloth, and of a lack of love
rysy lenistwa i braku miłości
the disease of the soul which rich people have
choroba duszy, na którą cierpią bogaci ludzie
Slowly, this disease grabbed hold of him
Powoli choroba go ogarnęła
like a thin mist, tiredness came over Siddhartha
Siddharthę ogarnęło jak cienka mgła, zmęczenie
slowly, this mist got a bit denser every day
Powoli ta mgła z każdym dniem stawała się coraz gęstsza
it got a bit murkier every month
Z każdym miesiącem robiło się coraz bardziej mrocznie
and every year it got a bit heavier
i z roku na rok stawało się coraz cięższe
dresses become old with time
Sukienki starzeją się z czasem
clothes lose their beautiful colour over time
ubrania z czasem tracą swój piękny kolor
they get stains, wrinkles, worn off at the seams
dostają plamy, zmarszczki, ścierają się w szwach
they start to show threadbare spots here and there
Tu i ówdzie zaczynają pojawiać się wytarte plamy
this is how Siddhartha's new life was
tak wyglądało nowe życie Siddharthy
the life which he had started after his separation from

Govinda
życie, które rozpoczął po rozstaniu z Govindą
his life had grown old and lost colour
Jego życie zestarzało się i straciło kolor
there was less splendour to it as the years passed by
Z biegiem lat było to coraz mniej splendoru
his life was gathering wrinkles and stains
Jego życie zbierało zmarszczki i plamy
and hidden at bottom, disappointment and disgust were waiting
a ukryte na dnie czekało rozczarowanie i obrzydzenie
they were showing their ugliness
Pokazywali swoją brzydotę
Siddhartha did not notice these things
Siddhartha nie zauważył tych rzeczy
he remembered the bright and reliable voice inside of him
Przypomniał sobie jasny i niezawodny głos w swoim wnętrzu
he noticed the voice had become silent
Zauważył, że głos ucichł
the voice which had awoken in him at that time
Głos, który obudził się w nim w tym czasie
the voice that had guided him in his best times
Głos, który prowadził go w najlepszych chwilach
he had been captured by the world
Został schwytany przez świat
he had been captured by lust, covetousness, sloth
Został pochwycony przez pożądanie, chciwość, lenistwo
and finally he had been captured by his most despised vice
i w końcu został schwytany przez swój najbardziej pogardzany występek
the vice which he mocked the most
Wada, z której drwił najbardziej,
the most foolish one of all vices
najgłupsza ze wszystkich wad
he had let greed into his heart
Wpuścił chciwość do swojego serca
Property, possessions, and riches also had finally captured

him
Majątek, posiadłości i bogactwa również w końcu go pochwyciły
having things was no longer a game to him
Posiadanie rzeczy nie było już dla niego grą
his possessions had become a shackle and a burden
Jego dobytek stał się kajdanami i ciężarem
It had happened in a strange and devious way
Stało się to w dziwny i przebiegły sposób
Siddhartha had gotten this vice from the game of dice
Siddhartha nabył tę wadę dzięki grze w kości
he had stopped being a Samana in his heart
przestał być Samaną w swoim sercu
and then he began to play the game for money
A potem zaczął grać w tę grę na pieniądze
first he joined the game with a smile
Najpierw dołączył do gry z uśmiechem
at this time he only played casually
W tym czasie grał tylko dorywczo
he wanted to join the customs of the childlike people
Chciał przyłączyć się do obyczajów dziecinnego ludu
but now he played with an increasing rage and passion
Ale teraz grał z coraz większą wściekłością i pasją
He was a feared gambler among the other merchants
Był przerażającym hazardzistą wśród innych kupców
his stakes were so audacious that few dared to take him on
Jego stawka była tak zuchwała, że niewielu odważyło się się z nim zmierzyć
He played the game due to a pain of his heart
Zagrał w tę grę z powodu bólu serca
losing and wasting his wretched money brought him an angry joy
Przegrana i zmarnowanie nieszczęsnych pieniędzy przyniosła mu gniewną radość
he could demonstrate his disdain for wealth in no other way
Swojej pogardy dla bogactwa nie mógł okazać w żaden inny sposób

he could not mock the merchants' false god in a better way
Nie mógł lepiej drwić z fałszywego boga kupców
so he gambled with high stakes
Grał więc o wysokie stawki
he mercilessly hated himself and mocked himself
Bezlitośnie nienawidził siebie i szydził z samego siebie
he won thousands, threw away thousands
Wygrał tysiące, wyrzucił tysiące
he lost money, jewellery, a house in the country
Stracił pieniądze, biżuterię, dom na wsi
he won it again, and then he lost again
Wygrał ją znowu, a potem znowu przegrał
he loved the fear he felt while he was rolling the dice
Uwielbiał strach, który czuł podczas rzucania kośćmi
he loved feeling worried about losing what he gambled
Uwielbiał martwić się, że straci to, co zaryzykował
he always wanted to get this fear to a slightly higher level
Zawsze chciał przenieść ten strach na nieco wyższy poziom
he only felt something like happiness when he felt this fear
Czuł coś w rodzaju szczęścia tylko wtedy, gdy czuł ten strach
it was something like an intoxication
To było coś w rodzaju odurzenia
something like an elevated form of life
coś w rodzaju wzniosłej formy życia
something brighter in the midst of his dull life
coś jaśniejszego pośród jego nudnego życia
And after each big loss, his mind was set on new riches
A po każdej wielkiej stracie jego umysł był nastawiony na nowe bogactwa
he pursued the trade more zealously
Gorliwiej zajmował się handlem
he forced his debtors more strictly to pay
Zmuszał swoich dłużników do surowszego płacenia
because he wanted to continue gambling
ponieważ chciał kontynuować hazard
he wanted to continue squandering
Chciał dalej trwonić

he wanted to continue demonstrating his disdain of wealth
Chciał nadal demonstrować swoją pogardę dla bogactwa
Siddhartha lost his calmness when losses occurred
Siddhartha stracił spokój, gdy doszło do strat
he lost his patience when he was not paid on time
Stracił cierpliwość, gdy nie otrzymał zapłaty na czas
he lost his kindness towards beggars
Stracił życzliwość dla żebraków
He gambled away tens of thousands at one roll of the dice
Postawił na dziesiątki tysięcy za jednym rzutem kostką
he became more strict and more petty in his business
Stał się bardziej surowy i małostkowy w swoich interesach
occasionally, he was dreaming at night about money!
Od czasu do czasu śniły mu się po nocach pieniądze!
whenever he woke up from this ugly spell, he continued fleeing
Ilekroć budził się z tego paskudnego zaklęcia, kontynuował ucieczkę
whenever he found his face in the mirror to have aged, he found a new game
Za każdym razem, gdy w lustrze stwierdzał, że jego twarz się postarzała, znajdował nową grę
whenever embarrassment and disgust came over him, he numbed his mind
Ilekroć ogarniało go zakłopotanie i obrzydzenie, odrętwiał swój umysł
he numbed his mind with sex and wine
Odrętwiał swój umysł seksem i winem
and from there he fled back into the urge to pile up and obtain possessions
A stamtąd uciekł z powrotem w pragnienie gromadzenia i zdobywania dóbr.
In this pointless cycle he ran
W tym bezsensownym cyklu biegł
fromt his life he grow tired, old, and ill
Przez całe życie był zmęczony, stary i chory

Then the time came when a dream warned him
Potem nadszedł czas, kiedy sen go ostrzegł
He had spent the hours of the evening with Kamala
Spędził wiele godzin wieczoru z Kamalą
he had been in her beautiful pleasure-garden
Był w jej pięknym ogrodzie rozkoszy
They had been sitting under the trees, talking
Siedzieli pod drzewami i rozmawiali
and Kamala had said thoughtful words
a Kamala powiedziała przemyślane słowa
words behind which a sadness and tiredness lay hidden
słowa, za którymi krył się smutek i zmęczenie
She had asked him to tell her about Gotama
Poprosiła go, by opowiedział jej o Gotamie
she could not hear enough of him
Nie mogła się o nim nadziwić
she loved how clear his eyes were
Uwielbiała to, jak jasne były jego oczy
she loved how still and beautiful his mouth was
Uwielbiała to, jak spokojne i piękne były jego usta
she loved the kindness of his smile
Uwielbiała dobroć jego uśmiechu
she loved how peaceful his walk had been
Uwielbiała to, jak spokojny był jego chód
For a long time, he had to tell her about the exalted Buddha
Przez długi czas musiał jej opowiadać o wzniosłym Buddzie
and Kamala had sighed, and spoke
Kamala westchnęła i przemówiła
"One day, perhaps soon, I'll also follow that Buddha"
"Pewnego dnia, być może wkrótce, pójdę również za tym Buddą"
"I'll give him my pleasure-garden for a gift"
"Dam mu w prezencie mój ogród rozkoszy"
"and I will take my refuge in his teachings"
"I wezmę schronienie w jego naukach"
But after this, she had aroused him
Ale potem go podnieciła

she had tied him to her in the act of making love
Przywiązała go do siebie w akcie kochania się
with painful fervour, biting and in tears
z bolesnym zapałem, kąśliwym i we łzach
it was as if she wanted to squeeze the last sweet drop out of this wine
Wyglądało to tak, jakby chciała wycisnąć z tego wina ostatnią słodką kroplę
Never before had it become so strangely clear to Siddhartha
Nigdy przedtem nie stało się to dla Siddharthy tak dziwnie jasne
he felt how close lust was akin to death
Czuł, jak bliskie jest pożądanie śmierci
he laid by her side, and Kamala's face was close to him
położył się obok niej, a twarz Kamali była blisko niego
under her eyes and next to the corners of her mouth
pod oczami i przy kącikach ust
it was as clear as never before
To było tak jasne jak nigdy dotąd
there read a fearful inscription
Tam widniał straszliwy napis
an inscription of small lines and slight grooves
napis z małymi liniami i lekkimi rowkami
an inscription reminiscent of autumn and old age
napis przywodzący na myśl jesień i starość
here and there, gray hairs among his black ones
Tu i ówdzie siwe włosy wśród jego czarnych
Siddhartha himself, who was only in his forties, noticed the same thing
Sam Siddhartha, który miał dopiero czterdzieści lat, zauważył to samo
Tiredness was written on Kamala's beautiful face
Zmęczenie było wypisane na pięknej twarzy Kamali
tiredness from walking a long path
zmęczenie po długiej ścieżce
a path which has no happy destination
Droga, która nie ma szczęśliwego celu

tiredness and the beginning of withering
zmęczenie i początek więdnięcia
fear of old age, autumn, and having to die
Strach przed starością, jesienią i koniecznością śmierci
With a sigh, he had bid his farewell to her
Pożegnał się z nią z westchnieniem
the soul full of reluctance, and full of concealed anxiety
dusza pełna niechęci i skrywanego niepokoju

Siddhartha had spent the night in his house with dancing girls
Siddhartha spędził noc w swoim domu z tańczącymi dziewczętami
he acted as if he was superior to them
Zachowywał się tak, jakby był od nich lepszy
he acted superior towards the fellow-members of his caste
Zachowywał się wyższość w stosunku do innych członków swojej kasty
but this was no longer true
Ale to już nie była prawda
he had drunk much wine that night
Tej nocy wypił dużo wina
and he went to bed a long time after midnight
i poszedł spać długo po północy
tired and yet excited, close to weeping and despair
zmęczony, a jednak podekscytowany, bliski płaczu i rozpaczy
for a long time he sought to sleep, but it was in vain
Przez długi czas starał się zasnąć, ale na próżno
his heart was full of misery
Jego serce było pełne nieszczęścia
he thought he could not bear any longer
Myślał, że nie może już dłużej wytrzymać
he was full of a disgust, which he felt penetrating his entire body
Był pełen obrzydzenia, które czuł przenikające całe jego ciało
like the lukewarm repulsive taste of the wine
jak letni, odpychający smak wina

the dull music was a little too happy
Głucha muzyka była trochę zbyt wesoła
the smile of the dancing girls was a little too soft
Uśmiech tańczących dziewcząt był trochę zbyt łagodny
the scent of their hair and breasts was a little too sweet
Zapach ich włosów i piersi był trochę zbyt słodki
But more than by anything else, he was disgusted by himself
Ale bardziej niż cokolwiek innego czuł do siebie obrzydzenie
he was disgusted by his perfumed hair
Był zniesmaczony swoimi perfumowanymi włosami
he was disgusted by the smell of wine from his mouth
Był zniesmaczony zapachem wina wydobywającym się z jego ust
he was disgusted by the listlessness of his skin
Był zniesmaczony apatią swojej skóry
Like when someone who has eaten and drunk far too much
Jak ktoś, kto zjadł i wypił o wiele za dużo
they vomit it back up again with agonising pain
Wymiotują z powrotem z przeszywającym bólem
but they feel relieved by the vomiting
ale czują ulgę z powodu wymiotów
this sleepless man wished to free himself of these pleasures
Ten bezsenny człowiek pragnął uwolnić się od tych przyjemności
he wanted to be rid of these habits
Chciał pozbyć się tych nawyków
he wanted to escape all of this pointless life
Chciał uciec od tego bezsensownego życia
and he wanted to escape from himself
i chciał uciec od samego siebie
it wasn't until the light of the morning when he had slightly fallen sleep
Dopiero o świcie lekko zasnął
the first activities in the street were already beginning
Pierwsze działania na ulicy już się zaczynały
for a few moments he had found a hint of sleep

Przez kilka chwil czuł ślad snu
In those moments, he had a dream
W takich chwilach miał sen
Kamala owned a small, rare singing bird in a golden cage
Kamala posiadała małego, rzadkiego śpiewającego ptaka w złotej klatce
it always sung to him in the morning
Śpiewała mu zawsze o poranku
but then he dreamt this bird had become mute
Ale potem przyśniło mu się, że ten ptak stał się niemy
since this arose his attention, he stepped in front of the cage
Ponieważ zwróciło to jego uwagę, stanął przed klatką
he looked at the bird inside the cage
Spojrzał na ptaka w klatce
the small bird was dead, and lay stiff on the ground
Mały ptaszek był martwy i leżał sztywno na ziemi
He took the dead bird out of its cage
Wyjął martwego ptaka z klatki
he took a moment to weigh the dead bird in his hand
Przez chwilę ważył martwego ptaka w dłoni
and then threw it away, out in the street
a potem wyrzucił go na ulicę
in the same moment he felt terribly shocked
W tym samym momencie poczuł się strasznie wstrząśnięty
his heart hurt as if he had thrown away all value
Serce bolało go tak, jakby wyrzucił wszelką wartość
everything good had been inside of this dead bird
Wszystko, co dobre, było w tym martwym ptaku
Starting up from this dream, he felt encompassed by a deep sadness
Wychodząc z tego snu, poczuł głęboki smutek
everything seemed worthless to him
Wszystko wydawało mu się bezwartościowe
worthless and pointless was the way he had been going through life
Bezwartościowa i bezcelowa była droga, którą szedł przez życie

nothing which was alive was left in his hands
Nic, co było żywe, nie pozostało w jego rękach
nothing which was in some way delicious could be kept
Nic, co było w jakiś sposób smaczne, nie mogło być zatrzymane
nothing worth keeping would stay
Nic, co warto zachować, nie zostanie
alone he stood there, empty like a castaway on the shore
Stał tam sam, pusty jak rozbitek na brzegu

With a gloomy mind, Siddhartha went to his pleasure-garden
Z ponurym umysłem Siddhartha udał się do swojego ogrodu uciech
he locked the gate and sat down under a mango-tree
Zamknął bramę i usiadł pod drzewem mango
he felt death in his heart and horror in his chest
Czuł śmierć w sercu i przerażenie w piersi
he sensed how everything died and withered in him
Czuł, jak wszystko w nim umiera i więdnie
By and by, he gathered his thoughts in his mind
Z czasem zebrał myśli w głowie
once again, he went through the entire path of his life
Po raz kolejny przeszedł całą drogę swojego życia
he started with the first days he could remember
Zaczął od pierwszych dni, które pamiętał
When was there ever a time when he had felt a true bliss?
Czy kiedykolwiek zdarzyło się, że poczuł prawdziwą błogość?
Oh yes, several times he had experienced such a thing
O tak, kilka razy doświadczył czegoś takiego
In his years as a boy he had had a taste of bliss
W dzieciństwie zaznał smaku szczęścia
he had felt happiness in his heart when he obtained praise from the Brahmans
poczuł szczęście w sercu, gdy otrzymał pochwałę od braminów
"There is a path in front of the one who has distinguished

himself"
"Jest droga przed tym, kto się wyróżnił"
he had felt bliss reciting the holy verses
Czuł błogość, recytując święte wersety
he had felt bliss disputing with the learned ones
Czuł błogość, dyskutując z uczonymi
he had felt bliss when he was an assistant in the offerings
Czuł błogość, kiedy był pomocnikiem w składaniu ofiar
Then, he had felt it in his heart
Wtedy poczuł to w swoim sercu
"There is a path in front of you"
"Przed tobą jest ścieżka"
"you are destined for this path"
"Jesteś przeznaczony na tę drogę"
"the gods are awaiting you"
"Bogowie czekają na ciebie"
And again, as a young man, he had felt bliss
I znowu, jako młodzieniec, poczuł błogość
when his thoughts separated him from those thinking on the same things
kiedy jego myśli oddzielały go od tych, którzy myśleli o tych samych rzeczach
when he wrestled in pain for the purpose of Brahman
kiedy zmagał się z bólem w celu osiągnięcia Brahmana
when every obtained knowledge only kindled new thirst in him
gdy każda zdobyta wiedza tylko rozpalała w nim nowe pragnienie
in the midst of the pain he felt this very same thing
Pośród bólu czuł dokładnie to samo
"Go on! You are called upon!"
— Mów dalej! Zostałeś wezwany!"
He had heard this voice when he had left his home
Usłyszał ten głos, gdy wychodził z domu
he heard heard this voice when he had chosen the life of a Samana
usłyszał ten głos, gdy wybrał życie Samany

and again he heard this voice when left the Samanas
i znowu usłyszał ten głos, gdy opuścił Samanas
he had heard the voice when he went to see the perfected one
Usłyszał ten głos, gdy poszedł zobaczyć Doskonałego
and when he had gone away from the perfected one, he had heard the voice
A gdy odszedł od doskonałego, usłyszał głos
he had heard the voice when he went into the uncertain
Usłyszał ten głos, gdy wszedł w niepewność
For how long had he not heard this voice any more?
Jak długo nie słyszał już tego głosu?
for how long had he reached no height any more?
Od jak dawna nie osiągnął już żadnej wysokości?
how even and dull was the manner in which he went through life?
Jak równy i nudny był sposób, w jaki szedł przez życie?
for many long years without a high goal
przez wiele długich lat bez wysokiego celu
he had been without thirst or elevation
Nie był spragniony ani wywyższony
he had been content with small lustful pleasures
Zadowalał się drobnymi, pożądliwymi przyjemnościami
and yet he was never satisfied!
A jednak nigdy nie był usatysfakcjonowany!
For all of these years he had tried hard to become like the others
Przez te wszystkie lata usilnie starał się upodobnić do innych
he longed to be one of the childlike people
Pragnął być jednym z tych dziecinnych ludzi
but he didn't know that that was what he really wanted
Nie wiedział jednak, że tego właśnie chce
his life had been much more miserable and poorer than theirs
Jego życie było o wiele bardziej nędzne i uboższe niż ich
because their goals and worries were not his
ponieważ ich cele i zmartwienia nie były jego

the entire world of the Kamaswami-people had only been a game to him
cały świat ludu Kamaswami był dla niego tylko grą
their lives were a dance he would watch
Ich życie było tańcem, który obserwował
they performed a comedy he could amuse himself with
Wystawiali komedię, którą potrafił się bawić
Only Kamala had been dear and valuable to him
Tylko Kamala była dla niego droga i cenna
but was she still valuable to him?
Ale czy nadal była dla niego cenna?
Did he still need her?
Czy nadal jej potrzebował?
Or did she still need him?
A może nadal go potrzebowała?
Did they not play a game without an ending?
Czyż nie grali w grę bez zakończenia?
Was it necessary to live for this?
Czy trzeba było po to żyć?
No, it was not necessary!
Nie, to nie było konieczne!
The name of this game was Sansara
Nazwa tej gry brzmiała Sansara
a game for children which was perhaps enjoyable to play once
Gra dla dzieci, w którą być może kiedyś przyjemnie się grało
maybe it could be played twice
może dałoby się to zagrać dwa razy
perhaps you could play it ten times
Być może mógłbyś zagrać w nią dziesięć razy
but should you play it for ever and ever?
Ale czy powinieneś grać w nią na wieki wieków?
Then, Siddhartha knew that the game was over
Wtedy Siddhartha wiedział, że gra jest skończona
he knew that he could not play it any more
Wiedział, że nie może już w nią grać
Shivers ran over his body and inside of him

Dreszcze przebiegły po jego ciele i wewnątrz
he felt that something had died
Czuł, że coś umarło

That entire day, he sat under the mango-tree
Przez cały dzień siedział pod drzewem mango
he was thinking of his father
Myślał o swoim ojcu
he was thinking of Govinda
myślał o Govindzie
and he was thinking of Gotama
i myślał o Gotamie
Did he have to leave them to become a Kamaswami?
Czy musiał je opuścić, aby stać się Kamaswami?
He was still sitting there when the night had fallen
Siedział tam jeszcze, gdy zapadła noc
he caught sight of the stars, and thought to himself
Dostrzegł gwiazdy i pomyślał
"Here I'm sitting under my mango-tree in my pleasure-garden"
"Siedzę pod moim drzewem mango w moim ogrodzie przyjemności"
He smiled a little to himself
Uśmiechnął się lekko do siebie
was it really necessary to own a garden?
Czy posiadanie ogrodu było naprawdę konieczne?
was it not a foolish game?
Czyż nie była to głupia gra?
did he need to own a mango-tree?
Czy musiał mieć drzewo mango?
He also put an end to this
Położył też temu kres
this also died in him
To też umarło w nim
He rose and bid his farewell to the mango-tree
Wstał i pożegnał się z drzewem mango
he bid his farewell to the pleasure-garden

Pożegnał się z ogrodem rozkoszy
Since he had been without food this day, he felt strong hunger
Ponieważ tego dnia nie miał co jeść, poczuł silny głód
and he thought of his house in the city
i pomyślał o swoim domu w mieście
he thought of his chamber and bed
Pomyślał o swojej komnacie i łożu
he thought of the table with the meals on it
Pomyślał o stole z posiłkami
He smiled tiredly, shook himself, and bid his farewell to these things
Uśmiechnął się zmęczony, otrząsnął się i pożegnał z tymi rzeczami
In the same hour of the night, Siddhartha left his garden
O tej samej porze Siddhartha opuścił swój ogród
he left the city and never came back
Opuścił miasto i nigdy nie wrócił

For a long time, Kamaswami had people look for him
Przez długi czas Kamaswami kazał ludziom go szukać
they thought he had fallen into the hands of robbers
Myśleli, że wpadł w ręce zbójców
Kamala had no one look for him
Kamala nie miała nikogo, kto by go szukał
she was not astonished by his disappearance
Nie była zdziwiona jego zniknięciem
Did she not always expect it?
Czyż nie zawsze się tego spodziewała?
Was he not a Samana?
Czyż nie był Samaną?
a man who was at home nowhere, a pilgrim
Człowiek, który nigdzie nie czuł się jak w domu, pielgrzym
she had felt this the last time they had been together
Czuła to, gdy ostatni raz byli razem
she was happy despite all the pain of the loss
Była szczęśliwa pomimo całego bólu po stracie

she was happy she had been with him one last time
Była szczęśliwa, że była z nim po raz ostatni
she was happy she had pulled him so affectionately to her heart
Była szczęśliwa, że przyciągnęła go tak czule do serca
she was happy she had felt completely possessed and penetrated by him
Była szczęśliwa, że poczuła się przez niego całkowicie opętana i spenetrowana
When she received the news, she went to the window
Kiedy otrzymała wiadomość, podeszła do okna
at the window she held a rare singing bird
W oknie trzymała rzadkiego śpiewającego ptaka
the bird was held captive in a golden cage
Ptak był przetrzymywany w złotej klatce
She opened the door of the cage
Otworzyła drzwi klatki
she took the bird out and let it fly
Wyjęła ptaka i pozwoliła mu odlecieć
For a long time, she gazed after it
Długo się za nim wpatrywała
From this day on, she received no more visitors
Od tego dnia nie przyjmowała już żadnych gości
and she kept her house locked
i trzymała swój dom zamknięty na klucz
But after some time, she became aware that she was pregnant
Ale po pewnym czasie zdała sobie sprawę, że jest w ciąży
she was pregnant from the last time she was with Siddhartha
Była w ciąży od ostatniego razu, kiedy była z Siddharthą

By the River
Nad Rzeką

Siddhartha walked through the forest
Siddhartha szedł przez las
he was already far from the city
Był już daleko od miasta
and he knew nothing but one thing
i nie wiedział nic prócz jednego
there was no going back for him
Nie było dla niego odwrotu
the life that he had lived for many years was over
Życie, które prowadził przez wiele lat, dobiegło końca
he had tasted all of this life
Skosztował całego tego życia
he had sucked everything out of this life
Wyssał wszystko z tego życia
until he was disgusted with it
dopóki nie poczuł do tego obrzydzenia
the singing bird he had dreamt of was dead
Śpiewający ptak, o którym śnił, był martwy
and the bird in his heart was dead too
A ptak w jego sercu też był martwy
he had been deeply entangled in Sansara
był głęboko uwikłany w Sansarę
he had sucked up disgust and death into his body
Wciągnął w swoje ciało obrzydzenie i śmierć
like a sponge sucks up water until it is full
jak gąbka zasysa wodę, aż będzie pełna
he was full of misery and death
Był pełen nędzy i śmierci
there was nothing left in this world which could have attracted him
Na tym świecie nie pozostało nic, co mogłoby go przyciągnąć
nothing could have given him joy or comfort
Nic nie mogło dać mu radości ani pociechy
he passionately wished to know nothing about himself

anymore
Namiętnie pragnął już nic o sobie nie wiedzieć
he wanted to have rest and be dead
Chciał odpocząć i umrzeć
he wished there was a lightning-bolt to strike him dead!
Żałował, że nie ma pioruna, który by go zabił!
If there only was a tiger to devour him!
Gdyby tylko był tygrys, który by go pożreł!
If there only was a poisonous wine which would numb his senses
Gdyby tylko było trujące wino, które znieczuliłoby jego zmysły
a wine which brought him forgetfulness and sleep
wino, które przyniosło mu zapomnienie i sen
a wine from which he wouldn't awake from
wino, od którego nie chciał się obudzić
Was there still any kind of filth he had not soiled himself with?
Czy był jeszcze jakiś brud, którym się nie pobrudził?
was there a sin or foolish act he had not committed?
Czy był jakiś grzech lub głupi uczynek, którego nie popełnił?
was there a dreariness of the soul he didn't know?
Czy w duszy była jakaś posępność, której nie znał?
was there anything he had not brought upon himself?
Czy było coś, czego sam na siebie nie ściągnął?
Was it still at all possible to be alive?
Czy w ogóle można było jeszcze żyć?
Was it possible to breathe in again and again?
Czy można było wdychać powietrze raz za razem?
Could he still breathe out?
Czy mógł jeszcze wydychać powietrze?
was he able to bear hunger?
Czy był w stanie znieść głód?
was there any way to eat again?
Czy był jakiś sposób na ponowne zjedzenie?
was it possible to sleep again?
Czy można było znowu zasnąć?

could he sleep with a woman again?
Czy mógłby znowu przespać się z kobietą?
had this cycle not exhausted itself?
Czyż ten cykl się nie wyczerpał?
were things not brought to their conclusion?
Czyż sprawy nie zostały doprowadzone do końca?

Siddhartha reached the large river in the forest
Siddhartha dotarł do dużej rzeki w lesie
it was the same river he crossed when he had still been a young man
Była to ta sama rzeka, którą przekroczył, gdy był jeszcze młodym człowiekiem
it was the same river he crossed from the town of Gotama
Była to ta sama rzeka, którą przekroczył z miasta Gotama
he remembered a ferryman who had taken him over the river
Przypomniał sobie przewoźnika, który przewiózł go przez rzekę
By this river he stopped, and hesitantly he stood at the bank
Nad tą rzeką zatrzymał się i niepewnie stanął na brzegu
Tiredness and hunger had weakened him
Zmęczenie i głód osłabiły go
"what should I walk on for?"
"Po co mam chodzić?"
"to what goal was there left to go?"
— Do jakiego celu można było dojść?
No, there were no more goals
Nie, nie było więcej bramek
there was nothing left but a painful yearning to shake off this dream
Nie pozostało nic prócz bolesnej tęsknoty za otrząśnięciem się z tego marzenia
he yearned to spit out this stale wine
Pragnął wypluć to stęchłe wino
he wanted to put an end to this miserable and shameful life
Chciał położyć kres temu nędznemu i haniebnemu życiu

a coconut-tree bent over the bank of the river
Drzewo kokosowe pochylone nad brzegiem rzeki
Siddhartha leaned against its trunk with his shoulder
Siddhartha oparł się ramieniem o jego pień
he embraced the trunk with one arm
Jedną ręką objął pień
and he looked down into the green water
i spojrzał w dół na zieloną wodę
the water ran under him
Woda płynęła pod nim
he looked down and found himself to be entirely filled with the wish to let go
Spojrzał w dół i stwierdził, że jest całkowicie wypełniony pragnieniem odpuszczenia
he wanted to drown in these waters
Chciał utonąć w tych wodach
the water reflected a frightening emptiness back at him
Woda odbijała w nim przerażającą pustkę
the water answered to the terrible emptiness in his soul
Woda odpowiedziała straszliwej pustce w jego duszy
Yes, he had reached the end
Tak, dotarł do końca
There was nothing left for him, except to annihilate himself
Nie pozostało mu nic innego, jak tylko unicestwić samego siebie
he wanted to smash the failure into which he had shaped his life
Chciał zmiażdżyć porażkę, w którą ukształtował swoje życie
he wanted to throw his life before the feet of mockingly laughing gods
Chciał rzucić swoje życie pod nogi szyderczo śmiejących się bogów
This was the great vomiting he had longed for; death
To były wielkie wymioty, za którymi tęsknił; śmierć
the smashing to bits of the form he hated
roztrzaskanie na kawałki formy, której nienawidził
Let him be food for fishes and crocodiles

Niech będzie pokarmem dla ryb i krokodyli
Siddhartha the dog, a lunatic
Pies Siddhartha, wariat
a depraved and rotten body; a weakened and abused soul!
zdeprawowane i zepsute ciało; Dusza osłabiona i sponiewierana!
let him be chopped to bits by the daemons
Niech zostanie pocięty na kawałki przez demony
With a distorted face, he stared into the water
Ze zniekształconą twarzą wpatrywał się w wodę
he saw the reflection of his face and spat at it
Zobaczył odbicie swojej twarzy i splunął na nie
In deep tiredness, he took his arm away from the trunk of the tree
Głęboko zmęczony odsunął rękę od pnia drzewa
he turned a bit, in order to let himself fall straight down
Odwrócił się nieco, by spaść prosto w dół
in order to finally drown in the river
by w końcu utonąć w rzece
With his eyes closed, he slipped towards death
Z zamkniętymi oczami osunął się ku śmierci
Then, out of remote areas of his soul, a sound stirred up
Wtem z odległych zakamarków jego duszy dobiegł dźwięk
a sound stirred up out of past times of his now weary life
Dźwięk przywołany z minionych czasów jego znużonego życia
It was a singular word, a single syllable
Było to pojedyncze słowo, pojedyncza sylaba
without thinking he spoke the voice to himself
Bez namysłu przemówił do siebie
he slurred the beginning and the end of all prayers of the Brahmans
wymawiał początek i koniec wszystkich modlitw braminów
he spoke the holy Om
wypowiedział święte Om
"that what is perfect" or "the completion"
"to, co doskonałe" lub "dopełnienie"

And in the moment he realized the foolishness of his actions
I w tej chwili zdał sobie sprawę z głupoty swoich działań
the sound of Om touched Siddhartha's ear
odgłos Om dotknął ucha Siddharthy
his dormant spirit suddenly woke up
Jego uśpiony duch nagle się obudził
Siddhartha was deeply shocked
Siddhartha był głęboko wstrząśnięty
he saw this was how things were with him
Widział, że tak właśnie jest z nim
he was so doomed that he had been able to seek death
Był tak skazany na zagładę, że mógł szukać śmierci
he had lost his way so much that he wished the end
Tak bardzo się pogubił, że życzył sobie końca
the wish of a child had been able to grow in him
Pragnienie dziecka mogło w nim wzrastać
he had wished to find rest by annihilating his body!
Pragnął odnaleźć spokój, unicestwiając swoje ciało!
all the agony of recent times
Cała agonia ostatnich czasów
all sobering realizations that his life had created
wszystkie otrzeźwiające uświadomienia sobie, które stworzyło jego życie
all the desperation that he had felt
Cała desperacja, którą czuł
these things did not bring about this moment
Te rzeczy nie doprowadziły do tej chwili
when the Om entered his consciousness he became aware of himself
kiedy Om weszła do jego świadomości, stał się świadomy siebie
he realized his misery and his error
Zdawał sobie sprawę ze swojej nędzy i błędu
Om! he spoke to himself
Om! Mówił sam do siebie
Om! and again he knew about Brahman
Om! i znowu wiedział o Brahmanie

Om! he knew about the indestructibility of life
Om! Wiedział o niezniszczalności życia
Om! he knew about all that is divine, which he had forgotten
Om! Wiedział o wszystkim, co boskie, a o czym zapomniał
But this was only a moment that flashed before him
Ale to była tylko chwila, która przemknęła mu przed oczami
By the foot of the coconut-tree, Siddhartha collapsed
U stóp drzewa kokosowego Siddhartha upadł
he was struck down by tiredness
Uderzyło go zmęczenie
mumbling "Om", he placed his head on the root of the tree
mamrocząc "Om", położył głowę na korzeniu drzewa
and he fell into a deep sleep
i zapadł w głęboki sen
Deep was his sleep, and without dreams
Głęboki był jego sen i bez snów
for a long time he had not known such a sleep any more
Już dawno nie zaznał takiego snu

When he woke up after many hours, he felt as if ten years had passed
Kiedy obudził się po wielu godzinach, poczuł się tak, jakby minęło dziesięć lat
he heard the water quietly flowing
Usłyszał cichy szum wody
he did not know where he was
Nie wiedział, gdzie jest
and he did not know who had brought him here
i nie wiedział, kto go tu przyprowadził
he opened his eyes and looked with astonishment
Otworzył oczy i spojrzał ze zdumieniem
there were trees and the sky above him
Były drzewa, a nad nim niebo
he remembered where he was and how he got here
Pamiętał, gdzie był i jak się tu znalazł
But it took him a long while for this

Ale zajęło mu to dużo czasu
the past seemed to him as if it had been covered by a veil
Przeszłość wydawała mu się zakryta zasłoną
infinitely distant, infinitely far away, infinitely meaningless
nieskończenie odległe, nieskończenie odległe, nieskończenie pozbawione znaczenia
He only knew that his previous life had been abandoned
Wiedział tylko, że jego poprzednie życie zostało porzucone
this past life seemed to him like a very old, previous incarnation
To przeszłe życie wydawało mu się bardzo starym, poprzednim wcieleniem
this past life felt like a pre-birth of his present self
To przeszłe życie było jak przednarodzenie jego obecnego ja
full of disgust and wretchedness, he had intended to throw his life away
Pełen wstrętu i nędzy, zamierzał odrzucić swoje życie
he had come to his senses by a river, under a coconut-tree
Opamiętał się nad rzeką, pod drzewem kokosowym
the holy word "Om" was on his lips
święte słowo "Om" było na jego ustach
he had fallen asleep and had now woken up
Zasnął i obudził się
he was looking at the world as a new man
Patrzył na świat jak nowy człowiek
Quietly, he spoke the word "Om" to himself
Cicho wypowiedział do siebie słowo "Om"
the "Om" he was speaking when he had fallen asleep
"Om", które wypowiadał, gdy zasypiał
his sleep felt like nothing more than a long meditative recitation of "Om"
jego sen nie przypominał nic więcej niż długą, medytacyjną recytację "Om"
all his sleep had been a thinking of "Om"
cały jego sen był myśleniem o "Om"
a submergence and complete entering into "Om"
zanurzenie i całkowite wejście w "Om"

a going into the perfected and completed
Wejście w to, co udoskonalone i ukończone
What a wonderful sleep this had been!
Cóż to był za cudowny sen!
he had never before been so refreshed by sleep
Nigdy przedtem nie był tak wypoczęty snem
Perhaps, he really had died
Być może naprawdę umarł
maybe he had drowned and was reborn in a new body?
Może utonął i odrodził się w nowym ciele?
But no, he knew himself and who he was
Ale nie, znał siebie i wiedział, kim jest
he knew his hands and his feet
Znał swoje ręce i nogi
he knew the place where he lay
Znał miejsce, w którym leżał
he knew this self in his chest
Znał tę jaźń w swojej piersi
Siddhartha the eccentric, the weird one
Siddhartha ekscentryczny, dziwny
but this Siddhartha was nevertheless transformed
ale ten Siddhartha został mimo wszystko przemieniony
he was strangely well rested and awake
Był dziwnie wypoczęty i rozbudzony
and he was joyful and curious
Był radosny i ciekawy

Siddhartha straightened up and looked around
Siddhartha wyprostował się i rozejrzał dookoła
then he saw a person sitting opposite to him
Wtedy zobaczył osobę siedzącą naprzeciwko niego
a monk in a yellow robe with a shaven head
mnich w żółtej szacie z ogoloną głową
he was sitting in the position of pondering
Siedział w pozycji zamyślonej
He observed the man, who had neither hair on his head nor a beard

Przyjrzał się mężczyźnie, który nie miał ani włosów na głowie, ani brody

he had not observed him for long when he recognised this monk

Nie obserwował go długo, gdy poznał tego mnicha

it was Govinda, the friend of his youth

Był to Govinda, przyjaciel z młodości

Govinda, who had taken his refuge with the exalted Buddha

Govinda, który przyjął schronienie u wzniosłego Buddy

Like Siddhartha, Govinda had also aged

Podobnie jak Siddhartha, Govinda również się postarzał

but his face still bore the same features

Ale jego twarz wciąż miała te same rysy

his face still expressed zeal and faithfulness

Jego twarz wciąż wyrażała gorliwość i wierność

you could see he was still searching, but timidly

Widać było, że wciąż szuka, ale nieśmiało

Govinda sensed his gaze, opened his eyes, and looked at him

Govinda wyczuł jego spojrzenie, otworzył oczy i spojrzał na niego

Siddhartha saw that Govinda did not recognise him

Siddhartha zobaczył, że Govinda go nie rozpoznał

Govinda was happy to find him awake

Govinda ucieszył się, że nie śpi

apparently, he had been sitting here for a long time

Najwyraźniej siedział tu od dawna

he had been waiting for him to wake up

Czekał, aż się obudzi

he waited, although he did not know him

Czekał, choć go nie znał

"I have been sleeping" said Siddhartha

— Spałem — rzekł Siddhartha

"How did you get here?"

— Jak się tu dostałeś?

"You have been sleeping" answered Govinda

— Spałeś — odparł Govinda

"It is not good to be sleeping in such places"
"Nie jest dobrze spać w takich miejscach"
"snakes and the animals of the forest have their paths here"
"Węże i zwierzęta leśne mają tu swoje ścieżki"
"I, oh sir, am a follower of the exalted Gotama"
"Ja, o panie, jestem wyznawcą wzniosłego Gotamy"
"I was on a pilgrimage on this path"
"Byłem na pielgrzymce tą drogą"
"I saw you lying and sleeping in a place where it is dangerous to sleep"
"Widziałem, jak leżałeś i spałeś w miejscu, gdzie niebezpiecznie jest spać"
"Therefore, I sought to wake you up"
"Dlatego chciałem cię obudzić"
"but I saw that your sleep was very deep"
"Widziałem jednak, że śpisz bardzo głęboko"
"so I stayed behind from my group"
"więc zostałem z dala od mojej grupy"
"and I sat with you until you woke up"
"I siedziałem z tobą, dopóki się nie obudziłeś"
"And then, so it seems, I have fallen asleep myself"
"A potem, jak się zdaje, sam zasnąłem"
"I, who wanted to guard your sleep, fell asleep"
"Ja, który chciałem strzec twego snu, zasnąłem"
"Badly, I have served you"
"Źle ci służyłem"
"tiredness had overwhelmed me"
"Zmęczenie mnie przytłoczyło"
"But since you're awake, let me go to catch up with my brothers"
"Ale skoro nie śpisz, pozwól mi iść dogonić moich braci"
"I thank you, Samana, for watching out over my sleep" spoke Siddhartha
— Dziękuję ci, Samano, za czuwanie nad moim snem — odezwał się Siddhartha
"You're friendly, you followers of the exalted one"
"Jesteście przyjaźni, wy wyznawcy Wywyższonego"

"Now you may go to them"
"Teraz możesz do nich iść"
"I'm going, sir. May you always be in good health"
— Idę, sir. Obyś zawsze cieszył się dobrym zdrowiem"
"I thank you, Samana"
"Dziękuję ci, Samana"
Govinda made the gesture of a salutation and said "Farewell"
Govinda wykonał gest pozdrowienia i powiedział "Żegnaj"
"Farewell, Govinda" said Siddhartha
– Żegnaj, Govindo – powiedział Siddhartha
The monk stopped as if struck by lightning
Mnich zatrzymał się, jakby rażony piorunem
"Permit me to ask, sir, from where do you know my name?"
— Pozwól, że zapytam, panie, skąd znasz moje imię?
Siddhartha smiled, "I know you, oh Govinda, from your father's hut"
Siddhartha uśmiechnął się: "Znam cię, o Govindo, z chaty twego ojca"
"and I know you from the school of the Brahmans"
"A ja znam cię ze szkoły braminów"
"and I know you from the offerings"
"A ja was znam z ofiar"
"and I know you from our walk to the Samanas"
"A ja znam cię z naszej wędrówki do Samanas"
"and I know you from when you took refuge with the exalted one"
"A ja znam cię od czasu, gdyście schronili się u Wywyższonego"
"You're Siddhartha," Govinda exclaimed loudly, "Now, I recognise you"
– Jesteś Siddhartha – wykrzyknął głośno Govinda – Teraz cię poznaję.
"I don't comprehend how I couldn't recognise you right away"
"Nie pojmuję, jak mogłem cię nie rozpoznać od razu"
"Siddhartha, my joy is great to see you again"

"Siddhartho, bardzo się cieszę, że znów cię widzę"
"It also gives me joy, to see you again" spoke Siddhartha
— Cieszę się też, że znów cię widzę — rzekł Siddhartha
"You've been the guard of my sleep"
"Byłeś strażnikiem mojego snu"
"again, I thank you for this"
"Jeszcze raz dziękuję za to"
"but I wouldn't have required any guard"
"ale nie potrzebowałbym żadnej straży"
"Where are you going to, oh friend?"
— Dokąd idziesz, przyjacielu?
"I'm going nowhere," answered Govinda
— Nigdzie się nie wybieram — odparł Govinda
"We monks are always travelling"
"My, mnisi, zawsze podróżujemy"
"whenever it is not the rainy season, we move from one place to another"
"Zawsze, gdy nie jest pora deszczowa, przenosimy się z miejsca na miejsce"
"we live according to the rules of the teachings passed on to us"
"Żyjemy zgodnie z regułami przekazanych nam nauk"
"we accept alms, and then we move on"
"Przyjmujemy jałmużnę, a potem idziemy dalej"
"It is always like this"
"Zawsze tak jest"
"But you, Siddhartha, where are you going to?"
— A ty, Siddhartho, dokąd idziesz?
"for me it is as it is with you"
"Dla mnie jest tak, jak jest z tobą"
"I'm going nowhere; I'm just travelling"
"Nigdzie się nie wybieram; Po prostu podróżuję"
"I'm also on a pilgrimage"
"Ja też jestem na pielgrzymce"
Govinda spoke "You say you're on a pilgrimage, and I believe you"
Govinda powiedział: "Mówisz, że jesteś na pielgrzymce, a ja ci

wierzę"
"But, forgive me, oh Siddhartha, you do not look like a pilgrim"
"Ależ, wybacz mi, o Siddhartho, nie wyglądasz jak pielgrzym"
"You're wearing a rich man's garments"
"Nosisz szaty bogacza"
"you're wearing the shoes of a distinguished gentleman"
"Nosisz buty dystyngowanego dżentelmena"
"and your hair, with the fragrance of perfume, is not a pilgrim's hair"
"A włosy twoje, pachnące wonnością, nie są włosami pielgrzyma"
"you do not have the hair of a Samana"
"Nie masz włosów Samany"
"you are right, my dear"
— Masz rację, moja droga.
"you have observed things well"
"Dobrze obserwowałeś sytuację"
"your keen eyes see everything"
"Twoje bystre oczy widzą wszystko"
"But I haven't said to you that I was a Samana"
"Ale nie powiedziałem ci, że jestem Samaną"
"I said I'm on a pilgrimage"
"Powiedziałem, że jestem na pielgrzymce"
"And so it is, I'm on a pilgrimage"
"I tak jest, jestem na pielgrzymce"
"You're on a pilgrimage" said Govinda
– Jesteś na pielgrzymce – powiedział Govinda
"But few would go on a pilgrimage in such clothes"
"Ale niewielu poszłoby na pielgrzymkę w takim ubraniu"
"few would pilger in such shoes"
"Niewielu wskoczyłoby w takie buty"
"and few pilgrims have such hair"
"A niewielu pielgrzymów ma takie włosy"
"I have never met such a pilgrim"
"Nigdy nie spotkałem takiego pielgrzyma"
"and I have been a pilgrim for many years"

"A ja jestem pielgrzymem od wielu lat"
"I believe you, my dear Govinda"
— Wierzę ci, mój drogi Govindo.
"But now, today, you've met a pilgrim just like this"
"Ale teraz, dzisiaj, spotkałeś takiego pielgrzyma"
"a pilgrim wearing these kinds of shoes and garment"
"Pielgrzym w takich butach i szatach"
"Remember, my dear, the world of appearances is not eternal"
"Pamiętaj, moja droga, świat pozorów nie jest wieczny"
"our shoes and garments are anything but eternal"
"Nasze buty i szaty nie są wieczne"
"our hair and bodies are not eternal either"
"Nasze włosy i ciała też nie są wieczne"
I'm wearing a rich man's clothes"
Ubieram się jak bogacz"
"you've seen this quite right"
"Dobrze to widzieliście"
"I'm wearing them, because I have been a rich man"
"Noszę je, bo byłem bogatym człowiekiem"
"and I'm wearing my hair like the worldly and lustful people"
"A ja noszę włosy jak ludzie światowi i lubieżni"
"because I have been one of them"
"Bo byłem jednym z nich"
"And what are you now, Siddhartha?" Govinda asked
— A kim teraz jesteś, Siddhartho? — spytał Govinda
"I don't know it, just like you"
"Nie wiem tego, tak jak ty"
"I was a rich man, and now I am not a rich man anymore"
"Byłem bogatym człowiekiem, a teraz już nim nie jestem"
"and what I'll be tomorrow, I don't know"
"A jaki będę jutro, nie wiem"
"You've lost your riches?" asked Govinda
"Straciłeś swoje bogactwa?" zapytał Govinda
"I've lost my riches, or they have lost me"
"Albo ja straciłem swoje bogactwo, albo oni stracili mnie"

"My riches somehow happened to slip away from me"
"Moje bogactwa jakoś mi się wymknęły"
"The wheel of physical manifestations is turning quickly, Govinda"
"Koło fizycznych manifestacji obraca się szybko, Govinda"
"Where is Siddhartha the Brahman?"
"Gdzie jest Siddhartha Brahman?"
"Where is Siddhartha the Samana?"
— Gdzie jest Siddhartha Samana?
"Where is Siddhartha the rich man?"
— Gdzie jest bogacz Siddhartha?
"Non-eternal things change quickly, Govinda, you know it"
"Rzeczy niewieczne zmieniają się szybko, Govinda, wiesz o tym"
Govinda looked at the friend of his youth for a long time
Govinda długo patrzył na przyjaciela swojej młodości
he looked at him with doubt in his eyes
Spojrzał na niego z powątpiewaniem w oczach
After that, he gave him the salutation which one would use on a gentleman
Potem oddał mu pozdrowienie, jakiego używa się wobec dżentelmena
and he went on his way, and continued his pilgrimage
Poszedł więc dalej i kontynuował pielgrzymkę
With a smiling face, Siddhartha watched him leave
Siddhartha z uśmiechem patrzył, jak odchodzi
he loved him still, this faithful, fearful man
Kochał go nadal, tego wiernego, bojaźliwego człowieka
how could he not have loved everybody and everything in this moment?
Jak mógł nie kochać wszystkich i wszystkiego w tej chwili?
in the glorious hour after his wonderful sleep, filled with Om!
w chwalebnej godzinie po cudownym śnie, napełnionym Om!
The enchantment, which had happened inside of him in his sleep
Zaklęcie, które wydarzyło się w nim we śnie

this enchantment was everything that he loved
To zaklęcie było wszystkim, co kochał
he was full of joyful love for everything he saw
Był pełen radosnej miłości do wszystkiego, co widział
exactly this had been his sickness before
Dokładnie taka była jego choroba już wcześniej
he had not been able to love anybody or anything
Nie potrafił kochać nikogo ani niczego
With a smiling face, Siddhartha watched the leaving monk
Siddhartha z uśmiechniętą twarzą obserwował odchodzącego mnicha

The sleep had strengthened him a lot
Sen bardzo go wzmocnił
but hunger gave him great pain
ale głód sprawiał mu wielką przykrość
by now he had not eaten for two days
Do tej pory nie jadł od dwóch dni
the times were long past when he could resist such hunger
Dawno minęły czasy, kiedy mógł oprzeć się takiemu głodowi
With sadness, and yet also with a smile, he thought of that time
Ze smutkiem, ale i uśmiechem, myślał o tamtym czasie
In those days, so he remembered, he had boasted of three things to Kamala
Pamiętał, że w tamtych czasach chwalił się Kamali trzema rzeczami
he had been able to do three noble and undefeatable feats
Udało mu się dokonać trzech szlachetnych i niepokonanych czynów
he was able to fast, wait, and think
Potrafił pościć, czekać i myśleć
These had been his possessions; his power and strength
To była jego własność; Jego moc i siła
in the busy, laborious years of his youth, he had learned these three feats
W pracowitych, pracowitych latach swojej młodości nauczył

się tych trzech wyczynów
And now, his feats had abandoned him
A teraz jego wyczyny go opuściły
none of his feats were his any more
Żaden z jego wyczynów nie był już jego
neither fasting, nor waiting, nor thinking
ani pościć, ani czekać, ani myśleć
he had given them up for the most wretched things
Oddał je za najnędzniejsze rzeczy
what is it that fades most quickly?
Co zanika najszybciej?
sensual lust, the good life, and riches!
zmysłowe pożądanie, dobre życie i bogactwo!
His life had indeed been strange
Jego życie było rzeczywiście dziwne
And now, so it seemed, he had really become a childlike person
A teraz, jak się wydawało, naprawdę stał się człowiekiem dziecięcym
Siddhartha thought about his situation
Siddhartha zastanowił się nad swoją sytuacją
Thinking was hard for him now
Myślenie było teraz dla niego trudne
he did not really feel like thinking
Nie bardzo mu się chciało myśleć
but he forced himself to think
ale zmusił się do myślenia
"all these most easily perishing things have slipped from me"
"Wszystkie te najłatwiejsze do przepadnięcia rzeczy wymknęły mi się spod kontroli"
"again, now I'm standing here under the sun"
"znowu, teraz stoję tu pod słońcem"
"I am standing here just like a little child"
"Stoję tu jak małe dziecko"
"nothing is mine, I have no abilities"
"nic nie jest moje, nie mam żadnych zdolności"

"there is nothing I could bring about"
"Nic nie mógłbym zrealizować"
"I have learned nothing from my life"
"Niczego się nie nauczyłem z życia"
"How wondrous all of this is!"
"Jakie to wszystko jest cudowne!"
"it's wondrous that I'm no longer young"
"To cudowne, że nie jestem już młody"
"my hair is already half gray and my strength is fading"
"Moje włosy są już w połowie siwe, a siły gasną"
"and now I'm starting again at the beginning, as a child!"
"A teraz zaczynam od początku, jako dziecko!"
Again, he had to smile to himself
Znowu musiał się uśmiechnąć do siebie
Yes, his fate had been strange!
Tak, jego los był dziwny!
Things were going downhill with him
Z nim wszystko szło z górki
and now he was again facing the world naked and stupid
A teraz znów stanął twarzą w twarz ze światem nagi i głupi
But he could not feel sad about this
Ale nie mógł się z tego powodu smucić
no, he even felt a great urge to laugh
Nie, czuł nawet wielką potrzebę śmiechu
he felt an urge to laugh about himself
Miał ochotę śmiać się z samego siebie
he felt an urge to laugh about this strange, foolish world
Chciało mu się śmiać z tego dziwnego, głupiego świata
"Things are going downhill with you!" he said to himself
"Z tobą wszystko idzie w dół!" powiedział do siebie
and he laughed about his situation
i śmiał się ze swojej sytuacji
as he was saying it he happened to glance at the river
Mówiąc to, przypadkiem spojrzał na rzekę
and he also saw the river going downhill
Widział też, jak rzeka spływa w dół
it was singing and being happy about everything

To było śpiewanie i cieszenie się ze wszystkiego
He liked this, and kindly he smiled at the river
Spodobało mu się to i życzliwie uśmiechnął się do rzeki
Was this not the river in which he had intended to drown himself?
Czyż nie była to rzeka, w której zamierzał się utopić?
in past times, a hundred years ago
w przeszłości, sto lat temu
or had he dreamed this?
A może mu się to przyśniło?
"Wondrous indeed was my life" he thought
"Zaiste cudowne było moje życie" – pomyślał
"my life has taken wondrous detours"
"Moje życie potoczyło się cudownymi objazdami"
"As a boy, I only dealt with gods and offerings"
"Jako chłopiec zajmowałem się tylko bogami i ofiarami"
"As a youth, I only dealt with asceticism"
"Jako młodzieniec zajmowałem się tylko ascezą"
"I spent my time in thinking and meditation"
"Spędzałem czas na rozmyślaniach i medytacji"
"I was searching for Brahman
"Szukałem Brahmana
and I worshipped the eternal in the Atman"
"i oddawałem cześć Wiekuistemu w Atmanie"
"But as a young man, I followed the penitents"
"Ale jako młodzieniec poszedłem za pokutnikami"
"I lived in the forest and suffered heat and frost"
"Mieszkałem w lesie i cierpiałem z powodu upałów i mrozu"
"there I learned how to overcome hunger"
"tam nauczyłem się, jak przezwyciężyć głód"
"and I taught my body to become dead"
"i nauczyłem moje ciało, aby stało się martwe"
"Wonderfully, soon afterwards, insight came towards me"
"Cudownie, wkrótce potem przyszło do mnie zrozumienie"
"insight in the form of the great Buddha's teachings"
"wgląd w formie nauk wielkiego Buddy"
"I felt the knowledge of the oneness of the world"

"Poczułem wiedzę o jedności świata"
"I felt it circling in me like my own blood"
"Czułem, jak krąży we mnie jak moja własna krew"
"But I also had to leave Buddha and the great knowledge"
"Ale musiałem też opuścić Buddę i wielką wiedzę"
"I went and learned the art of love with Kamala"
"Poszedłem i nauczyłem się sztuki miłości z Kamalą"
"I learned trading and business with Kamaswami"
"Nauczyłem się handlu i biznesu z Kamaswamim"
"I piled up money, and wasted it again"
"Gromadziłem pieniądze i znowu je roztrwoniłem"
"I learned to love my stomach and please my senses"
"Nauczyłam się kochać swój żołądek i zadowalać zmysły"
"I had to spend many years losing my spirit"
"Musiałem spędzić wiele lat tracąc ducha"
"and I had to unlearn thinking again"
"i musiałem na nowo oduczyć się myślenia"
"there I had forgotten the oneness"
"Tam zapomniałem o jedności"
"Isn't it just as if I had turned slowly from a man into a child"?
"Czy to nie jest tak, jakbym powoli zmienił się z mężczyzny w dziecko"?
"from a thinker into a childlike person"
"Z myśliciela w osobę dziecięcą"
"And yet, this path has been very good"
"A jednak ta droga była bardzo dobra"
"and yet, the bird in my chest has not died"
"A jednak ptak w mojej piersi nie umarł"
"what a path has this been!"
"Cóż to była za droga!"
"I had to pass through so much stupidity"
"Musiałem przejść przez tyle głupoty"
"I had to pass through so much vice"
"Musiałem przejść przez tak wiele występków"
"I had to make so many errors"
"Musiałem popełnić tak wiele błędów"

"I had to feel so much disgust and disappointment"
"Musiałem odczuwać tak wielkie obrzydzenie i rozczarowanie"
"I had to do all this to become a child again"
"Musiałem zrobić to wszystko, aby znów stać się dzieckiem"
"and then I could start over again"
"a potem mógłbym zacząć od nowa"
"But it was the right way to do it"
"Ale to był właściwy sposób"
"my heart says yes to it and my eyes smile to it"
"Moje serce mówi "tak", a moje oczy się do tego uśmiechają"
"I've had to experience despair"
"Musiałem doświadczyć rozpaczy"
"I've had to sink down to the most foolish of all thoughts"
"Musiałem pogrążyć się w najgłupszej ze wszystkich myśli"
"I've had to think to the thoughts of suicide"
"Musiałem myśleć o samobójstwie"
"only then would I be able to experience divine grace"
"Tylko wtedy będę mógł doświadczyć łaski Bożej"
"only then could I hear Om again"
"Dopiero wtedy znów usłyszałem Om"
"only then would I be able to sleep properly and awake again"
"tylko wtedy będę mógł normalnie spać i budzić się ponownie"
"I had to become a fool, to find Atman in me again"
"Musiałem stać się głupcem, żeby odnaleźć w sobie Atmana"
"I had to sin, to be able to live again"
"Musiałem zgrzeszyć, aby móc znowu żyć"
"Where else might my path lead me to?"
"Dokąd jeszcze może mnie zaprowadzić moja ścieżka?"
"It is foolish, this path, it moves in loops"
"To głupie, ta ścieżka, ona się zapętla"
"perhaps it is going around in a circle"
"Być może kręci się w kółko"
"Let this path go where it likes"
"Niech ta ścieżka idzie tam, gdzie chce"

"where ever this path goes, I want to follow it"
"Dokądkolwiek zmierza ta droga, chcę nią podążać"
he felt joy rolling like waves in his chest
Czuł radość toczącą się jak fale w jego piersi
he asked his heart, "from where did you get this happiness?"
Zapytał swoje serce: "Skąd wziąłeś to szczęście?"
"does it perhaps come from that long, good sleep?"
— Czy to może z powodu tak długiego, dobrego snu?
"the sleep which has done me so much good"
"Sen, który przyniósł mi tyle dobrego"
"or does it come from the word Om, which I said?"
— A może pochodzi od słowa Om, które powiedziałem?
"Or does it come from the fact that I have escaped?"
— A może to wynika z faktu, że uciekłem?
"does this happiness come from standing like a child under the sky?"
"Czy to szczęście pochodzi z tego, że stoisz jak dziecko pod niebem?"
"Oh how good is it to have fled"
"Och, jak dobrze, że uciekłeś"
"it is great to have become free!"
"Wspaniale jest stać się wolnym!"
"How clean and beautiful the air here is"
"Jakże czyste i piękne jest tu powietrze"
"the air is good to breath"
"Powietrze jest dobre do oddychania"
"where I ran away from everything smelled of ointments"
"gdzie uciekałam od wszystkiego, co pachniało maściami"
"spices, wine, excess, sloth"
"Korzendy, wino, nadmiar, lenistwo"
"How I hated this world of the rich"
"Jakże nienawidziłem tego świata bogaczy"
"I hated those who revel in fine food and the gamblers!"
"Nienawidziłem tych, którzy rozkoszują się wyśmienitym jedzeniem i hazardzistów!"
"I hated myself for staying in this terrible world for so long!
"Nienawidziłam siebie za to, że tak długo tkwiłam w tym

okropnym świecie!

"I have deprived, poisoned, and tortured myself"
"Pozbawiłem się, otrułem i torturowałem"
"I have made myself old and evil!"
"Zestarzałem się i zepsułem!"
"No, I will never again do the things I liked doing so much"
"Nie, już nigdy nie zrobię tego, co tak bardzo lubiłem"
"I won't delude myself into thinking that Siddhartha was wise!"
— Nie będę się łudził, że Siddhartha był mądry!
"But this one thing I have done well"
"Ale tę jedną rzecz zrobiłem dobrze"
"this I like, this I must praise"
"to mi się podoba, to muszę pochwalić"
"I like that there is now an end to that hatred against myself"
"Podoba mi się, że teraz skończyła się ta nienawiść do mnie"
"there is an end to that foolish and dreary life!"
"To głupie i ponure życie ma swój kres!"
"I praise you, Siddhartha, after so many years of foolishness"
"Wysławiam cię, Siddhartho, po tylu latach głupoty"
"you have once again had an idea"
"Po raz kolejny wpadłeś na pomysł"
"you have heard the bird in your chest singing"
"Słyszałeś śpiew ptaka w swojej piersi"
"and you followed the song of the bird!"
"A ty poszedłeś za śpiewem ptaka!"
with these thoughts he praised himself
Tymi myślami wychwalał samego siebie
he had found joy in himself again
Odnalazł w sobie radość
he listened curiously to his stomach rumbling with hunger
Z zaciekawieniem słuchał, jak burczy mu w brzuchu głód
he had tasted and spat out a piece of suffering and misery
Skosztował i wypluł kawałek cierpienia i nędzy
in these recent times and days, this is how he felt
W tych ostatnich czasach i dniach tak właśnie się czuł
he had devoured it up to the point of desperation and death

Pochłonął ją aż do rozpaczy i śmierci
how everything had happened was good
To, jak wszystko się wydarzyło, było dobre
he could have stayed with Kamaswami for much longer
mógł zostać z Kamaswami znacznie dłużej
he could have made more money, and then wasted it
Mógł zarobić więcej pieniędzy, a potem je zmarnować
he could have filled his stomach and let his soul die of thirst
Mógł napełnić swój żołądek i pozwolić, by jego dusza umarła z pragnienia
he could have lived in this soft upholstered hell much longer
Mógł żyć w tym miękkim, tapicerowanym piekle znacznie dłużej
if this had not happened, he would have continued this life
Gdyby tak się nie stało, kontynuowałby to życie
the moment of complete hopelessness and despair
Chwila kompletnej beznadziei i rozpaczy
the most extreme moment when he hung over the rushing waters
najbardziej ekstremalny moment, kiedy zawisł nad rwącymi wodami
the moment he was ready to destroy himself
Moment, w którym był gotów się zniszczyć
the moment he had felt this despair and deep disgust
w chwili, gdy poczuł tę rozpacz i głębokie obrzydzenie
he had not succumbed to it
Nie uległ jej
the bird was still alive after all
Ptak przecież wciąż żył
this was why he felt joy and laughed
Dlatego czuł radość i śmiał się
this was why his face was smiling brightly under his hair
To dlatego jego twarz uśmiechała się promiennie pod włosami
his hair which had now turned gray
jego włosy, które teraz posiwiały
"It is good," he thought, "to get a taste of everything for

oneself"
"Dobrze jest – pomyślał – samemu zasmakować wszystkiego"
"everything which one needs to know"
"Wszystko, co trzeba wiedzieć"
"lust for the world and riches do not belong to the good things"
"Pożądliwość świata i bogactwa nie należą do tego, co dobre"
"I have already learned this as a child"
"Nauczyłem się tego już jako dziecko"
"I have known it for a long time"
"Znam to od dawna"
"but I hadn't experienced it until now"
"ale nie doświadczyłem tego aż do teraz"
"And now that I I've experienced it I know it"
"A teraz, kiedy tego doświadczyłem, wiem to"
"I don't just know it in my memory, but in my eyes, heart, and stomach"
"Nie znam tego tylko w pamięci, ale także w moich oczach, sercu i żołądku"
"it is good for me to know this!"
"Dobrze, że o tym wiem!"

For a long time, he pondered his transformation
Długo zastanawiał się nad swoją przemianą
he listened to the bird, as it sang for joy
Słuchał ptaka, który śpiewał z radości
Had this bird not died in him?
Czyż ten ptak w nim nie umarł?
had he not felt this bird's death?
Czyż nie czuł śmierci tego ptaka?
No, something else from within him had died
Nie, coś innego z jego wnętrza umarło
something which yearned to die had died
coś, co pragnęło umrzeć, umarło
Was it not this that he used to intend to kill?
Czyż nie to właśnie zamierzał zabić?
Was it not his his small, frightened, and proud self that had

died?
Czyż to nie jego małe, przestraszone i dumne "ja" umarło?
he had wrestled with his self for so many years
Przez tyle lat zmagał się ze sobą
the self which had defeated him again and again
Jaźń, która pokonała go raz za razem
the self which was back again after every killing
Jaźń, która powracała po każdym zabójstwie
the self which prohibited joy and felt fear?
Jaźń, która nie pozwalała na radość i odczuwała strach?
Was it not this self which today had finally come to its death?
Czyż nie była to jaźń, która dzisiaj w końcu doszła do śmierci?
here in the forest, by this lovely river
Tu w lesie, nad tą śliczną rzeką
Was it not due to this death, that he was now like a child?
Czyż nie z powodu tej śmierci był teraz jak dziecko?
so full of trust and joy, without fear
tak pełen ufności i radości, bez lęku
Now Siddhartha also got some idea of why he had fought this self in vain
Teraz Siddhartha zrozumiał też, dlaczego na próżno walczył z tym samym sobą
he knew why he couldn't fight his self as a Brahman
wiedział, dlaczego nie może walczyć ze sobą jako braminem
Too much knowledge had held him back
Zbyt duża wiedza powstrzymywała go
too many holy verses, sacrificial rules, and self-castigation
Zbyt wiele świętych wersetów, zasad ofiarniczych i samokrytykowania
all these things held him back
Wszystkie te rzeczy go powstrzymywały
so much doing and striving for that goal!
Tyle robienia i dążenia do tego celu!
he had been full of arrogance
Był pełen arogancji
he was always the smartest

Zawsze był najmądrzejszy
he was always working the most
Zawsze pracował najwięcej
he had always been one step ahead of all others
Zawsze był o krok przed wszystkimi innymi
he was always the knowing and spiritual one
On zawsze był tym mądrym i duchowym
he was always considered the priest or wise one
Zawsze uważano go za kapłana lub mędrca
his self had retreated into being a priest, arrogance, and spirituality
Jego jaźń wycofała się do bycia kapłanem, arogancji i duchowości
there it sat firmly and grew all this time
Tam siedział mocno i rósł przez cały ten czas
and he had thought he could kill it by fasting
i myślał, że może go zabić, poszcząc
Now he saw his life as it had become
Teraz widział swoje życie takim, jakim się stało
he saw that the secret voice had been right
Zrozumiał, że tajemny głos miał rację
no teacher would ever have been able to bring about his salvation
Żaden nauczyciel nigdy nie byłby w stanie doprowadzić do jego zbawienia
Therefore, he had to go out into the world
Dlatego musiał wyruszyć w świat
he had to lose himself to lust and power
Musiał zatracić się w żądzy i władzy
he had to lose himself to women and money
Musiał zatracić się dla kobiet i pieniędzy
he had to become a merchant, a dice-gambler, a drinker
Musiał zostać kupcem, hazardzistą w kości, pijakiem
and he had to become a greedy person
i musiał stać się chciwym człowiekiem
he had to do this until the priest and Samana in him was dead

Musiał to robić, dopóki kapłan i Samana w nim nie zginęli
Therefore, he had to continue bearing these ugly years
Dlatego musiał dalej znosić te paskudne lata
he had to bear the disgust and the teachings
Musiał znieść wstręt i nauki
he had to bear the pointlessness of a dreary and wasted life
Musiał znosić bezsens ponurego i zmarnowanego życia
he had to conclude it up to its bitter end
Musiał ją dokończyć aż do gorzkiego końca
he had to do this until Siddhartha the lustful could also die
musiał to robić, dopóki Siddhartha pożądliwy nie mógł umrzeć
He had died and a new Siddhartha had woken up from the sleep
Umarł, a nowy Siddhartha obudził się ze snu
this new Siddhartha would also grow old
ten nowy Siddhartha również się zestarzeje
he would also have to die eventually
On też musiałby w końcu umrzeć
Siddhartha was still mortal, as is every physical form
Siddhartha wciąż był śmiertelny, jak każda fizyczna forma
But today he was young and a child and full of joy
Ale dziś był młody, był dzieckiem i był pełen radości
He thought these thoughts to himself
Pomyślał sobie o tych myślach
he listened with a smile to his stomach
Słuchał z uśmiechem na brzuchu
he listened gratefully to a buzzing bee
Z wdzięcznością słuchał brzęczącej pszczoły
Cheerfully, he looked into the rushing river
Wesoło spojrzał w rwącą rzekę
he had never before liked a water as much as this one
Nigdy przedtem nie lubił wody tak bardzo jak tej
he had never before perceived the voice so stronger
Nigdy przedtem nie słyszał tak silnego głosu
he had never understood the parable of the moving water so strongly

Nigdy nie rozumiał tak dobrze przypowieści o poruszającej się wodzie

he had never before noticed how beautifully the river moved

Nigdy przedtem nie zauważył, jak pięknie porusza się rzeka

It seemed to him, as if the river had something special to tell him

Zdawało mu się, że rzeka ma mu coś szczególnego do powiedzenia

something he did not know yet, which was still awaiting him

coś, czego jeszcze nie wiedział, co jeszcze na niego czekało

In this river, Siddhartha had intended to drown himself

W tej rzece Siddhartha zamierzał się utopić

in this river the old, tired, desperate Siddhartha had drowned today

w tej rzece utonął dziś stary, zmęczony, zdesperowany Siddhartha

But the new Siddhartha felt a deep love for this rushing water

Ale nowy Siddhartha poczuł głęboką miłość do tej rwącej wody

and he decided for himself, not to leave it very soon

i postanowił sam nie opuszczać go prędko

The Ferryman
Przewoźnik

"By this river I want to stay," thought Siddhartha
"Nad tą rzeką chcę zostać" – pomyślał Siddhartha
"it is the same river which I have crossed a long time ago"
"To ta sama rzeka, którą dawno temu przekroczyłem"
"I was on my way to the childlike people"
"Byłem w drodze do dziecięcych ludzi"
"a friendly ferryman had guided me across the river"
"Przyjazny przewoźnik przeprowadził mnie przez rzekę"
"he is the one I want to go to"
"On jest tym, do którego chcę pójść"
"starting out from his hut, my path led me to a new life"
"Wychodząc z jego chaty, moja ścieżka zaprowadziła mnie do nowego życia"
"a path which had grown old and is now dead"
"Ścieżka, która się zestarzała, a teraz jest martwa"
"my present path shall also take its start there!"
"Moja obecna ścieżka również tam się rozpocznie!"
Tenderly, he looked into the rushing water
Z czułością spojrzał w rwącą wodę
he looked into the transparent green lines the water drew
Spojrzał w przezroczyste zielone linie, które rysowała woda
the crystal lines of water were rich in secrets
Krystaliczne linie wody były bogate w tajemnice
he saw bright pearls rising from the deep
Zobaczył jasne perły wynurzające się z głębin
quiet bubbles of air floating on the reflecting surface
ciche bąbelki powietrza unoszące się na powierzchni odbijającej
the blue of the sky depicted in the bubbles
Błękit nieba przedstawiony w bąbelkach
the river looked at him with a thousand eyes
Rzeka patrzyła na niego tysiącem oczu
the river had green eyes and white eyes
Rzeka miała zielone oczy i białe oczy

the river had crystal eyes and sky-blue eyes
Rzeka miała kryształowe oczy i błękitne oczy
he loved this water very much, it delighted him
Bardzo kochał tę wodę, zachwycała go
he was grateful to the water
Był wdzięczny wodzie
In his heart he heard the voice talking
W swoim sercu usłyszał głos mówiący
"Love this water! Stay near it!"
"Kocham tę wodę! Trzymaj się blisko niego!"
"Learn from the water!" hiw voice commanded him
"Ucz się z wody!" – rozkazał mu głos
Oh yes, he wanted to learn from it
O tak, chciał się z tego uczyć
he wanted to listen to the water
Chciał wsłuchać się w szum wody
He who would understand this water's secrets
Ten, który chciałby zrozumieć tajemnice tej wody
he would also understand many other things
Rozumiał też wiele innych rzeczy
this is how it seemed to him
Tak mu się wydawało
But out of all secrets of the river, today he only saw one
Ale ze wszystkich tajemnic rzeki dziś widział tylko jedną
this secret touched his soul
Ta tajemnica poruszyła jego duszę
this water ran and ran, incessantly
Ta woda płynęła i płynęła, nieustannie
the water ran, but nevertheless it was always there
Woda płynęła, ale mimo to zawsze tam była
the water always, at all times, was the same
Woda zawsze, przez cały czas, była taka sama
and at the same time it was new in every moment
A jednocześnie była nowa w każdej chwili
he who could grasp this would be great
Ten, kto mógłby to pojąć, byłby wielki
but he didn't understand or grasp it

ale on tego nie rozumiał i nie pojmował
he only felt some idea of it stirring
Czuł tylko, że coś się porusza
it was like a distant memory, a divine voices
To było jak odległe wspomnienie, boskie głosy

Siddhartha rose as the workings of hunger in his body became unbearable
Siddhartha wstał, gdy głód w jego ciele stał się nie do zniesienia
In a daze he walked further away from the city
Oszołomiony oddalił się od miasta
he walked up the river along the path by the bank
Szedł w górę rzeki ścieżką przy brzegu
he listened to the current of the water
Wsłuchiwał się w nurt wody
he listened to the rumbling hunger in his body
Wsłuchiwał się w dudniący głód w swoim ciele
When he reached the ferry, the boat was just arriving
Kiedy dotarł do promu, łódź właśnie przypływała
the same ferryman who had once transported the young Samana across the river
ten sam przewoźnik, który kiedyś przewiózł młodą Samanę przez rzekę
he stood in the boat and Siddhartha recognised him
Stał w łodzi i Siddhartha go rozpoznał
he had also aged very much
Bardzo się też postarzał
the ferryman was astonished to see such an elegant man walking on foot
Przewoźnik był zdumiony, widząc tak eleganckiego mężczyznę idącego pieszo
"Would you like to ferry me over?" he asked
"Czy zechciałabyś mnie przewieźć?" zapytał
he took him into his boat and pushed it off the bank
Wziął go do swojej łodzi i zepchnął z brzegu
"It's a beautiful life you have chosen for yourself" the

passenger spoke
"To piękne życie, które wybrałeś dla siebie" – odezwał się pasażer
"It must be beautiful to live by this water every day"
"To musi być piękne żyć nad tą wodą każdego dnia"
"and it must be beautiful to cruise on it on the river"
"I musi być pięknie pływać po rzece"
With a smile, the man at the oar moved from side to side
Mężczyzna przy wiosle z uśmiechem przestępował z boku na bok
"It is as beautiful as you say, sir"
— Jest tak pięknie, jak pan mówi, panie.
"But isn't every life and all work beautiful?"
"Ale czyż każde życie i każda praca nie są piękne?"
"This may be true" replied Siddhartha
— To może być prawda — odparł Siddhartha
"But I envy you for your life"
"Ale zazdroszczę ci życia"
"Ah, you would soon stop enjoying it"
"Ach, wkrótce przestałbyś się tym cieszyć"
"This is no work for people wearing fine clothes"
"To nie jest praca dla ludzi noszących eleganckie ubrania"
Siddhartha laughed at the observation
Siddhartha roześmiał się, słysząc to spostrzeżenie
"Once before, I have been looked upon today because of my clothes"
"Kiedyś patrzono na mnie dzisiaj z powodu mojego ubrania"
"I have been looked upon with distrust"
"Patrzono na mnie nieufnie"
"they are a nuisance to me"
"Są dla mnie utrapieniem"
"Wouldn't you, ferryman, like to accept these clothes"
— Czy ty, przewoźniku, nie chciałbyś przyjąć tych ubrań?
"because you must know, I have no money to pay your fare"
"Bo musisz wiedzieć, że nie mam pieniędzy, żeby zapłacić ci za przejazd"
"You're joking, sir," the ferryman laughed

— Żartujesz, sir — zaśmiał się przewoźnik
"I'm not joking, friend"
"Nie żartuję, przyjacielu"
"once before you have ferried me across this water in your boat"
"Już raz przewiozłeś mnie przez tę wodę w swojej łodzi"
"you did it for the immaterial reward of a good deed"
"Zrobiłeś to dla niematerialnej nagrody dobrego uczynku"
"ferry me across the river and accept my clothes for it"
"Przewieźcie mnie przez rzekę i przyjmijcie moje ubranie"
"And do you, sir, intent to continue travelling without clothes?"
— A czy pan, panie, zamierza dalej podróżować bez ubrania?
"Ah, most of all I wouldn't want to continue travelling at all"
"Ach, przede wszystkim nie chciałabym w ogóle dalej podróżować"
"I would rather you gave me an old loincloth"
"Wolałbym, żebyś dał mi starą przepaskę na biodrach"
"I would like it if you kept me with you as your assistant"
"Chciałbym, żebyś zatrzymał mnie przy sobie jako swojego asystenta"
"or rather, I would like if you accepted me as your trainee"
"A raczej chciałbym, żebyś przyjął mnie jako swojego stażystę"
"because first I'll have to learn how to handle the boat"
"bo najpierw muszę się nauczyć, jak obsługiwać łódź"
For a long time, the ferryman looked at the stranger
Przewoźnik długo patrzył na nieznajomego
he was searching in his memory for this strange man
Szukał w pamięci tego dziwnego człowieka
"Now I recognise you," he finally said
— Teraz cię poznaję – powiedział w końcu
"At one time, you've slept in my hut"
"Kiedyś spałeś w mojej chacie"
"this was a long time ago, possibly more than twenty years"
"To było dawno temu, być może ponad dwadzieścia lat"
"and you've been ferried across the river by me"
"I przeprawiłem cię przeprawą przeprawę przeprawieniem się

przeze mnie"
"that day we parted like good friends"
"Tego dnia rozstaliśmy się jak dobrzy przyjaciele"
"Haven't you been a Samana?"
– Nie byłeś Samaną?
"I can't think of your name any more"
"Nie mogę już wymyślić twojego imienia"
"My name is Siddhartha, and I was a Samana"
"Nazywam się Siddhartha i byłem Samaną"
"I had still been a Samana when you last saw me"
"Wciąż byłem Samanem, kiedy widziałeś mnie po raz ostatni"
"So be welcome, Siddhartha. My name is Vasudeva"
— Nie ma za co, Siddhartho. Nazywam się Vasudeva"
"You will, so I hope, be my guest today as well"
"Mam nadzieję, że i dzisiaj będziesz moim gościem"
"and you may sleep in my hut"
"A ty możesz spać w mojej chacie"
"and you may tell me, where you're coming from"
"A ty mi powiesz, skąd pochodzisz"
"and you may tell me why these beautiful clothes are such a nuisance to you"
"I możesz mi powiedzieć, dlaczego te piękne ubrania są dla ciebie takim utrapieniem"
They had reached the middle of the river
Dotarli do środka rzeki
Vasudeva pushed the oar with more strength
Vasudeva pchnął wiosło z większą siłą
in order to overcome the current
w celu przezwyciężenia obecnego
He worked calmly, with brawny arms
Pracował spokojnie, z mocnymi ramionami
his eyes were fixed in on the front of the boat
Jego wzrok utkwiony był w przedniej części łodzi
Siddhartha sat and watched him
Siddhartha siedział i obserwował go
he remembered his time as a Samana
Przypomniał sobie czasy, gdy był Samaną

he remembered how love for this man had stirred in his heart
Przypomniał sobie, jak miłość do tego człowieka obudziła się w jego sercu
Gratefully, he accepted Vasudeva's invitation
Z wdzięcznością przyjął zaproszenie Vasudevy
When they had reached the bank, he helped him to tie the boat to the stakes
Kiedy dotarli do brzegu, pomógł mu przywiązać łódź do pali
after this, the ferryman asked him to enter the hut
Potem przewoźnik poprosił go, aby wszedł do chaty
he offered him bread and water, and Siddhartha ate with eager pleasure
Ofiarował mu chleb i wodę, a Siddhartha jadł z wielką przyjemnością
and he also ate with eager pleasure of the mango fruits Vasudeva offered him
Z wielką przyjemnością jadł też owoce mango, które ofiarował mu Vasudeva

Afterwards, it was almost the time of the sunset
Potem była już prawie pora zachodu słońca
they sat on a log by the bank
Usiedli na kłodzie przy banku
Siddhartha told the ferryman about where he originally came from
Siddhartha opowiedział przewoźnikowi o tym, skąd pochodzi
he told him about his life as he had seen it today
Opowiedział mu o swoim życiu takim, jakim widział je dzisiaj
the way he had seen it in that hour of despair
tak, jak widział to w tej godzinie rozpaczy
the tale of his life lasted late into the night
Opowieść o jego życiu ciągnęła się do późnych godzin nocnych
Vasudeva listened with great attention
Vasudeva słuchał z wielką uwagą
Listening carefully, he let everything enter his mind

Słuchając uważnie, pozwolił, by wszystko przyszło mu do głowy
birthplace and childhood, all that learning
miejsce urodzenia i dzieciństwo, cała ta nauka
all that searching, all joy, all distress
Całe to szukanie, wszelka radość, wszelki niepokój
This was one of the greatest virtues of the ferryman
Była to jedna z największych cnót przewoźnika
like only a few, he knew how to listen
Jak mało kto, umiał słuchać
he did not have to speak a word
Nie musiał mówić ani słowa
but the speaker sensed how Vasudeva let his words enter his mind
ale mówca wyczuł, jak Vasudeva pozwolił, by jego słowa weszły do jego umysłu
his mind was quiet, open, and waiting
Jego umysł był cichy, otwarty i wyczekiwał
he did not lose a single word
Nie stracił ani jednego słowa
he did not await a single word with impatience
Z niecierpliwością nie czekał na ani jedno słowo
he did not add his praise or rebuke
Nie dodał ani pochwały, ani nagany
he was just listening, and nothing else
On tylko słuchał i nic więcej
Siddhartha felt what a happy fortune it is to confess to such a listener
Siddhartha poczuł, jak szczęśliwym szczęściem jest wyznać to takiemu słuchaczowi
he felt fortunate to bury in his heart his own life
Czuł się szczęśliwy, mogąc pogrzebać w swoim sercu własne życie
he buried his own search and suffering
Pogrzebał własne poszukiwania i cierpienie
he told the tale of Siddhartha's life
opowiedział historię życia Siddharthy

when he spoke of the tree by the river
gdy mówił o drzewie nad rzeką
when he spoke of his deep fall
kiedy mówił o swoim głębokim upadku
when he spoke of the holy Om
kiedy mówił o świętym Om
when he spoke of how he had felt such a love for the river
kiedy mówił o tym, jak bardzo kochał rzekę
the ferryman listened to these things with twice as much attention
Przewoźnik słuchał tych rzeczy ze zdwojoną uwagą
he was entirely and completely absorbed by it
Był przez nią całkowicie i całkowicie pochłonięty
he was listening with his eyes closed
Słuchał z zamkniętymi oczami
when Siddhartha fell silent a long silence occurred
Gdy Siddhartha zamilkł, zapadła długa cisza
then Vasudeva spoke "It is as I thought"
Wtedy Vasudeva przemówił: "Jest tak, jak myślałem"
"The river has spoken to you"
"Rzeka przemówiła do ciebie"
"the river is your friend as well"
"Rzeka jest również twoim przyjacielem"
"the river speaks to you as well"
"Rzeka przemawia również do ciebie"
"That is good, that is very good"
"To dobrze, to jest bardzo dobre"
"Stay with me, Siddhartha, my friend"
"Zostań ze mną, Siddhartho, mój przyjacielu"
"I used to have a wife"
"Kiedyś miałem żonę"
"her bed was next to mine"
"Jej łóżko było obok mojego"
"but she has died a long time ago"
"Ale ona umarła dawno temu"
"for a long time, I have lived alone"
"Przez długi czas mieszkałem sam"

"Now, you shall live with me"
"Teraz będziesz mieszkał ze mną"
"there is enough space and food for both of us"
"Jest wystarczająco dużo miejsca i jedzenia dla nas obojga"
"I thank you," said Siddhartha
— Dziękuję — rzekł Siddhartha
"I thank you and accept"
"Dziękuję i przyjmuję"
"And I also thank you for this, Vasudeva"
"I ja również dziękuję ci za to, Vasudeva"
"I thank you for listening to me so well"
"Dziękuję, że tak dobrze mnie wysłuchałeś"
"people who know how to listen are rare"
"Ludzie, którzy umieją słuchać, są rzadkością"
"I have not met a single person who knew it as well as you do"
"Nie spotkałem ani jednej osoby, która znałaby się na tym tak dobrze jak ty"
"I will also learn in this respect from you"
"Ja też będę się uczył w tym zakresie od ciebie"
"You will learn it," spoke Vasudeva
"Nauczysz się tego" – powiedział Vasudeva
"but you will not learn it from me"
"Ale nie nauczysz się tego ode mnie"
"The river has taught me to listen"
"Rzeka nauczyła mnie słuchać"
"you will learn to listen from the river as well"
"Nauczysz się też słuchać z rzeki"
"It knows everything, the river"
"Rzeka wie wszystko"
"everything can be learned from the river"
"Z rzeki można się wszystkiego nauczyć"
"See, you've already learned this from the water too"
"Widzisz, ty też nauczyłeś się tego z wody"
"you have learned that it is good to strive downwards"
"Nauczyłeś się, że dobrze jest dążyć w dół"
"you have learned to sink and to seek depth"

"Nauczyłeś się tonąć i szukać głębi"
"The rich and elegant Siddhartha is becoming an oarsman's servant"
"Bogaty i elegancki Siddhartha zostaje sługą wioślarza"
"the learned Brahman Siddhartha becomes a ferryman"
"uczony bramin Siddhartha zostaje przewoźnikiem"
"this has also been told to you by the river"
"To też ci powiedziano nad rzeką"
"You'll learn the other thing from it as well"
"Nauczysz się z tego także innych rzeczy"
Siddhartha spoke after a long pause
Siddhartha odezwał się po długiej pauzie
"What other things will I learn, Vasudeva?"
"Jakich jeszcze rzeczy się nauczę, Vasudevo?"
Vasudeva rose. "It is late," he said
Vasudeva wstał. — Jest późno — powiedział
and Vasudeva proposed going to sleep
a Vasudeva zaproponował, żeby iść spać
"I can't tell you that other thing, oh friend"
"Nie mogę ci powiedzieć tej innej rzeczy, o przyjacielu"
"You'll learn the other thing, or perhaps you know it already"
"Nauczysz się czegoś innego, a może już to wiesz"
"See, I'm no learned man"
"Widzisz, nie jestem uczony"
"I have no special skill in speaking"
"Nie mam specjalnych umiejętności mówienia"
"I also have no special skill in thinking"
"Nie mam też specjalnych umiejętności myślenia"
"All I'm able to do is to listen and to be godly"
"Wszystko, co mogę zrobić, to słuchać i być pobożnym"
"I have learned nothing else"
"Niczego więcej się nie nauczyłem"
"If I was able to say and teach it, I might be a wise man"
"Gdybym mógł to powiedzieć i nauczać, mógłbym być mądrym człowiekiem"
"but like this I am only a ferryman"

"Ale ja jestem tylko przewoźnikiem"
"and it is my task to ferry people across the river"
"A moim zadaniem jest przewożenie ludzi przez rzekę"
"I have transported many thousands of people"
"Przewiozłem wiele tysięcy ludzi"
"and to all of them, my river has been nothing but an obstacle"
"A dla nich wszystkich moja rzeka była tylko przeszkodą"
"it was something that got in the way of their travels"
"To było coś, co przeszkadzało im w podróżach"
"they travelled to seek money and business"
"Podróżowali w poszukiwaniu pieniędzy i interesów"
"they travelled for weddings and pilgrimages"
"Podróżowali na wesela i pielgrzymki"
"and the river was obstructing their path"
"A rzeka zagradzała im drogę"
"the ferryman's job was to get them quickly across that obstacle"
"Zadaniem przewoźnika było szybkie przewiezienie ich przez tę przeszkodę"
"But for some among thousands, a few, the river has stopped being an obstacle"
"Ale dla niektórych spośród tysięcy, dla nielicznych, rzeka przestała być przeszkodą"
"they have heard its voice and they have listened to it"
"Usłyszeli jego głos i usłyszeli go"
"and the river has become sacred to them"
"A rzeka stała się dla nich święta"
"it become sacred to them as it has become sacred to me"
"Stało się to dla nich święte, tak jak stało się święte dla mnie"
"for now, let us rest, Siddhartha"
"Na razie odpocznijmy, Siddhartho"

Siddhartha stayed with the ferryman and learned to operate the boat
Siddhartha pozostał u przewoźnika i nauczył się obsługiwać łódź

when there was nothing to do at the ferry, he worked with Vasudeva in the rice-field
kiedy nie było nic do roboty na promie, pracował z Vasudevą na polu ryżowym
he gathered wood and plucked the fruit off the banana-trees
Zbierał drewno i zrywał owoce z bananowców
He learned to build an oar and how to mend the boat
Nauczył się budować wiosło i naprawiać łódź
he learned how to weave baskets and repaid the hut
Nauczył się wyplatać kosze i odwdzięczył się chacie
and he was joyful because of everything he learned
i cieszył się ze wszystkiego, czego się nauczył
the days and months passed quickly
Dni i miesiące mijały szybko
But more than Vasudeva could teach him, he was taught by the river
Ale więcej niż Vasudeva mógł go nauczyć, nauczył go rzeka
Incessantly, he learned from the river
Nieustannie uczył się od rzeki
Most of all, he learned to listen
Przede wszystkim nauczył się słuchać
he learned to pay close attention with a quiet heart
Nauczył się zwracać baczną uwagę ze spokojnym sercem
he learned to keep a waiting, open soul
Nauczył się mieć wyczekującą, otwartą duszę
he learned to listen without passion
Nauczył się słuchać bez pasji
he learned to listen without a wish
Nauczył się słuchać bez życzenia
he learned to listen without judgement
Nauczył się słuchać bez osądzania
he learned to listen without an opinion
Nauczył się słuchać bez zdania

In a friendly manner, he lived side by side with Vasudeva
W przyjacielski sposób żył obok Vasudevy
occasionally they exchanged some words

Od czasu do czasu zamienili kilka słów
then, at length, they thought about the words
Potem w końcu zastanowili się nad słowami
Vasudeva was no friend of words
Vasudeva nie był przyjacielem słów
Siddhartha rarely succeeded in persuading him to speak
Siddharcie rzadko udawało się przekonać go do mówienia
"did you too learn that secret from the river?"
— Czy ty też dowiedziałeś się o tej tajemnicy z rzeki?
"the secret that there is no time?"
— Tajemnica, że nie ma czasu?
Vasudeva's face was filled with a bright smile
Na twarzy Vasudevy pojawił się promienny uśmiech
"Yes, Siddhartha," he spoke
— Tak, Siddhartho — odezwał się
"I learned that the river is everywhere at once"
"Nauczyłem się, że rzeka jest wszędzie naraz"
"it is at the source and at the mouth of the river"
"Jest u źródła i u ujścia rzeki"
"it is at the waterfall and at the ferry"
"Jest przy wodospadzie i na promie"
"it is at the rapids and in the sea"
"Jest przy bystrzach i w morzu"
"it is in the mountains and everywhere at once"
"Jest w górach i wszędzie naraz"
"and I learned that there is only the present time for the river"
"i dowiedziałem się, że jest tylko czas na rzekę"
"it does not have the shadow of the past"
"Nie ma w nim cienia przeszłości"
"and it does not have the shadow of the future"
"I nie ma cienia przyszłości"
"is this what you mean?" he asked
"Czy o to ci chodzi?" – zapytał
"This is what I meant," said Siddhartha
— Właśnie o to mi chodziło — rzekł Siddhartha
"And when I had learned it, I looked at my life"

"A kiedy się tego nauczyłem, spojrzałem na swoje życie"
"and my life was also a river"
"A moje życie też było rzeką"
"the boy Siddhartha was only separated from the man Siddhartha by a shadow"
"Chłopiec Siddhartha był oddzielony od mężczyzny Siddharthy tylko cieniem"
"and a shadow separated the man Siddhartha from the old man Siddhartha"
"I cień oddzielił człowieka Siddharthę od starca Siddharthy"
"things are separated by a shadow, not by something real"
"rzeczy oddziela cień, a nie coś rzeczywistego"
"Also, Siddhartha's previous births were not in the past"
"Również poprzednie narodziny Siddharthy nie należały do przeszłości"
"and his death and his return to Brahma is not in the future"
"A jego śmierć i powrót do Brahmy nie nastąpi w przyszłości"
"nothing was, nothing will be, but everything is"
"Nic nie było, nic nie będzie, ale wszystko jest"
"everything has existence and is present"
"Wszystko istnieje i jest obecne"
Siddhartha spoke with ecstasy
Siddhartha mówił w ekstazie
this enlightenment had delighted him deeply
To oświecenie bardzo go zachwyciło
"was not all suffering time?"
"Czyż nie było czasu na cierpienie?"
"were not all forms of tormenting oneself a form of time?"
"Czyż wszelkie formy dręczenia się nie były formą czasu?"
"was not everything hard and hostile because of time?"
"Czyż wszystko nie było trudne i wrogie z powodu czasu?"
"is not everything evil overcome when one overcomes time?"
"Czyż wszystko, co złe, nie zwycięża, gdy pokonuje się czas?"
"as soon as time leaves the mind, does suffering leave too?"
"Czy gdy tylko czas opuszcza umysł, odchodzi również cierpienie?"
Siddhartha had spoken in ecstatic delight

Siddhartha mówił z ekstatycznym zachwytem
but Vasudeva smiled at him brightly and nodded in confirmation
ale Vasudeva uśmiechnął się do niego promiennie i skinął głową na znak potwierdzenia
silently he nodded and brushed his hand over Siddhartha's shoulder
W milczeniu skinął głową i musnął dłonią ramię Siddharthy
and then he turned back to his work
A potem wrócił do swojej pracy

And Siddhartha asked Vasudeva again another time
Siddhartha zapytał Vasudevę jeszcze raz
the river had just increased its flow in the rainy season
Rzeka właśnie zwiększyła swój przepływ w porze deszczowej
and it made a powerful noise
i zrobił potężny hałas
"Isn't it so, oh friend, the river has many voices?"
— Czyż nie tak, przyjacielu, rzeka ma wiele głosów?
"Hasn't it the voice of a king and of a warrior?"
— Czyż nie jest to głos króla i wojownika?
"Hasn't it the voice of of a bull and of a bird of the night?"
— Czyż nie jest to głos byka i nocnego ptaka?
"Hasn't it the voice of a woman giving birth and of a sighing man?"
— Czy to nie głos rodzącej kobiety i wzdychającego mężczyzny?
"and does it not also have a thousand other voices?"
— A czyż nie ma też tysiąca innych głosów?
"it is as you say it is," **Vasudeva nodded**
— Jest tak, jak mówisz — skinął głową Vasudeva
"all voices of the creatures are in its voice"
"Wszystkie głosy stworzeń są w jego głosie"
"And do you know..." **Siddhartha continued**
— A czy wiesz, że... Siddhartha kontynuował
"what word does it speak when you succeed in hearing all of voices at once?"

"Jakie słowo mówi, gdy udaje ci się usłyszeć wszystkie głosy naraz?"
Happily, Vasudeva's face was smiling
Na szczęście twarz Vasudevy się uśmiechała
he bent over to Siddhartha and spoke the holy Om into his ear
pochylił się nad Siddharthą i wypowiedział mu do ucha święte Om
And this had been the very thing which Siddhartha had also been hearing
I to właśnie usłyszał Siddhartha

time after time, his smile became more similar to the ferryman's
Raz po raz jego uśmiech stawał się coraz bardziej podobny do uśmiechu przewoźnika
his smile became almost just as bright as the ferryman's
Jego uśmiech stał się niemal tak samo promienny jak uśmiech przewoźnika
it was almost just as thoroughly glowing with bliss
Był prawie tak samo dokładnie lśniący błogością
shining out of thousand small wrinkles
lśniący z tysiąca drobnych zmarszczek
just like the smile of a child
tak jak uśmiech dziecka
just like the smile of an old man
tak jak uśmiech starca
Many travellers, seeing the two ferrymen, thought they were brothers
Wielu podróżnych, widząc dwóch przewoźników, myślało, że są braćmi
Often, they sat in the evening together by the bank
Często przesiadywali razem wieczorem nad brzegiem
they said nothing and both listened to the water
Nic nie mówili i oboje słuchali wody
the water, which was not water to them
woda, która nie była dla nich wodą

it wasn't water, but the voice of life
To nie była woda, ale głos życia
the voice of what exists and what is eternally taking shape
głos tego, co istnieje i tego, co wiecznie nabiera kształtu
it happened from time to time that both thought of the same thing
Od czasu do czasu zdarzało się, że obaj myśleli o tym samym
they thought of a conversation from the day before
Przypomniała im się rozmowa z poprzedniego dnia
they thought of one of their travellers
Myśleli o jednym ze swoich podróżników
they thought of death and their childhood
Myśleli o śmierci i dzieciństwie
they heard the river tell them the same thing
Słyszeli, jak rzeka mówi im to samo
both delighted about the same answer to the same question
Obaj byli zachwyceni tą samą odpowiedzią na to samo pytanie
There was something about the two ferrymen which was transmitted to others
Było coś w tych dwóch przewoźnikach, co zostało przekazane innym
it was something which many of the travellers felt
Było to coś, co odczuwało wielu podróżników
travellers would occasionally look at the faces of the ferrymen
Podróżni od czasu do czasu spoglądali na twarze przewoźników
and then they told the story of their life
A potem opowiedzieli historię swojego życia
they confessed all sorts of evil things
Wyznawali różne złe rzeczy
and they asked for comfort and advice
i prosili o pocieszenie i radę
occasionally someone asked for permission to stay for a night
Zdarzało się, że ktoś prosił o pozwolenie na nocleg

they also wanted to listen to the river
Chcieli też wsłuchać się w głos rzeki
It also happened that curious people came
Zdarzało się też, że przychodzili ciekawscy ludzie
they had been told that there were two wise men
Powiedziano im, że było dwóch mędrców
or they had been told there were two sorcerers
albo powiedziano im, że jest dwóch czarowników
The curious people asked many questions
Dociekliwi ludzie zadawali wiele pytań
but they got no answers to their questions
Nie otrzymali jednak odpowiedzi na swoje pytania
they found neither sorcerers nor wise men
Nie znaleźli ani czarowników, ani mędrców
they only found two friendly little old men, who seemed to be mute
Znaleźli tylko dwóch sympatycznych staruszków, którzy wydawali się niemi
they seemed to have become a bit strange in the forest by themselves
Wyglądało na to, że sami stali się trochę dziwni w lesie
And the curious people laughed about what they had heard
A ciekawscy ludzie śmiali się z tego, co słyszeli
they said common people were foolishly spreading empty rumours
Mówili, że zwykli ludzie głupio rozsiewają puste plotki

The years passed by, and nobody counted them
Lata mijały, a nikt ich nie liczył
Then, at one time, monks came by on a pilgrimage
Pewnego razu przybyli tu mnisi z pielgrzymką
they were followers of Gotama, the Buddha
byli wyznawcami Gotamy, Buddy
they asked to be ferried across the river
Poprosili o przewiezienie ich promem przez rzekę
they told them they were in a hurry to get back to their wise teacher

Powiedzieli im, że spieszą się z powrotem do swojego mądrego nauczyciela
news had spread the exalted one was deadly sick
Rozeszła się wieść, że Wywyższony jest śmiertelnie chory
he would soon die his last human death
Wkrótce miał umrzeć swoją ostatnią ludzką śmiercią
in order to become one with the salvation
aby zjednoczyć się ze zbawieniem
It was not long until a new flock of monks came
Nie minęło wiele czasu, gdy przybyło nowe stado mnichów
they were also on their pilgrimage
Oni też byli na pielgrzymce
most of the travellers spoke of nothing other than Gotama
większość podróżników nie mówiła o niczym innym, jak tylko o Gotamie
his impending death was all they thought about
Myśleli tylko o jego zbliżającej się śmierci
if there had been war, just as many would travel
Gdyby wybuchła wojna, tylu podróżowałoby
just as many would come to the coronation of a king
Tyle samo przychodziło na koronację króla
they gathered like ants in droves
Zbierały się jak mrówki
they flocked, like being drawn onwards by a magic spell
Gromadziły się, jakby ciągnęło ich do przodu magiczne zaklęcie
they went to where the great Buddha was awaiting his death
udali się tam, gdzie wielki Budda czekał na śmierć
the perfected one of an era was to become one with the glory
Udoskonalony w epoce miał stać się jednością z chwałą
Often, Siddhartha thought in those days of the dying wise man
W tamtych czasach Siddhartha często myślał o umierającym mędrcu
the great teacher whose voice had admonished nations
Wielki Nauczyciel, którego głos napominał narody
the one who had awoken hundreds of thousands

Ten, który obudził setki tysięcy
a man whose voice he had also once heard
Człowiek, którego głos też kiedyś słyszał
a teacher whose holy face he had also once seen with respect
nauczyciela, którego święte oblicze również widział kiedyś z szacunkiem
Kindly, he thought of him
Życzliwie o nim pomyślał
he saw his path to perfection before his eyes
Widział przed oczami swoją drogę do doskonałości
and he remembered with a smile those words he had said to him
I z uśmiechem przypomniał sobie słowa, które do niego wypowiedział
when he was a young man and spoke to the exalted one
gdy był młodzieńcem i rozmawiał z Wywyższonym
They had been, so it seemed to him, proud and precious words
Były to, jak mu się wydawało, słowa dumne i cenne
with a smile, he remembered the the words
Z uśmiechem przypomniał sobie te słowa
he knew that there was nothing standing between Gotama and him any more
wiedział, że między nim a Gotamą nie ma już nic
he had known this for a long time already
Wiedział o tym już od dawna
though he was still unable to accept his teachings
choć wciąż nie był w stanie przyjąć jego nauk
there was no teaching a truly searching person
Nie było nauczania osoby prawdziwie poszukującej
someone who truly wanted to find, could accept
ktoś, kto naprawdę chciał znaleźć, mógł zaakceptować
But he who had found the answer could approve of any teaching
Ale ten, kto znalazł odpowiedź, mógł zaaprobować każdą naukę
every path, every goal, they were all the same

Każda ścieżka, każdy cel, wszystkie były takie same
there was nothing standing between him and all the other thousands any more
Nic już nie stało między nim a wszystkimi tysiącami
the thousands who lived in that what is eternal
Tysiące, które żyły w tym, co wieczne
the thousands who breathed what is divine
Tysiące, które oddychały tym, co boskie

On one of these days, Kamala also went to him
Któregoś z takich dni Kamala również poszła do niego
she used to be the most beautiful of the courtesans
Kiedyś była najpiękniejszą z kurtyzan
A long time ago, she had retired from her previous life
Dawno temu przeszła na emeryturę
she had given her garden to the monks of Gotama as a gift
podarowała swój ogród mnichom z Gotamie
she had taken her refuge in the teachings
Przyjęła schronienie w naukach
she was among the friends and benefactors of the pilgrims
Należała do grona przyjaciół i dobroczyńców pielgrzymów
she was together with Siddhartha, the boy
była razem z Siddharthą, chłopcem
Siddhartha the boy was her son
Siddhartha chłopiec był jej synem
she had gone on her way due to the news of the near death of Gotama
wyruszyła w drogę z powodu wiadomości o bliskiej śmierci Gotamy
she was in simple clothes and on foot
Była w prostym ubraniu i szła pieszo
and she was With her little son
i była ze swoim małym synkiem
she was travelling by the river
Płynęła rzeką
but the boy had soon grown tired
Wkrótce jednak chłopiec się zmęczył

he desired to go back home
Pragnął wrócić do domu
he desired to rest and eat
Pragnął odpocząć i zjeść posiłek
he became disobedient and started whining
Stał się nieposłuszny i zaczął marudzić
Kamala often had to take a rest with him
Kamala często musiała z nim odpoczywać
he was accustomed to getting what he wanted
Był przyzwyczajony do tego, że dostawał to, czego chciał
she had to feed him and comfort him
Musiała go nakarmić i pocieszyć
she had to scold him for his behaviour
Musiała go zbesztać za jego zachowanie
He did not comprehend why he had to go on this exhausting pilgrimage
Nie rozumiał, dlaczego musiał udać się na tę wyczerpującą pielgrzymkę
he did not know why he had to go to an unknown place
Nie wiedział, dlaczego musi udać się w nieznane miejsce
he did know why he had to see a holy dying stranger
Wiedział, dlaczego musi widzieć umierającego świętego nieznajomego
"So what if he died?" he complained
"Co z tego, że umarł?" – skarżył się
why should this concern him?
Dlaczego miałoby go to niepokoić?
The pilgrims were getting close to Vasudeva's ferry
Pielgrzymi zbliżali się do promu Vasudevy
little Siddhartha once again forced his mother to rest
Mały Siddhartha po raz kolejny zmusił matkę do odpoczynku
Kamala had also become tired
Kamala też się zmęczyła
while the boy was chewing a banana, she crouched down on the ground
Kiedy chłopiec żuł banana, przykucnęła na ziemi
she closed her eyes a bit and rested

Zamknęła nieco oczy i odpoczęła
But suddenly, she uttered a wailing scream
Ale nagle wydała z siebie zawodzący krzyk
the boy looked at her in fear
Chłopiec spojrzał na nią ze strachem
he saw her face had grown pale from horror
Zobaczył, że jej twarz zbladła z przerażenia
and from under her dress, a small, black snake fled
A spod jej sukni wybiegł mały, czarny wąż
a snake by which Kamala had been bitten
wąż, przez którego ukąsiła Kamala
Hurriedly, they both ran along the path, to reach people
W pośpiechu obaj pobiegli ścieżką, aby dotrzeć do ludzi
they got near to the ferry and Kamala collapsed
zbliżyli się do promu i Kamala upadła
she was not able to go any further
Nie była w stanie iść dalej
the boy started crying miserably
Chłopiec zaczął żałośnie płakać
his cries were only interrupted when he kissed his mother
Jego płacz przerywał dopiero, gdy całował matkę
she also joined his loud screams for help
Ona również przyłączyła się do jego głośnych krzyków o pomoc
she screamed until the sound reached Vasudeva's ears
krzyczała, aż dźwięk dotarł do uszu Vasudevy
Vasudeva quickly came and took the woman on his arms
Vasudeva szybko podszedł i wziął kobietę na ręce
he carried her into the boat and the boy ran along
Zaniósł ją do łodzi, a chłopiec pobiegł razem z nią
soon they reached the hut, where Siddhartha stood by the stove
Wkrótce dotarli do chaty, gdzie Siddhartha stał przy piecu
he was just lighting the fire
On tylko rozpalał ogień
He looked up and first saw the boy's face
Spojrzał w górę i po raz pierwszy zobaczył twarz chłopca

it wondrously reminded him of something
Cudownie mu to coś przypomniało
like a warning to remember something he had forgotten
jak ostrzeżenie, by pamiętać o czymś, o czym zapomniał
Then he saw Kamala, whom he instantly recognised
Wtedy zobaczył Kamalę, którą natychmiast rozpoznał
she lay unconscious in the ferryman's arms
Leżała nieprzytomna w ramionach przewoźnika
now he knew that it was his own son
Teraz wiedział, że to jego własny syn
his son whose face had been such a warning reminder to him
jego syna, którego twarz była dla niego takim ostrzeżeniem
and the heart stirred in his chest
i serce poruszyło mu się w piersi
Kamala's wound was washed, but had already turned black
Rana Kamali była przemyta, ale już zrobiła się czarna
and her body was swollen
a jej ciało było spuchnięte
she was made to drink a healing potion
Została zmuszona do wypicia eliksiru leczniczego
Her consciousness returned and she lay on Siddhartha's bed
Odzyskała przytomność i położyła się na łóżku Siddharthy
Siddhartha stood over Kamala, who he used to love so much
Siddhartha stał nad Kamalą, którą tak bardzo kochał
It seemed like a dream to her
Wydawało jej się, że to sen
with a smile, she looked at her friend's face
Z uśmiechem spojrzała na twarz przyjaciółki
slowly she realized her situation
Powoli zdawała sobie sprawę ze swojej sytuacji
she remembered she had been bitten
Przypomniała sobie, że została ugryziona
and she timidly called for her son
i nieśmiało zawołała syna
"He's with you, don't worry," said Siddhartha
– Jest z tobą, nie martw się – powiedział Siddhartha

Kamala looked into his eyes
Kamala spojrzała mu w oczy
She spoke with a heavy tongue, paralysed by the poison
Mówiła ciężkim językiem, sparaliżowana trucizną
"You've become old, my dear," she said
– Zestarzałaś się, moja droga – powiedziała
"you've become gray," she added
– Stałeś się siwy – dodała
"But you are like the young Samana, who came without clothes"
"Ale ty jesteś jak młoda Samana, która przyszła bez ubrania"
"you're like the Samana who came into my garden with dusty feet"
"Jesteś jak Samana, która weszła do mojego ogrodu z zakurzonymi stopami"
"You are much more like him than you were when you left me"
"Jesteś o wiele bardziej do niego podobny niż wtedy, gdy mnie opuszczałeś"
"In the eyes, you're like him, Siddhartha"
"W oczach jesteś do niego podobny, Siddhartha"
"Alas, I have also grown old"
"Niestety, ja też się zestarzałem"
"could you still recognise me?"
– Czy nadal mnie poznajesz?
Siddhartha smiled, "Instantly, I recognised you, Kamala, my dear"
Siddhartha uśmiechnął się: "Natychmiast cię poznałem, Kamala, moja droga"
Kamala pointed to her boy
Kamala wskazała na swojego chłopca
"Did you recognise him as well?"
– Ty też go poznałeś?
"He is your son," she confirmed
– To twój syn – potwierdziła
Her eyes became confused and fell shut
Jej oczy były zdezorientowane i zamknęły się

The boy wept and Siddhartha took him on his knees
Chłopiec zapłakał, a Siddhartha wziął go na kolana
he let him weep and petted his hair
Pozwolił mu płakać i pogłaskał go po włosach
at the sight of the child's face, a Brahman prayer came to his mind
Na widok twarzy dziecka przyszła mu do głowy modlitwa bramińska
a prayer which he had learned a long time ago
Modlitwa, której nauczył się dawno temu
a time when he had been a little boy himself
Czas, kiedy sam był małym chłopcem
Slowly, with a singing voice, he started to speak
Powoli, śpiewnym głosem, zaczął mówić
from his past and childhood, the words came flowing to him
Z przeszłości i dzieciństwa płynęły do niego słowa
And with that song, the boy became calm
I po tej piosence chłopiec się uspokoił
he was only now and then uttering a sob
Tylko od czasu do czasu wydawał z siebie szloch
and finally he fell asleep
i w końcu zasnął
Siddhartha placed him on Vasudeva's bed
Siddhartha położył go na łóżku Vasudevy
Vasudeva stood by the stove and cooked rice
Vasudeva stał przy kuchence i gotował ryż
Siddhartha gave him a look, which he returned with a smile
Siddhartha spojrzał na niego, a on odwzajemnił go uśmiechem
"She'll die," Siddhartha said quietly
— Umrze — powiedział cicho Siddhartha
Vasudeva knew it was true, and nodded
Vasudeva wiedział, że to prawda i skinął głową
over his friendly face ran the light of the stove's fire
Na jego przyjazną twarz spływało światło ognia pieca
once again, Kamala returned to consciousness
Kamala po raz kolejny odzyskała przytomność
the pain of the poison distorted her face

Ból trucizny zniekształcił jej twarz
Siddhartha's eyes read the suffering on her mouth
Oczy Siddharthy wyczytały cierpienie na jej ustach
from her pale cheeks he could see that she was suffering
Z jej bladych policzków widział, że cierpi
Quietly, he read the pain in her eyes
Cicho wyczytał ból w jej oczach
attentively, waiting, his mind become one with her suffering
Uważnie, czekając, jego umysł staje się jednością z jej cierpieniem
Kamala felt it and her gaze sought his eyes
Kamala poczuła to i jej wzrok powędrował w jego oczy
Looking at him, she spoke
Patrząc na niego, odezwała się
"Now I see that your eyes have changed as well"
"Teraz widzę, że twoje oczy też się zmieniły"
"They've become completely different"
"Stali się zupełnie inni"
"what do I still recognise in you that is Siddhartha?
"Cóż jeszcze rozpoznaję w tobie, że jest Siddharthą?
"It's you, and it's not you"
"To ty, a nie ty"
Siddhartha said nothing, quietly his eyes looked at hers
Siddhartha milczał, spokojnie wpatrywał się w jej oczy
"You have achieved it?" she asked
"Osiągnąłeś to?" zapytała
"You have found peace?"
— Znalazłeś spokój?
He smiled and placed his hand on hers
Uśmiechnął się i położył dłoń na jej dłoni
"I'm seeing it" she said
– Widzę to – powiedziała
"I too will find peace"
"Ja też znajdę pokój"
"You have found it," Siddhartha spoke in a whisper
— Znalazłeś — odezwał się szeptem Siddhartha
Kamala never stopped looking into his eyes

Kamala nigdy nie przestawała patrzeć mu w oczy
She thought about her pilgrimage to Gotama
Pomyślała o swojej pielgrzymce do Gotamy
the pilgrimage which she wanted to take
pielgrzymka, którą chciała odbyć
in order to see the face of the perfected one
aby ujrzeć oblicze doskonałego
in order to breathe his peace
by odetchnąć Jego pokojem
but she had now found it in another place
Ale teraz znalazła go w innym miejscu
and this she thought that was good too
i to też uważała za dobre
it was just as good as if she had seen the other one
Było tak dobrze, jakby widziała tę drugą
She wanted to tell this to him
Chciała mu to powiedzieć
but her tongue no longer obeyed her will
ale jej język nie był już posłuszny jej woli
Without speaking, she looked at him
Bez słowa spojrzała na niego
he saw the life fading from her eyes
Widział, jak życie znika z jej oczu
the final pain filled her eyes and made them grow dim
Ostatni ból wypełnił jej oczy i sprawił, że przygasły
the final shiver ran through her limbs
Ostatni dreszcz przebiegł jej po kończynach
his finger closed her eyelids
Jego palec zamknął jej powieki

For a long time, he sat and looked at her peacefully dead face
Długo siedział i patrzył na jej spokojnie martwą twarz
For a long time, he observed her mouth
Przez długi czas obserwował jej usta
her old, tired mouth, with those lips, which had become thin
jej stare, zmęczone usta, z tymi wargami, które stały się

cienkie
he remembered he used to compare this mouth with a freshly cracked fig
Przypomniał sobie, że zwykł porównywać te usta do świeżo pękniętej figi
this was in the spring of his years
Było to wiosną jego lat
For a long time, he sat and read the pale face
Długo siedział i czytał bladą twarz
he read the tired wrinkles
Czytał zmęczone zmarszczki
he filled himself with this sight
Napełnił się tym widokiem
he saw his own face in the same manner
W ten sam sposób widział swoją twarz
he saw his face was just as white
Zobaczył, że jego twarz jest tak samo biała
he saw his face was just as quenched out
Zobaczył, że jego twarz jest tak samo zgaszona
at the same time he saw his face and hers being young
W tym samym czasie zobaczył, że jego i jej twarz są młode
their faces with red lips and fiery eyes
Ich twarze z czerwonymi ustami i ognistymi oczami
the feeling of both being real at the same time
poczucie, że oboje są prawdziwi w tym samym czasie
the feeling of eternity completely filled every aspect of his being
Poczucie wieczności całkowicie wypełniło każdy aspekt jego istoty
in this hour he felt more deeply than than he had ever felt before
W tej godzinie czuł głębiej niż kiedykolwiek przedtem
he felt the indestructibility of every life
Czuł niezniszczalność każdego życia
he felt the eternity of every moment
Czuł wieczność każdej chwili
When he rose, Vasudeva had prepared rice for him

Kiedy wstał, Vasudeva przygotował dla niego ryż
But Siddhartha did not eat that night
Ale Siddhartha nie jadł tej nocy
In the stable their goat stood
W stajni stała ich koza
the two old men prepared beds of straw for themselves
Dwaj starcy przygotowali dla siebie posłania ze słomy
Vasudeva laid himself down to sleep
Vasudeva położył się spać
But Siddhartha went outside and sat before the hut
Ale Siddhartha wyszedł na zewnątrz i usiadł przed chatą
he listened to the river, surrounded by the past
Wsłuchiwał się w rzekę, otoczony przeszłością
he was touched and encircled by all times of his life at the same time
Był dotknięty i otoczony przez wszystkie czasy swojego życia jednocześnie
occasionally he rose and he stepped to the door of the hut
Od czasu do czasu wstawał i podchodził do drzwi chaty
he listened whether the boy was sleeping
Nasłuchiwał, czy chłopiec śpi

before the sun could be seen, Vasudeva came out of the stable
zanim słońce było widoczne, Vasudeva wyszedł ze stajni
he walked over to his friend
Podszedł do przyjaciela
"You haven't slept," he said
– Nie spałeś – powiedział
"No, Vasudeva. I sat here"
— Nie, Vasudeva. Siedziałem tutaj"
"I was listening to the river"
"Słuchałem rzeki"
"the river has told me a lot"
"Rzeka wiele mi powiedziała"
"it has deeply filled me with the healing thought of oneness"
"Głęboko napełniło mnie uzdrawiającą myślą o jedności"

"You've experienced suffering, Siddhartha"
"Doświadczyłeś cierpienia, Siddhartho"
"but I see no sadness has entered your heart"
"ale widzę, że żaden smutek nie wstąpił do twego serca"
"No, my dear, how should I be sad?"
— Nie, moja droga, jakże miałabym być smutna?
"I, who have been rich and happy"
"Ja, który byłem bogaty i szczęśliwy"
"I have become even richer and happier now"
"Stałem się teraz jeszcze bogatszy i szczęśliwszy"
"My son has been given to me"
"Mój syn został mi dany"
"Your son shall be welcome to me as well"
"Twój syn też będzie mile widziany u mnie"
"But now, Siddhartha, let's get to work"
"Ale teraz, Siddhartho, bierzmy się do roboty"
"there is much to be done"
"Jest wiele do zrobienia"
"Kamala has died on the same bed on which my wife had died"
"Kamala zmarła na tym samym łóżku, na którym zmarła moja żona"
"Let us build Kamala's funeral pile on the hill"
"Zbudujmy stos pogrzebowy Kamali na wzgórzu"
"the hill on which I my wife's funeral pile is"
"wzgórze, na którym leży stos pogrzebowy mojej żony"
While the boy was still asleep, they built the funeral pile
Kiedy chłopiec jeszcze spał, zbudowali stos pogrzebowy

The Son
Syn

Timid and weeping, the boy had attended his mother's funeral
Nieśmiały i zapłakany chłopiec uczestniczył w pogrzebie matki
gloomy and shy, he had listened to Siddhartha
Ponury i nieśmiały, słuchał Siddharthy
Siddhartha greeted him as his son
Siddhartha powitał go jak swojego syna
he welcomed him at his place in Vasudeva's hut
powitał go u siebie w chacie Vasudevy
Pale, he sat for many days by the hill of the dead
Blady, siedział przez wiele dni na wzgórzu umarłych
he did not want to eat
Nie chciał jeść
he did not look at anyone
Nie patrzył na nikogo
he did not open his heart
Nie otworzył swego serca
he met his fate with resistance and denial
Spotkał się ze swoim losem z oporem i zaprzeczeniem
Siddhartha spared giving him lessons
Siddhartha nie szczędził mu lekcji
and he let him do as he pleased
i pozwolił mu czynić, co mu się podobało
Siddhartha honoured his son's mourning
Siddhartha uhonorował żałobę syna
he understood that his son did not know him
Zrozumiał, że jego syn go nie zna
he understood that he could not love him like a father
Zrozumiał, że nie może kochać Go jak ojca
Slowly, he also understood that the eleven-year-old was a pampered boy
Powoli zrozumiał też, że jedenastoletni chłopiec jest rozpieszczonym chłopcem

he saw that he was a mother's boy
Zobaczył, że jest synem matki
he saw that he had grown up in the habits of rich people
Widział, że wyrósł w zwyczajach bogatych ludzi
he was accustomed to finer food and a soft bed
Był przyzwyczajony do wykwintniejszego jedzenia i miękkiego łóżka
he was accustomed to giving orders to servants
Był przyzwyczajony do wydawania rozkazów sługom
the mourning child could not suddenly be content with a life among strangers
Pogrążone w żałobie dziecko nie mogło nagle zadowolić się życiem wśród obcych ludzi
Siddhartha understood the pampered child would not willingly be in poverty
Siddhartha rozumiał, że rozpieszczone dziecko nie będzie dobrowolnie żyło w biedzie
He did not force him to do these these things
Nie zmuszał go do tych rzeczy
Siddhartha did many chores for the boy
Siddhartha wykonywał za chłopca wiele prac domowych
he always saved the best piece of the meal for him
Zawsze zachowywał dla niego najlepszy kawałek posiłku
Slowly, he hoped to win him over, by friendly patience
Miał nadzieję, że powoli uda mu się pozyskać go przyjazną cierpliwością
Rich and happy, he had called himself, when the boy had come to him
Bogaty i szczęśliwy, jak sam siebie nazywał, kiedy chłopiec do niego przyszedł
Since then some time had passed
Od tego czasu minęło trochę czasu
but the boy remained a stranger and in a gloomy disposition
Chłopiec pozostał jednak obcy i w ponurym usposobieniu
he displayed a proud and stubbornly disobedient heart
Okazywał dumne i uparcie nieposłuszne serce
he did not want to do any work

Nie chciał wykonywać żadnej pracy
he did not pay his respect to the old men
Nie okazywał szacunku starcom
he stole from Vasudeva's fruit-trees
ukradł drzewa owocowe Vasudevy
his son had not brought him happiness and peace
Syn nie przyniósł mu szczęścia i spokoju
the boy had brought him suffering and worry
Chłopiec przyniósł mu cierpienie i zmartwienie
slowly Siddhartha began to understand this
Siddhartha powoli zaczął to rozumieć
But he loved him regardless of the suffering he brought him
Ale kochał go bez względu na cierpienia, jakie mu przynosił
he preferred the suffering and worries of love over happiness and joy without the boy
Wolał cierpienie i troski miłości niż szczęście i radość bez chłopca
from when young Siddhartha was in the hut the old men had split the work
od czasu, gdy młody Siddhartha przebywał w chacie, starcy podzielili się pracą
Vasudeva had again taken on the job of the ferryman
Vasudeva ponownie podjął się pracy przewoźnika
and Siddhartha, in order to be with his son, did the work in the hut and the field
Siddhartha, aby być ze swoim synem, wykonywał pracę w szałasie i na polu

for long months Siddhartha waited for his son to understand him
Siddhartha przez długie miesiące czekał, aż syn go zrozumie
he waited for him to accept his love
Czekał, aż przyjmie jego miłość
and he waited for his son to perhaps reciprocate his love
i czekał, aż jego syn może odwzajemni jego miłość
For long months Vasudeva waited, watching
Przez długie miesiące Vasudeva czekał, obserwując

he waited and said nothing
Czekał i nic nie mówił
One day, young Siddhartha tormented his father very much
Pewnego dnia młody Siddhartha bardzo dręczył ojca
he had broken both of his rice-bowls
Rozbił obie miski z ryżem
Vasudeva took his friend aside and talked to him
Vasudeva wziął przyjaciela na bok i porozmawiał z nim
"Pardon me," he said to Siddhartha
— Przepraszam — rzekł do Siddharthy
"from a friendly heart, I'm talking to you"
"Z przyjaznego serca mówię do ciebie"
"I'm seeing that you are tormenting yourself"
"Widzę, że się dręczysz"
"I'm seeing that you're in grief"
"Widzę, że jesteś pogrążony w smutku"
"Your son, my dear, is worrying you"
"Twój syn, mój drogi, martwi cię"
"and he is also worrying me"
"I on też mnie martwi"
"That young bird is accustomed to a different life"
"Ten młody ptak jest przyzwyczajony do innego życia"
"he is used to living in a different nest"
"Jest przyzwyczajony do życia w innym gnieździe"
"he has not, like you, run away from riches and the city"
"Nie uciekł, tak jak ty, od bogactw i miasta"
"he was not disgusted and fed up with the life in Sansara"
"nie czuł obrzydzenia i nie miał dość życia w Sansarze"
"he had to do all these things against his will"
"Musiał to wszystko czynić wbrew swojej woli"
"he had to leave all this behind"
"Musiał to wszystko zostawić"
"I asked the river, oh friend"
"Zapytałem rzekę, przyjacielu"
"many times I have asked the river"
"Wiele razy pytałem rzekę"
"But the river laughs at all of this"

"Ale rzeka śmieje się z tego wszystkiego"
"it laughs at me and it laughs at you"
"Śmieje się ze mnie i śmieje się z ciebie"
"the river is shaking with laughter at our foolishness"
"Rzeka trzęsie się ze śmiechu z naszej głupoty"
"Water wants to join water as youth wants to join youth"
"Woda chce dołączyć do wody, tak jak młodzież chce dołączyć do młodzieży"
"your son is not in the place where he can prosper"
"Twój syn nie jest w miejscu, gdzie mógłby się rozwijać"
"you too should ask the river"
"Ty też powinieneś zapytać rzekę"
"you too should listen to it!"
"Ty też powinieneś tego posłuchać!"
Troubled, Siddhartha looked into his friendly face
Zaniepokojony Siddhartha spojrzał w jego przyjazną twarz
he looked at the many wrinkles in which there was incessant cheerfulness
Spojrzał na liczne zmarszczki, w których panowała nieustanna wesołość
"How could I part with him?" he said quietly, ashamed
"Jak mógłbym się z nim rozstać?" powiedział cicho, zawstydzony
"Give me some more time, my dear"
"Daj mi jeszcze trochę czasu, moja droga"
"See, I'm fighting for him"
"Widzisz, walczę o niego"
"I'm seeking to win his heart"
"Staram się zdobyć jego serce"
"with love and with friendly patience I intend to capture it"
"z miłością i z przyjazną cierpliwością zamierzam ją uchwycić"
"One day, the river shall also talk to him"
"Pewnego dnia rzeka też z nim przemówi"
"he also is called upon"
"On też jest wzywany"
Vasudeva's smile flourished more warmly
Uśmiech Vasudevy rozkwitł cieplej

"Oh yes, he too is called upon"
"O tak, on też jest wezwany"
"he too is of the eternal life"
"On też jest z życia wiecznego"
"But do we, you and me, know what he is called upon to do?"
— Ale czy my, ty i ja, wiemy, do czego jest powołany?
"we know what path to take and what actions to perform"
"Wiemy, jaką ścieżką podążać i jakie działania wykonać"
"we know what pain we have to endure"
"Wiemy, jaki ból musimy znosić"
"but does he know these things?"
— Ale czy on wie o tych rzeczach?
"Not a small one, his pain will be"
"Nie mały, jego ból będzie"
"after all, his heart is proud and hard"
"Przecież jego serce jest dumne i zatwardziałe"
"people like this have to suffer and err a lot"
"Tacy ludzie muszą cierpieć i błądzić"
"they have to do much injustice"
"Muszą wyrządzać wiele niesprawiedliwości"
"and they have burden themselves with much sin"
"I obarczyli się wieloma grzechami"
"Tell me, my dear," he asked of Siddhartha
— Powiedz mi, moja droga — poprosił Siddharthę
"you're not taking control of your son's upbringing?"
– Nie przejmujesz kontroli nad wychowaniem syna?
"You don't force him, beat him, or punish him?"
– Nie zmuszasz go, nie bijesz ani nie karzesz?
"No, Vasudeva, I don't do any of these things"
"Nie, Vasudeva, nie robię żadnej z tych rzeczy"
"I knew it. You don't force him"
"Wiedziałem o tym. Nie zmuszasz go"
"you don't beat him and you don't give him orders"
"Nie bijesz go i nie wydajesz mu rozkazów"
"because you know softness is stronger than hard"
"Bo wiesz, że miękkość jest silniejsza niż twardość"

"you know water is stronger than rocks"
"Wiesz, że woda jest silniejsza niż skały"
"and you know love is stronger than force"
"A wiesz, że miłość jest silniejsza niż siła"
"Very good, I praise you for this"
"Bardzo dobrze, chwalę cię za to"
"But aren't you mistaken in some way?"
— Ale czy nie mylisz się w jakiś sposób?
"don't you think that you are forcing him?"
– Nie sądzisz, że go zmuszasz?
"don't you perhaps punish him a different way?"
— Czy nie ukrzesz go może w inny sposób?
"Don't you shackle him with your love?"
— Nie zakuwasz go w kajdany swoją miłością?
"Don't you make him feel inferior every day?"
– Nie sprawiasz, że każdego dnia czuje się gorszy?
"doesn't your kindness and patience make it even harder for him?"
– Czy twoja dobroć i cierpliwość nie sprawiają, że jest mu jeszcze trudniej?
"aren't you forcing him to live in a hut with two old banana-eaters?"
– Nie zmuszasz go do zamieszkania w chacie z dwoma starymi zjadaczami bananów?
"old men to whom even rice is a delicacy"
"Staruszy, dla których nawet ryż jest przysmakiem"
"old men whose thoughts can't be his"
"Starcy, których myśli nie mogą być jego"
"old men whose hearts are old and quiet"
"Starcy, których serca są stare i ciche"
"old men whose hearts beat in a different pace than his"
"starcy, których serca biją w innym tempie niż jego"
"Isn't he forced and punished by all this?""
"Czy nie jest przez to wszystko zmuszony i ukarany?"
Troubled, Siddhartha looked to the ground
Zaniepokojony Siddhartha spojrzał w ziemię
Quietly, he asked, "What do you think should I do?"

Cicho zapytał: "Jak myślisz, co powinienem zrobić?"
Vasudeva spoke, "Bring him into the city"
Vasudeva przemówił: "Przyprowadźcie go do miasta"
"bring him into his mother's house"
"Przyprowadźcie go do domu jego matki"
"there'll still be servants around, give him to them"
"Będą jeszcze słudzy, oddajcie im go"
"And if there aren't any servants, bring him to a teacher"
"A jeśli nie ma sług, przyprowadź go do nauczyciela"
"but don't bring him to a teacher for teachings' sake"
"Ale nie przyprowadzaj go do nauczyciela dla samych nauk"
"bring him to a teacher so that he is among other children"
"Przyprowadźcie go do nauczyciela, aby znalazł się wśród innych dzieci"
"and bring him to the world which is his own"
"I przyprowadźcie go do świata, który jest jego własnością"
"have you never thought of this?"
– Nigdy o tym nie pomyślałeś?
"you're seeing into my heart," Siddhartha spoke sadly
— Zaglądasz do mego serca — odezwał się Siddhartha ze smutkiem
"Often, I have thought of this"
"Często o tym myślałem"
"but how can I put him into this world?"
"Ale jak mogę go umieścić na tym świecie?"
"Won't he become exuberant?"
— Czy nie stanie się żywiołowy?
"won't he lose himself to pleasure and power?"
— Czy nie zatraci się w przyjemnościach i władzy?
"won't he repeat all of his father's mistakes?"
– Czy nie powtórzy wszystkich błędów ojca?
"won't he perhaps get entirely lost in Sansara?"
— Czy nie zagubi się zupełnie w Sansarze?
Brightly, the ferryman's smile lit up
Uśmiech przewoźnika rozpromienił się promiennie
softly, he touched Siddhartha's arm
Delikatnie dotknął ramienia Siddharthy

"**Ask the river about it, my friend!**"
— Zapytaj o to rzekę, przyjacielu!
"**Hear the river laugh about it!**"
"Posłuchaj, jak rzeka się z tego śmieje!"
"**Would you actually believe that you had committed your foolish acts?**
"Czy naprawdę uwierzyłbyś, że popełniłeś swoje głupie czyny?
"**in order to spare your son from committing them too**"
"Aby oszczędzić synowi ich popełniania"
"**And could you in any way protect your son from Sansara?**"
– A czy mógłbyś w jakikolwiek sposób ochronić swojego syna przed Sansarą?
"**How could you protect him from Sansara?**"
– Jak mogłaś go ochronić przed Sansarą?
"**By means of teachings, prayer, admonition?**"
"Przez nauki, modlitwę, napomnienia?"
"**My dear, have you entirely forgotten that story?**"
– Moja droga, czy zupełnie zapomniałaś o tej historii?
"**the story containing so many lessons**"
"Opowieść zawierająca tak wiele lekcji"
"**the story about Siddhartha, a Brahman's son**"
"opowieść o Siddharcie, synu bramina"
"**the story which you once told me here on this very spot?**"
— Historia, którą mi kiedyś opowiedziałeś tutaj, w tym właśnie miejscu?
"**Who has kept the Samana Siddhartha safe from Sansara?**"
— Kto uchronił Samana Siddharthę przed Sansarą?
"**who has kept him from sin, greed, and foolishness?**"
"Któż go zachował od grzechu, chciwości i głupoty?"
"**Were his father's religious devotion able to keep him safe?**
"Czy religijna pobożność ojca była w stanie zapewnić mu bezpieczeństwo?
"**were his teacher's warnings able to keep him safe?**"
"Czy ostrzeżenia nauczyciela zapewniły mu bezpieczeństwo?"
"**could his own knowledge keep him safe?**"
— Czy jego własna wiedza może zapewnić mu

bezpieczeństwo?"
"was his own search able to keep him safe?"
"Czy jego własne poszukiwania były w stanie zapewnić mu bezpieczeństwo?"
"What father has been able to protect his son?"
"Który ojciec był w stanie ochronić swojego syna?"
"what father could keep his son from living his life for himself?"
"Który ojciec mógłby powstrzymać syna od samodzielnego życia?"
"what teacher has been able to protect his student?"
"Który nauczyciel był w stanie ochronić swojego ucznia?"
"what teacher can stop his student from soiling himself with life?"
"Który nauczyciel może powstrzymać swojego ucznia przed splamieniem się życiem?"
"who could stop him from burdening himself with guilt?"
"Któż mógłby go powstrzymać od obarczania się winą?"
"who could stop him from drinking the bitter drink for himself?"
"Któż mógłby go powstrzymać przed wypiciem gorzkiego napoju dla siebie?"
"who could stop him from finding his path for himself?"
"Któż mógłby go powstrzymać przed odnalezieniem własnej drogi?"
"did you think anybody could be spared from taking this path?"
– Myślałeś, że kogokolwiek można oszczędzić przed pójściem tą drogą?
"did you think that perhaps your little son would be spared?"
– Myślałeś, że może twój synek zostanie oszczędzony?
"did you think your love could do all that?"
– Myślałeś, że twoja miłość może to wszystko zrobić?
"did you think your love could keep him from suffering"
"Czy myślałeś, że twoja miłość może uchronić go przed cierpieniem?"

"did you think your love could protect him from pain and disappointment?
"Czy myślałeś, że twoja miłość może ochronić go przed bólem i rozczarowaniem?
"you could die ten times for him"
"Mógłbyś za niego umrzeć dziesięć razy"
"but you could take no part of his destiny upon yourself"
"Ale ty nie mogłeś wziąć na siebie części jego przeznaczenia"
Never before, Vasudeva had spoken so many words
Nigdy przedtem Vasudeva nie wypowiedział tylu słów
Kindly, Siddhartha thanked him
Siddhartha uprzejmie mu podziękował
he went troubled into the hut
Wszedł zaniepokojony do chaty

he could not sleep for a long time
Długo nie mógł spać
Vasudeva had told him nothing he had not already thought and known
Vasudeva nie powiedział mu niczego, czego by nie pomyślał i nie wiedział
But this was a knowledge he could not act upon
Była to jednak wiedza, której nie mógł wykorzystać
stronger than knowledge was his love for the boy
Silniejsza niż wiedza była jego miłość do chłopca
stronger than knowledge was his tenderness
Silniejsza od wiedzy była jego czułość
stronger than knowledge was his fear to lose him
Silniejszy niż wiedza był strach przed utratą
had he ever lost his heart so much to something?
Czy kiedykolwiek tak bardzo stracił serce z jakiegoś powodu?
had he ever loved any person so blindly?
Czy kiedykolwiek kochał kogoś tak ślepo?
had he ever suffered for someone so unsuccessfully?
Czy kiedykolwiek cierpiał dla kogoś tak bezskutecznie?
had he ever made such sacrifices for anyone and yet been so unhappy?

Czy kiedykolwiek dokonał dla kogokolwiek takiego poświęcenia, a mimo to był tak nieszczęśliwy?
Siddhartha could not heed his friend's advice
Siddhartha nie mógł posłuchać rady przyjaciela
he could not give up the boy
Nie mógł oddać chłopca
He let the boy give him orders
Pozwolił chłopcu wydawać mu rozkazy
he let him disregard him
Pozwolił mu go zlekceważyć
He said nothing and waited
Nic nie powiedział i czekał
daily, he attempted the struggle of friendliness
Codziennie podejmował walkę o przyjaźń
he initiated the silent war of patience
Zainicjował cichą wojnę o cierpliwość
Vasudeva also said nothing and waited
Vasudeva również nic nie powiedział i czekał
They were both masters of patience
Oboje byli mistrzami cierpliwości

one time the boy's face reminded him very much of Kamala
Pewnego razu twarz chłopca bardzo przypominała mu Kamalę
Siddhartha suddenly had to think of something Kamala had once said
Siddhartha nagle musiał pomyśleć o czymś, co kiedyś powiedziała Kamala
"You cannot love" she had said to him
"Nie umiesz kochać" – powiedziała do niego
and he had agreed with her
i zgodził się z nią
and he had compared himself with a star
i porównał się do gwiazdy
and he had compared the childlike people with falling leaves
i porównał dziecięcych ludzi do spadających liści

but nevertheless, he had also sensed an accusation in that line
Niemniej jednak wyczuł w tym również oskarżenie
Indeed, he had never been able to love
Rzeczywiście, nigdy nie potrafił kochać
he had never been able to devote himself completely to another person
Nigdy nie był w stanie całkowicie poświęcić się drugiemu człowiekowi
he had never been able to to forget himself
Nigdy nie potrafił zapomnieć o sobie
he had never been able to commit foolish acts for the love of another person
Nigdy nie był w stanie popełnić głupich czynów z miłości do drugiej osoby
at that time it seemed to set him apart from the childlike people
W tamtym czasie zdawało się, że odróżnia go to od dziecięcych ludzi
But ever since his son was here, Siddhartha also become a childlike person
Ale odkąd jego syn jest tutaj, Siddhartha stał się również dziecinną osobą
he was suffering for the sake of another person
Cierpiał ze względu na drugiego człowieka
he was loving another person
Kochał drugiego człowieka
he was lost to a love for someone else
Stracił miłość do kogoś innego
he had become a fool on account of love
Stał się głupcem z miłości
Now he too felt the strongest and strangest of all passions
Teraz i on czuł najsilniejszą i najdziwniejszą ze wszystkich namiętności
he suffered from this passion miserably
Cierpiał z powodu tej namiętności żałośnie
and he was nevertheless in bliss

a mimo to był w błogości
he was nevertheless renewed in one respect
Odnowił się jednak pod jednym względem
he was enriched by this one thing
Ubogaciła go ta jedna rzecz
He sensed very well that this blind love for his son was a passion
Czuł doskonale, że ta ślepa miłość do syna jest namiętnością
he knew that it was something very human
Wiedział, że jest to coś bardzo ludzkiego
he knew that it was Sansara
wiedział, że to Sansara
he knew that it was a murky source, dark waters
Wiedział, że to mętne źródło, ciemne wody
but he felt it was not worthless, but necessary
Czuł jednak, że nie jest to nic nie warte, lecz konieczne
it came from the essence of his own being
Pochodziła z esencji jego własnej istoty
This pleasure also had to be atoned for
Za tę przyjemność również trzeba było odpokutować
this pain also had to be endured
Ten ból też trzeba było znosić
these foolish acts also had to be committed
Te głupie czyny również musiały zostać popełnione
Through all this, the son let him commit his foolish acts
Przez to wszystko syn pozwolił mu popełniać swoje głupie czyny
he let him court for his affection
Pozwolił mu zabiegać o jego uczucia
he let him humiliate himself every day
Pozwalał mu się upokarzać każdego dnia
he gave in to the moods of his son
Poddał się nastrojom syna
his father had nothing which could have delighted him
Ojciec nie miał nic, co mogłoby go zachwycić
and he nothing that the boy feared
i nie miał nic, czego chłopiec się bał

He was a good man, this father
To był dobry człowiek, ten ojciec
he was a good, kind, soft man
Był dobrym, miłym, łagodnym człowiekiem
perhaps he was a very devout man
Być może był bardzo pobożnym człowiekiem
perhaps he was a saint, the boy thought
Może był święty, pomyślał chłopiec
but all these attributes could not win the boy over
Ale wszystkie te atrybuty nie mogły przekonać chłopca
He was bored by this father, who kept him imprisoned
Nudził go ten ojciec, który trzymał go w więzieniu
a prisoner in this miserable hut of his
więzień w tej nędznej chacie
he was bored of him answering every naughtiness with a smile
Był znudzony tym, że odpowiadał uśmiechem na każdą niegrzeczność
he didn't appreciate insults being responded to by friendliness
Nie lubił, gdy na obelgi odpowiadano życzliwością
he didn't like viciousness returned in kindness
Nie lubił, gdy złośliwość odwzajemniała się dobrocią
this very thing was the hated trick of this old sneak
To była właśnie znienawidzona sztuczka tego starego podstępu
Much more the boy would have liked it if he had been threatened by him
O wiele bardziej spodobałoby się to chłopcu, gdyby mu grożono
he wanted to be abused by him
Chciał, żeby go wykorzystywał

A day came when young Siddhartha had had enough
Nadszedł dzień, w którym młody Siddhartha miał już dość
what was on his mind came bursting forth
To, co miał na myśli, wyszło na jaw

and he openly turned against his father
i otwarcie zwrócił się przeciwko ojcu
Siddhartha had given him a task
Siddhartha powierzył mu zadanie
he had told him to gather brushwood
Kazał mu zbierać chrust
But the boy did not leave the hut
Ale chłopiec nie wyszedł z chaty
in stubborn disobedience and rage, he stayed where he was
W uporczywym nieposłuszeństwie i wściekłości pozostał tam, gdzie był
he thumped on the ground with his feet
Uderzył nogami o ziemię
he clenched his fists and screamed in a powerful outburst
Zacisnął pięści i krzyknął w potężnym wybuchu
he screamed his hatred and contempt into his father's face
Wykrzyczał ojcu swoją nienawiść i pogardę prosto w twarz
"Get the brushwood for yourself!" he shouted, foaming at the mouth
"Weź chrust dla siebie!" krzyknął, z pianą na ustach
"I'm not your servant"
"Nie jestem twoim sługą"
"I know that you won't hit me, you wouldn't dare"
"Wiem, że mnie nie uderzysz, nie odważysz się"
"I know that you constantly want to punish me"
"Wiem, że ciągle chcesz mnie ukarać"
"you want to put me down with your religious devotion and your indulgence"
"Chcesz mnie poniżyć swoją religijną pobożnością i swoją pobłażliwością"
"You want me to become like you"
"Chcesz, żebym stał się taki jak ty"
"you want me to be just as devout, soft, and wise as you"
"Chcesz, żebym był tak samo pobożny, miękki i mądry jak ty"
"but I won't do it, just to make you suffer"
"Ale ja tego nie zrobię, tylko po to, żebyś cierpiał"
"I would rather become a highway-robber than be as soft as

you"
"Wolałbym zostać rozbójnikiem, niż być tak miękkim jak ty"
"I would rather be a murderer than be as wise as you"
"Wolałbym być mordercą, niż być tak mądrym jak ty"
"I would rather go to hell, than to become like you!"
"Wolałbym pójść do piekła, niż stać się takim jak ty!"
"I hate you, you're not my father
"Nienawidzę cię, nie jesteś moim ojcem
"even if you've slept with my mother ten times, you are not my father!"
"Nawet jeśli spałeś z moją matką dziesięć razy, nie jesteś moim ojcem!"
Rage and grief boiled over in him
Kipiała w nim wściekłość i żal
he foamed at his father in a hundred savage and evil words
Spienił się na ojca w setkach dzikich i złych słów
Then the boy ran away into the forest
Wtedy chłopiec uciekł do lasu
it was late at night when the boy returned
Była późna noc, gdy chłopiec wrócił
But the next morning, he had disappeared
Ale następnego ranka zniknął
What had also disappeared was a small basket
Zniknął też mały koszyczek
the basket in which the ferrymen kept those copper and silver coins
kosz, w którym przewoźnicy trzymali miedziane i srebrne monety
the coins which they received as a fare
monety, które otrzymywali jako opłatę za przejazd
The boat had also disappeared
Łódź również zniknęła
Siddhartha saw the boat lying by the opposite bank
Siddhartha zobaczył łódź leżącą na przeciwległym brzegu
Siddhartha had been shivering with grief
Siddhartha trząsł się z żalu
the ranting speeches the boy had made touched him

Płomienne przemówienia, które chłopiec wygłaszał, poruszyły go

"I must follow him," said Siddhartha

— Muszę iść za nim — rzekł Siddhartha

"A child can't go through the forest all alone, he'll perish"

"Dziecko nie może iść przez las zupełnie samo, zginie"

"We must build a raft, Vasudeva, to get over the water"

"Musimy zbudować tratwę, Vasudeva, aby przedostać się przez wodę"

"We will build a raft" said Vasudeva

"Zbudujemy tratwę" – powiedział Vasudeva

"we will build it to get our boat back"

"Zbudujemy go, aby odzyskać naszą łódź"

"But you shall not run after your child, my friend"

"Ale nie będziesz biegł za swoim dzieckiem, mój przyjacielu"

"he is no child any more"

"On już nie jest dzieckiem"

"he knows how to get around"

"On wie, jak się poruszać"

"He's looking for the path to the city"

"Szuka drogi do miasta"

"and he is right, don't forget that"

"I ma rację, nie zapominaj o tym"

"he's doing what you've failed to do yourself"

"Robi to, czego ty sam nie zrobiłeś"

"he's taking care of himself"

"Dba o siebie"

"he's taking his course for himself"

"On sam wybiera swój kurs"

"Alas, Siddhartha, I see you suffering"

"Niestety, Siddhartho, widzę, jak cierpisz"

"but you're suffering a pain at which one would like to laugh"

"Ale cierpisz ból, z którego chciałoby się śmiać"

"you're suffering a pain at which you'll soon laugh yourself"

"Cierpisz z powodu bólu, z którego wkrótce sam się zaśmiejesz"

Siddhartha did not answer his friend
Siddhartha nie odpowiedział przyjacielowi
He already held the axe in his hands
Trzymał już siekierę w rękach
and he began to make a raft of bamboo
i zaczął robić tratwę z bambusa
Vasudeva helped him to tie the canes together with ropes of grass
Vasudeva pomógł mu związać laski sznurami z trawy
When they crossed the river they drifted far off their course
Kiedy przeprawili się przez rzekę, zboczyli z kursu
they pulled the raft upriver on the opposite bank
Ciągnęli tratwę w górę rzeki na przeciwległy brzeg
"Why did you take the axe along?" asked Siddhartha
"Dlaczego wziąłeś ze sobą siekierę?" – zapytał Siddhartha
"It might have been possible that the oar of our boat got lost"
"Możliwe, że wiosło naszej łodzi się zgubiło"
But Siddhartha knew what his friend was thinking
Ale Siddhartha wiedział, o czym myśli jego przyjaciel
He thought, the boy would have thrown away the oar
Pomyślał, że chłopiec wyrzuciłby wiosło
in order to get some kind of revenge
by się zemścić
and in order to keep them from following him
i aby nie poszli za Nim
And in fact, there was no oar left in the boat
I rzeczywiście, w łodzi nie było już wiosła
Vasudeva pointed to the bottom of the boat
Vasudeva wskazał na dno łodzi
and he looked at his friend with a smile
i spojrzał na przyjaciela z uśmiechem
he smiled as if he wanted to say something
Uśmiechnął się, jakby chciał coś powiedzieć
"Don't you see what your son is trying to tell you?"
– Nie widzisz, co twój syn próbuje ci powiedzieć?
"Don't you see that he doesn't want to be followed?"
– Nie widzisz, że nie chce, żeby go śledzono?

But he did not say this in words
Ale nie powiedział tego słowami
He started making a new oar
Zaczął robić nowe wiosło
But Siddhartha bid his farewell, to look for the run-away
Ale Siddhartha pożegnał się, by poszukać uciekiniera
Vasudeva did not stop him from looking for his child
Vasudeva nie powstrzymał go przed poszukiwaniem swojego dziecka

Siddhartha had been walking through the forest for a long time
Siddhartha od dawna przechadzał się po lesie
the thought occurred to him that his search was useless
Przyszła mu do głowy myśl, że jego poszukiwania są bezcelowe
Either the boy was far ahead and had already reached the city
Albo chłopiec był daleko z przodu i dotarł już do miasta
or he would conceal himself from him
albo ukryłby się przed nim
he continued thinking about his son
Nie przestawał myśleć o swoim synu
he found that he was not worried for his son
Stwierdził, że nie martwi się o swojego syna
he knew deep inside that he had not perished
W głębi duszy wiedział, że nie zginął
nor was he in any danger in the forest
Nie groziło mu też żadne niebezpieczeństwo w lesie
Nevertheless, he ran without stopping
Mimo to biegł bez zatrzymywania się
he was not running to save him
Nie biegł, by go ratować
he was running to satisfy his desire
Biegł, by zaspokoić swoje pragnienie
he wanted to perhaps see him one more time
Być może chciał się z nim jeszcze raz zobaczyć

And he ran up to just outside of the city
I pobiegł na obrzeża miasta
When, near the city, he reached a wide road
Gdy w pobliżu miasta dotarł do szerokiej drogi
he stopped, by the entrance of the beautiful pleasure-garden
Zatrzymał się przy wejściu do pięknego ogrodu rozkoszy
the garden which used to belong to Kamala
ogród, który kiedyś należał do Kamali
the garden where he had seen her for the first time
ogród, w którym zobaczył ją po raz pierwszy
when she was sitting in her sedan-chair
kiedy siedziała w swoim sedanie
The past rose up in his soul
Przeszłość zrodziła się w jego duszy
again, he saw himself standing there
Znowu zobaczył siebie stojącego
a young, bearded, naked Samana
młoda, brodata, naga Samana
his hair hair was full of dust
Jego włosy były pełne kurzu
For a long time, Siddhartha stood there
Siddhartha stał tam przez długi czas
he looked through the open gate into the garden
Wyjrzał przez otwartą bramę do ogrodu
he saw monks in yellow robes walking among the beautiful trees
Widział mnichów w żółtych szatach spacerujących wśród pięknych drzew
For a long time, he stood there, pondering
Długo tak stał, rozmyślając
he saw images and listened to the story of his life
Widział obrazy i słuchał historii swojego życia
For a long time, he stood there looking at the monks
Długo tak stał i patrzył na mnichów
he saw young Siddhartha in their place
zobaczył młodego Siddharthę na ich miejscu
he saw young Kamala walking among the high trees

zobaczył młodą Kamalę spacerującą wśród wysokich drzew
Clearly, he saw himself being served food and drink by Kamala
Najwyraźniej widział, jak Kamala podaje mu jedzenie i picie
he saw himself receiving his first kiss from her
Zobaczył, jak otrzymuje od niej swój pierwszy pocałunek
he saw himself looking proudly and disdainfully back on his life as a Brahman
widział siebie spoglądającego z dumą i pogardą wstecz na swoje życie jako bramin
he saw himself beginning his worldly life, proudly and full of desire
Widział siebie rozpoczynającego swoje światowe życie, dumnego i pełnego pragnień
He saw Kamaswami, the servants, the orgies
Widział Kamaswamiego, służbę, orgie
he saw the gamblers with the dice
Widział hazardzistów z kośćmi
he saw Kamala's song-bird in the cage
zobaczył śpiewającego ptaka Kamali w klatce
he lived through all this again
Przeżył to wszystko jeszcze raz
he breathed Sansara and was once again old and tired
odetchnął Sansarą i znów był stary i zmęczony
he felt the disgust and the wish to annihilate himself again
Czuł wstręt i pragnienie ponownego unicestwienia samego siebie
and he was healed again by the holy Om
i został ponownie uzdrowiony przez świętego Om
for a long time Siddhartha had stood by the gate
Siddhartha przez długi czas stał przy bramie
he realised his desire was foolish
Zdał sobie sprawę, że jego pragnienie było głupie
he realized it was foolishness which had made him go up to this place
Zdał sobie sprawę, że to głupota skłoniła go do pójścia w to miejsce

he realized he could not help his son
Zdał sobie sprawę, że nie może pomóc swojemu synowi
and he realized that he was not allowed to cling to him
I zdał sobie sprawę, że nie wolno mu się do niego przylgnąć
he felt the love for the run-away deeply in his heart
Czuł głęboko w sercu miłość do uciekiniera
the love for his son felt like a wound
Miłość do syna była jak rana
but this wound had not been given to him in order to turn the knife in it
Ale ta rana nie została mu dana po to, aby wbić w nią nóż
the wound had to become a blossom
Rana musiała stać się kwiatem
and his wound had to shine
a jego rana musiała zabłysnąć
That this wound did not blossom or shine yet made him sad
To, że ta rana nie zakwitła ani nie zajaśniała, jeszcze go zasmuciło
Instead of the desired goal, there was emptiness
Zamiast upragnionego celu pojawiła się pustka
emptiness had drawn him here, and sadly he sat down
Przyciągnęła go tu pustka i ze smutkiem usiadł
he felt something dying in his heart
Czuł, że coś umiera w jego sercu
he experienced emptiness and saw no joy any more
Doświadczył pustki i nie widział już radości
there was no goal for which to aim for
Nie było celu, do którego można by dążyć
He sat lost in thought and waited
Siedział zamyślony i czekał
This he had learned by the river
Nauczył się tego nad rzeką
waiting, having patience, listening attentively
czekać, mieć cierpliwość, słuchać uważnie
And he sat and listened, in the dust of the road
A on siedział i słuchał, w kurzu drogi
he listened to his heart, beating tiredly and sadly

Wsłuchiwał się w głos swojego serca, bijącego ze znużeniem i smutkiem
and he waited for a voice
i czekał na głos
Many an hour he crouched, listening
Przez wiele godzin kucał, nasłuchując
he saw no images any more
Nie widział już żadnych obrazów
he fell into emptiness and let himself fall
Wpadł w pustkę i pozwolił sobie upaść
he could see no path in front of him
Nie widział przed sobą żadnej ścieżki
And when he felt the wound burning, he silently spoke the Om
A kiedy poczuł, że rana płonie, wypowiedział po cichu Om
he filled himself with Om
napełnił się Om
The monks in the garden saw him
Ujrzeli go mnisi w ogrodzie
dust was gathering on his gray hair
Kurz zbierał się na jego siwych włosach
since he crouched for many hours, one of monks placed two bananas in front of him
Ponieważ kucał przez wiele godzin, jeden z mnichów położył przed nim dwa banany
The old man did not see him
Starzec go nie widział

From this petrified state, he was awoken by a hand touching his shoulder
Z tego skamieniałego stanu obudziła go ręka dotykająca jego ramienia
Instantly, he recognised this tender bashful touch
Natychmiast rozpoznał ten czuły, wstydliwy dotyk
Vasudeva had followed him and waited
Vasudeva poszedł za nim i czekał
he regained his senses and rose to greet Vasudeva

odzyskał przytomność i wstał, by przywitać się z Vasudevą
he looked into Vasudeva's friendly face
spojrzał w przyjazną twarz Vasudevy
he looked into the small wrinkles
Przyjrzał się drobnym zmarszczkom
his wrinkles were as if they were filled with nothing but his smile
Jego zmarszczki wyglądały tak, jakby nie było w nich nic poza jego uśmiechem
he looked into the happy eyes, and then he smiled too
Spojrzał w szczęśliwe oczy, a potem też się uśmiechnął
Now he saw the bananas lying in front of him
Teraz zobaczył banany leżące przed nim
he picked the bananas up and gave one to the ferryman
Podniósł banany i dał jednego przewoźnikowi
After eating the bananas, they silently went back into the forest
Po zjedzeniu bananów w milczeniu wrócili do lasu
they returned home to the ferry
Wrócili do domu na prom
Neither one talked about what had happened that day
Żadne z nich nie mówiło o tym, co wydarzyło się tego dnia
neither one mentioned the boy's name
Żaden z nich nie wymienił imienia chłopca
neither one spoke about him running away
Żaden z nich nie mówił o jego ucieczce
neither one spoke about the wound
Żadne z nich nie mówiło o ranie
In the hut, Siddhartha lay down on his bed
W chacie Siddhartha położył się na łóżku
after a while Vasudeva came to him
po chwili podszedł do niego Vasudeva
he offered him a bowl of coconut-milk
Podał mu miskę mleka kokosowego
but he was already asleep
ale on już spał

Om

For a long time the wound continued to burn
Przez długi czas rana nadal paliła
Siddhartha had to ferry many travellers across the river
Siddhartha musiał przewieźć wielu podróżnych przez rzekę
many of the travellers were accompanied by a son or a daughter
Wielu podróżnym towarzyszył syn lub córka
and he saw none of them without envying them
i nie widział żadnego z nich, nie zazdrościwszy im
he couldn't see them without thinking about his lost son
Nie mógł ich zobaczyć, nie myśląc o swoim utraconym synu
"So many thousands possess the sweetest of good fortunes"
"Tyle tysięcy posiada najsłodszy z pomyślności"
"why don't I also possess this good fortune?"
— Czemuż i ja nie mam tego szczęścia?
"even thieves and robbers have children and love them"
"Nawet złodzieje i rabusie mają dzieci i kochają je"
"and they are being loved by their children"
"I są kochani przez swoje dzieci"
"all are loved by their children except for me"
"Wszyscy są kochani przez swoje dzieci, z wyjątkiem Mnie"
he now thought like the childlike people, without reason
Myślał teraz jak dziecinni ludzie, bez powodu
he had become one of the childlike people
Stał się jednym z tych dziecinnych ludzi
he looked upon people differently than before
Patrzył na ludzi inaczej niż przedtem
he was less smart and less proud of himself
Był mniej mądry i mniej dumny z siebie
but instead, he was warmer and more curious
Ale zamiast tego był cieplejszy i ciekawszy
when he ferried travellers, he was more involved than before
Kiedy przewoził podróżnych, był bardziej zaangażowany niż wcześniej

childlike people, businessmen, warriors, women
dziecięcy ludzie, biznesmeni, wojownicy, kobiety
these people did not seem alien to him, as they used to
Ci ludzie nie wydawali mu się obcy, jak dawniej
he understood them and shared their life
Rozumiał ich i dzielił z nimi życie
a life which was not guided by thoughts and insight
Życie, które nie było kierowane myślami i wglądem
but a life guided solely by urges and wishes
ale życie kierujące się wyłącznie popędami i pragnieniami
he felt like the the childlike people
Czuł się jak dziecięcy człowiek
he was bearing his final wound
Nosił swoją ostatnią ranę
he was nearing perfection
Zbliżał się do doskonałości
but the childlike people still seemed like his brothers
Ale ci dziecinni ludzie wciąż wydawali mu się braćmi
their vanities, desires for possession were no longer ridiculous to him
Ich próżność, żądza posiadania nie były już dla niego śmieszne
they became understandable and lovable
Stali się zrozumiali i sympatyczni
they even became worthy of veneration to him
Stali się nawet godni czci dla Niego
The blind love of a mother for her child
Ślepa miłość matki do dziecka
the stupid, blind pride of a conceited father for his only son
Głupia, ślepa duma zarozumiałego ojca z powodu jedynego syna
the blind, wild desire of a young, vain woman for jewellery
Ślepe, dzikie pragnienie młodej, próżnej kobiety do biżuterii
her wish for admiring glances from men
jej pragnienie podziwiania spojrzeń mężczyzn
all of these simple urges were not childish notions
Wszystkie te proste popędy nie były dziecinnymi pojęciami

but they were immensely strong, living, and prevailing urges
Były to jednak niezwykle silne, żywe i dominujące popędy
he saw people living for the sake of their urges
Widział ludzi żyjących dla swoich popędów
he saw people achieving rare things for their urges
Widział, jak ludzie osiągają rzadkie rzeczy dla swoich popędów
travelling, conducting wars, suffering
podróże, prowadzenie wojen, cierpienie
they bore an infinite amount of suffering
Znosili nieskończoną ilość cierpienia
and he could love them for it, because he saw life
I mógł ich za to kochać, bo widział życie
that what is alive was in each of their passions
że to, co żywe, było w każdej z ich namiętności
that what is is indestructible was in their urges, the Brahman
To, co jest, jest niezniszczalne, wynikało z ich popędów, z Brahmanem
these people were worthy of love and admiration
Ci ludzie byli godni miłości i podziwu
they deserved it for their blind loyalty and blind strength
Zasłużyli na to za swoją ślepą lojalność i ślepą siłę
there was nothing that they lacked
Nie brakowało im niczego
Siddhartha had nothing which would put him above the rest, except one thing
Siddhartha nie miał nic, co stawiałoby go ponad innymi, z wyjątkiem jednej rzeczy
there still was a small thing he had which they didn't
Wciąż miał małą rzecz, której oni nie mieli
he had the conscious thought of the oneness of all life
Miał świadomą myśl o jedności wszelkiego życia
but Siddhartha even doubted whether this knowledge should be valued so highly
ale Siddhartha wątpił nawet, czy ta wiedza powinna być tak wysoko ceniona

it might also be a childish idea of the thinking people
Może to być również dziecinne wyobrażenie myślących ludzi
the worldly people were of equal rank to the wise men
Ludzie świeccy byli równi mędrcom
animals too can in some moments seem to be superior to humans
Zwierzęta również mogą w pewnych momentach wydawać się lepsze od ludzi
they are superior in their tough, unrelenting performance of what is necessary
Są lepsze w swoim twardym, nieubłaganym wykonywaniu tego, co jest konieczne
an idea slowly blossomed in Siddhartha
Siddhartha powoli kiełkował w idei
and the idea slowly ripened in him
i powoli dojrzewała w nim ta myśl
he began to see what wisdom actually was
Zaczął dostrzegać, czym właściwie jest mądrość
he saw what the goal of his long search was
Zrozumiał, jaki był cel jego długich poszukiwań
his search was nothing but a readiness of the soul
Jego poszukiwania nie były niczym innym, jak tylko gotowością duszy
a secret art to think every moment, while living his life
tajemna sztuka myślenia w każdej chwili, żyjąc swoim życiem
it was the thought of oneness
Była to myśl o jedności
to be able to feel and inhale the oneness
by móc odczuwać i wdychać jedność
Slowly this awareness blossomed in him
Powoli ta świadomość rozkwitała w nim
it was shining back at him from Vasudeva's old, childlike face
jaśniała na niego ze starej, dziecięcej twarzy Vasudevy
harmony and knowledge of the eternal perfection of the world
harmonia i wiedza o wiecznej doskonałości świata

smiling and to be part of the oneness
uśmiechać się i być częścią jedności
But the wound still burned
Ale rana wciąż paliła
longingly and bitterly Siddhartha thought of his son
Siddhartha z tęsknotą i goryczą pomyślał o swoim synu
he nurtured his love and tenderness in his heart
Pielęgnował swoją miłość i czułość w swoim sercu
he allowed the pain to gnaw at him
Pozwolił, by ból go gryzł
he committed all foolish acts of love
Dopuszczał się wszystkich głupich uczynków miłości
this flame would not go out by itself
Ten płomień nie zgaśnie sam z siebie

one day the wound burned violently
Pewnego dnia rana gwałtownie się poparzyła
driven by a yearning, Siddhartha crossed the river
Wiedziony tęsknotą Siddhartha przeprawił się przez rzekę
he got off the boat and was willing to go to the city
Wysiadł z łodzi i chciał udać się do miasta
he wanted to look for his son again
Chciał znów poszukać syna
The river flowed softly and quietly
Rzeka płynęła miękko i cicho
it was the dry season, but its voice sounded strange
Była pora sucha, ale jego głos brzmiał dziwnie
it was clear to hear that the river laughed
Wyraźnie było słychać, że rzeka się śmieje
it laughed brightly and clearly at the old ferryman
Roześmiał się wesoło i wyraźnie ze starego przewoźnika
he bent over the water, in order to hear even better
Pochylił się nad wodą, by jeszcze lepiej słyszeć
and he saw his face reflected in the quietly moving waters
i zobaczył swoje odbicie w cicho poruszających się wodach
in this reflected face there was something
W tej odbitej twarzy było coś

something which reminded him, but he had forgotten
coś, co mu przypominało, ale o czym zapomniał
as he thought about it, he found it
Gdy o tym myślał, znalazł to
this face resembled another face which he used to know and love
Twarz ta przypominała inną twarz, którą znał i kochał
but he also used to fear this face
Ale bał się też tej twarzy
It resembled his father's face, the Brahman
Przypominała twarz jego ojca, Brahmana
he remembered how he had forced his father to let him go
Przypomniał sobie, jak zmusił ojca, by pozwolił mu odejść
he remembered how he had bid his farewell to him
Przypomniał sobie, jak się z nim żegnał
he remembered how he had gone and had never come back
Przypomniał sobie, jak odszedł i nigdy nie wrócił
Had his father not also suffered the same pain for him?
Czyż jego ojciec nie cierpiał z tego samego powodu z jego powodu?
was his father's pain not the pain Siddhartha is suffering now?
Czyż ból ojca nie był bólem, który teraz cierpi Siddhartha?
Had his father not long since died?
Czyżby jego ojciec nie umarł dawno temu?
had he died without having seen his son again?
Czyżby umarł, nie ujrzawszy już syna?
Did he not have to expect the same fate for himself?
Czyż nie musiał spodziewać się takiego samego losu dla siebie?
Was it not a comedy in a fateful circle?
Czyż nie była to komedia w fatalnym kole?
The river laughed about all of this
Rzeka śmiała się z tego wszystkiego
everything came back which had not been suffered
Wróciło wszystko, czego nie ucierpiało
everything came back which had not been solved

Wróciło wszystko, co nie zostało rozwiązane
the same pain was suffered over and over again
Ciągle odczuwano ten sam ból
Siddhartha went back into the boat
Siddhartha wrócił do łodzi
and he returned back to the hut
i wrócił do chaty
he was thinking of his father and of his son
Myślał o ojcu i o synu
he thought of having been laughed at by the river
Pomyślał o tym, że rzeka go wyśmiała
he was at odds with himself and tending towards despair
Był skłócony sam ze sobą i skłaniał się ku rozpaczy
but he was also tempted to laugh
Ale kusiło go też, żeby się śmiać
he could laugh at himself and the entire world
Potrafił śmiać się z siebie i z całego świata
Alas, the wound was not blossoming yet
Niestety, rana jeszcze się nie zagoiła
his heart was still fighting his fate
Jego serce wciąż walczyło z losem
cheerfulness and victory were not yet shining from his suffering
Wesołość i zwycięstwo nie jaśniały jeszcze od jego cierpienia
Nevertheless, he felt hope along with the despair
Mimo to czuł nadzieję i rozpacz
once he returned to the hut he felt an undefeatable desire to open up to Vasudeva
Kiedy wrócił do chaty, poczuł nieprzezwyciężone pragnienie otwarcia się przed Vasudevą
he wanted to show him everything
Chciał mu wszystko pokazać
he wanted to say everything to the master of listening
Chciał powiedzieć wszystko mistrzowi słuchania

Vasudeva was sitting in the hut, weaving a basket
Vasudeva siedział w chacie, wyplatając kosz

He no longer used the ferry-boat
Nie korzystał już z promu
his eyes were starting to get weak
Jego oczy zaczynały słabnąć
his arms and hands were getting weak as well
Jego ramiona i dłonie również słabły
only the joy and cheerful benevolence of his face was unchanging
Tylko radość i pogodna życzliwość na jego twarzy była niezmienna
Siddhartha sat down next to the old man
Siddhartha usiadł obok starca
slowly, he started talking about what they had never spoke about
Powoli zaczął mówić o tym, o czym nigdy wcześniej nie rozmawiali
he told him of his walk to the city
Opowiedział mu o swojej wędrówce do miasta
he told at him of the burning wound
Opowiedział mu o palącej ranie
he told him about the envy of seeing happy fathers
Opowiedział mu o zazdrości o szczęśliwych ojców
his knowledge of the foolishness of such wishes
jego wiedza o głupocie takich życzeń
his futile fight against his wishes
Jego daremna walka wbrew jego życzeniom
he was able to say everything, even the most embarrassing parts
Był w stanie powiedzieć wszystko, nawet najbardziej żenujące fragmenty
he told him everything he could tell him
Powiedział mu wszystko, co mógł mu powiedzieć
he showed him everything he could show him
Pokazał mu wszystko, co mógł mu pokazać
He presented his wound to him
Pokazał mu swoją ranę
he also told him how he had fled today

Opowiedział mu też, jak uciekł dzisiaj
he told him how he ferried across the water
Opowiedział mu, jak przeprawił się promem przez wodę
a childish run-away, willing to walk to the city
Dziecinny uciekinier, chętny do chodzenia do miasta
and he told him how the river had laughed
I opowiedział mu, jak rzeka się śmiała
he spoke for a long time
Mówił długo
Vasudeva was listening with a quiet face
Vasudeva słuchał z cichą twarzą
Vasudeva's listening gave Siddhartha a stronger sensation than ever before
Słuchanie Vasudevy dało Siddharcie silniejsze wrażenie niż kiedykolwiek wcześniej
he sensed how his pain and fears flowed over to him
Czuł, jak jego ból i lęki spływają na niego
he sensed how his secret hope flowed over him
Czuł, jak spływa na niego jego skryta nadzieja
To show his wound to this listener was the same as bathing it in the river
Pokazanie tej rany temu słuchaczowi było tym samym, co wykąpanie jej w rzece
the river would have cooled Siddhartha's wound
rzeka ochłodziłaby ranę Siddharthy
the quiet listening cooled Siddhartha's wound
ciche słuchanie ostudziło ranę Siddharthy
it cooled him until he become one with the river
Ochłodziła go, aż stał się jednością z rzeką
While he was still speaking, still admitting and confessing
Póki jeszcze mówił, wciąż przyznawał się i spowiadał
Siddhartha felt more and more that this was no longer Vasudeva
Siddhartha coraz bardziej czuł, że to już nie jest Vasudeva
it was no longer a human being who was listening to him
To już nie była istota ludzka, która go słuchała
this motionless listener was absorbing his confession into

himself
Ten nieruchomy słuchacz chłonął w sobie swoje wyznanie
this motionless listener was like a tree the rain
Ten nieruchomy słuchacz był jak drzewo deszcz
this motionless man was the river itself
Tym nieruchomym człowiekiem była sama rzeka
this motionless man was God himself
tym nieruchomym człowiekiem był sam Bóg
the motionless man was the eternal itself
Nieruchomy człowiek był samym Wiecznością
Siddhartha stopped thinking of himself and his wound
Siddhartha przestał myśleć o sobie i swojej ranie
this realisation of Vasudeva's changed character took possession of him
to uświadomienie sobie zmienionego charakteru Vasudevy wzięło w nim górę
and the more he entered into it, the less wondrous it became
A im bardziej w nią wchodził, tym mniej cudowna się stawała
the more he realised that everything was in order and natural
Tym bardziej zdawał sobie sprawę, że wszystko jest w porządku i naturalne
he realised that Vasudeva had already been like this for a long time
zdał sobie sprawę, że Vasudeva był taki już od dłuższego czasu
he had just not quite recognised it yet
Po prostu jeszcze nie do końca go rozpoznał
yes, he himself had almost reached the same state
Tak, on sam prawie osiągnął ten sam stan
He felt, that he was now seeing old Vasudeva as the people see the gods
Czuł, że widzi teraz starego Vasudevę tak, jak ludzie widzą bogów
and he felt that this could not last
Czuł, że to nie może trwać wiecznie
in his heart, he started bidding his farewell to Vasudeva

W swoim sercu zaczął żegnać się z Vasudevą
Throughout all this, he talked incessantly
Przez cały ten czas mówił bez przerwy
When he had finished talking, Vasudeva turned his friendly eyes at him
Kiedy skończył mówić, Vasudeva spojrzał na niego przyjaznym wzrokiem
the eyes which had grown slightly weak
oczy, które nieco osłabły
he said nothing, but let his silent love and cheerfulness shine
Nic nie powiedział, ale niech świeci jego cicha miłość i radość
his understanding and knowledge shone from him
Jego zrozumienie i wiedza promieniowały z niego
He took Siddhartha's hand and led him to the seat by the bank
Ujął Siddharthę za rękę i zaprowadził go na miejsce przy brzegu
he sat down with him and smiled at the river
Usiadł z nim i uśmiechnął się do rzeki
"You've heard it laugh," he said
– Słyszałeś, jak się śmieje – powiedział
"But you haven't heard everything"
"Ale nie słyszałeś wszystkiego"
"Let's listen, you'll hear more"
"Posłuchajmy, usłyszysz więcej"
Softly sounded the river, singing in many voices
Cicho szumiała rzeka, śpiewając wieloma głosami
Siddhartha looked into the water
Siddhartha zajrzał do wody
images appeared to him in the moving water
Obrazy ukazały mu się w poruszającej się wodzie
his father appeared, lonely and mourning for his son
Zjawił się jego ojciec, samotny i pogrążony w żałobie po synu
he himself appeared in the moving water
On sam pojawił się w poruszającej się wodzie
he was also being tied with the bondage of yearning to his

distant son
Był również związany niewolą tęsknoty za swoim dalekim synem
his son appeared, lonely as well
Pojawił się jego syn, również samotny
the boy, greedily rushing along the burning course of his young wishes
chłopiec, chciwie pędzący wzdłuż płonącego biegu swoich młodzieńczych pragnień
each one was heading for his goal
Każdy zmierzał do celu
each one was obsessed by the goal
Każdy z nich miał obsesję na punkcie celu
each one was suffering from the pursuit
Każdy z nich cierpiał z powodu pościgu
The river sang with a voice of suffering
Rzeka śpiewała głosem cierpienia
longingly it sang and flowed towards its goal
tęsknie śpiewał i płynął ku celowi
"Do you hear?" Vasudeva asked with a mute gaze
— Słyszysz? - zapytał Vasudeva z niemym spojrzeniem
Siddhartha nodded in reply
Siddhartha skinął głową w odpowiedzi
"Listen better!" Vasudeva whispered
"Słuchaj lepiej!" — wyszeptał Vasudeva
Siddhartha made an effort to listen better
Siddhartha starał się lepiej słuchać
The image of his father appeared
Pojawił się wizerunek jego ojca
his own image merged with his father's
jego własny wizerunek zlał się z wizerunkiem ojca
the image of his son merged with his image
wizerunek syna zlał się z jego wizerunkiem
Kamala's image also appeared and was dispersed
Wizerunek Kamali również się pojawił i został rozproszony
and the image of Govinda, and other images
i wizerunek Govindy oraz inne obrazy

and all the imaged merged with each other
i wszystkie obrazy połączyły się ze sobą
all the imaged turned into the river
Wszystko, co zostało wyobrażone, zamieniło się w rzekę
being the river, they all headed for the goal
Będąc rzeką, wszyscy zmierzali do celu
longing, desiring, suffering flowed together
Tęsknota, pragnienie, cierpienie płynęły razem
and the river's voice sounded full of yearning
a głos rzeki zabrzmiał pełen tęsknoty
the river's voice was full of burning woe
Głos rzeki był pełen palącej nieszczęścia
the river's voice was full of unsatisfiable desire
Głos rzeki był pełen niezaspokojonego pragnienia
For the goal, the river was heading
Do bramki zmierzała rzeka
Siddhartha saw the river hurrying towards its goal
Siddhartha zobaczył, że rzeka pędzi ku celowi
the river of him and his loved ones and of all people he had ever seen
rzeka jego, jego bliskich i wszystkich ludzi, których kiedykolwiek widział
all of these waves and waters were hurrying
Wszystkie te fale i wody pędziły
they were all suffering towards many goals
Wszyscy cierpieli z powodu wielu celów
the waterfall, the lake, the rapids, the sea
wodospad, jezioro, bystrza, morze
and all goals were reached
i wszystkie cele zostały osiągnięte
and every goal was followed by a new one
a za każdym celem szedł nowy
and the water turned into vapour and rose to the sky
a woda zamieniła się w parę i wzbiła się ku niebu
the water turned into rain and poured down from the sky
Woda zamieniła się w deszcz i z nieba
the water turned into a source

Woda zamieniła się w źródło
then the source turned into a stream
Potem źródło zamieniło się w strumień
the stream turned into a river
Strumień zamienił się w rzekę
and the river headed forwards again
A rzeka znów płynęła naprzód
But the longing voice had changed
Ale tęskny głos się zmienił
It still resounded, full of suffering, searching
Wciąż rozbrzmiewała, pełna cierpienia, poszukiwań
but other voices joined the river
Ale inne głosy dołączyły do rzeki
there were voices of joy and of suffering
Słychać było głosy radości i cierpienia
good and bad voices, laughing and sad ones
głosy dobre i złe, śmiechowe i smutne
a hundred voices, a thousand voices
Sto głosów, tysiąc głosów
Siddhartha listened to all these voices
Siddhartha wsłuchiwał się w wszystkie te głosy
He was now nothing but a listener
Był teraz tylko słuchaczem
he was completely concentrated on listening
Był całkowicie skoncentrowany na słuchaniu
he was completely empty now
Był teraz zupełnie pusty
he felt that he had now finished learning to listen
Czuł, że skończył już uczyć się słuchać
Often before, he had heard all this
Już wcześniej często słyszał to wszystko
he had heard these many voices in the river
Słyszał wiele głosów w rzece
today the voices in the river sounded new
Dziś głosy w rzece zabrzmiały nowe
Already, he could no longer tell the many voices apart
Nie był już w stanie odróżnić wielu głosów

there was no difference between the happy voices and the weeping ones
Nie było różnicy między głosami szczęśliwymi a płaczącymi
the voices of children and the voices of men were one
Głosy dzieci i głosy mężczyzn były jednym głosem
all these voices belonged together
Wszystkie te głosy należały do siebie
the lamentation of yearning and the laughter of the knowledgeable one
lament tęsknoty i śmiech tego, kto zna się na rzeczy
the scream of rage and the moaning of the dying ones
Krzyk wściekłości i jęki umierających
everything was one and everything was intertwined
Wszystko było jednym i wszystko było ze sobą splecione
everything was connected and entangled a thousand times
Wszystko było połączone i splątane tysiąc razy
everything together, all voices, all goals
Wszystko razem, wszystkie głosy, wszystkie cele
all yearning, all suffering, all pleasure
wszelka tęsknota, wszelka radość, wszelka przyjemność
all that was good and evil
Wszystko, co było dobre i złe
all of this together was the world
Wszystko to razem stanowiło świat
All of it together was the flow of events
Wszystko to razem stanowiło bieg wydarzeń
all of it was the music of life
Wszystko to było muzyką życia
when Siddhartha was listening attentively to this river
gdy Siddhartha wsłuchiwał się uważnie w tę rzekę
the song of a thousand voices
Pieśń tysiąca głosów
when he neither listened to the suffering nor the laughter
gdy nie słuchał ani cierpienia, ani śmiechu
when he did not tie his soul to any particular voice
kiedy nie przywiązywał swojej duszy do żadnego konkretnego głosu

when he submerged his self into the river
kiedy zanurzył się w rzece
but when he heard them all he perceived the whole, the oneness
Lecz gdy usłyszał je wszystkie, dostrzegł całość, jedność
then the great song of the thousand voices consisted of a single word
Wtedy wielka pieśń tysiąca głosów składała się z jednego słowa
this word was Om; the perfection
tym słowem było Om; Doskonałość

"Do you hear" Vasudeva's gaze asked again
"Słyszysz?" – zapytał ponownie wzrok Vasudevy
Brightly, Vasudeva's smile was shining
Uśmiech Vasudevy lśnił jasno
it was floating radiantly over all the wrinkles of his old face
Unosił się promiennie nad wszystkimi zmarszczkami jego starej twarzy
the same way the Om was floating in the air over all the voices of the river
w ten sam sposób Om unosił się w powietrzu nad wszystkimi głosami rzeki
Brightly his smile was shining, when he looked at his friend
Jego uśmiech błyszczał, gdy spojrzał na przyjaciela
and brightly the same smile was now starting to shine on Siddhartha's face
i ten sam uśmiech zaczynał teraz jaśnieć na twarzy Siddharthy
His wound had blossomed and his suffering was shining
Jego rana rozkwitła, a cierpienie jaśniało
his self had flown into the oneness
Jego jaźń wleciała w jedność
In this hour, Siddhartha stopped fighting his fate
W tej godzinie Siddhartha przestał walczyć ze swoim losem
at the same time he stopped suffering
Jednocześnie przestał cierpieć
On his face flourished the cheerfulness of a knowledge

Na jego twarzy rozkwitła radość wiedzy
a knowledge which was no longer opposed by any will
Wiedza, której nie sprzeciwiała się już żadna wola
a knowledge which knows perfection
Wiedza, która zna doskonałość
a knowledge which is in agreement with the flow of events
Wiedza, która jest zgodna z biegiem zdarzeń
a knowledge which is with the current of life
Wiedza, która jest z nurtem życia
full of sympathy for the pain of others
pełen współczucia dla bólu innych
full of sympathy for the pleasure of others
pełen współczucia dla przyjemności innych
devoted to the flow, belonging to the oneness
oddani przepływowi, należący do jedności
Vasudeva rose from the seat by the bank
Vasudeva wstał z krzesła przy brzegu
he looked into Siddhartha's eyes
Spojrzał w oczy Siddharthy
and he saw the cheerfulness of the knowledge shining in his eyes
i widział radość wiedzy błyszczącą w jego oczach
he softly touched his shoulder with his hand
Delikatnie dotknął dłonią jego ramienia
"I've been waiting for this hour, my dear"
"Czekałem na tę godzinę, moja droga"
"Now that it has come, let me leave"
"Teraz, gdy już nadeszło, pozwól mi odejść"
"For a long time, I've been waiting for this hour"
"Długo czekałem na tę godzinę"
"for a long time, I've been Vasudeva the ferryman"
"Przez długi czas byłem przewoźnikiem Vasudewą"
"Now it's enough. Farewell"
— Teraz już wystarczy. Żegnaj"
"farewell river, farewell Siddhartha!"
— Żegnaj rzeko, żegnaj Siddhartho!
Siddhartha made a deep bow before him who bid his

farewell

Siddhartha skłonił się głęboko przed tym, który się z nim żegnał

"I've known it," he said quietly

— Wiedziałem o tym — odparł cicho

"You'll go into the forests?"

– Pójdziesz do lasu?

"I'm going into the forests"

"Idę do lasu"

"I'm going into the oneness" spoke Vasudeva with a bright smile

"Wchodzę w jedność" powiedział Vasudeva z promiennym uśmiechem

With a bright smile, he left

Z promiennym uśmiechem wyszedł

Siddhartha watched him leaving

Siddhartha patrzył, jak odchodzi

With deep joy, with deep solemnity he watched him leave

Z głęboką radością, z głęboką powagą patrzył, jak odchodzi

he saw his steps were full of peace

Widział, że jego kroki są pełne spokoju

he saw his head was full of lustre

Zobaczył, że jego głowa jest pełna blasku

he saw his body was full of light

Zobaczył, że jego ciało jest pełne światła

Govinda

Govinda had been with the monks for a long time
Govinda był z mnichami od dawna
when not on pilgrimages, he spent his time in the pleasure-garden
Kiedy nie był na pielgrzymkach, spędzał czas w ogrodzie uciech
the garden which the courtesan Kamala had given the followers of Gotama
ogród, który kurtyzana Kamala podarowała wyznawcom Gotamy
he heard talk of an old ferryman, who lived a day's journey away
Słyszał rozmowy o starym przewoźniku, który mieszkał dzień drogi stąd
he heard many regarded him as a wise man
Słyszał, że wielu uważało go za mędrca
When Govinda went back, he chose the path to the ferry
Kiedy Govinda wrócił, wybrał drogę do promu
he was eager to see the ferryman
Nie mógł się doczekać spotkania z przewoźnikiem
he had lived his entire life by the rules
Przez całe życie żył zgodnie z zasadami
he was looked upon with veneration by the younger monks
Młodsi mnisi patrzyli na niego z szacunkiem
they respected his age and modesty
Szanowali jego wiek i skromność
but his restlessness had not perished from his heart
ale niepokój nie zniknął z jego serca
he was searching for what he had not found
Szukał tego, czego nie znalazł
He came to the river and asked the old man to ferry him over
Podszedł do rzeki i poprosił starca, aby go przewiózł
when they got off the boat on the other side, he spoke with the old man
Kiedy wysiedli z łodzi po drugiej stronie, porozmawiał ze

starcem

"You're very good to us monks and pilgrims"
"Jesteś bardzo dobry dla nas, mnichów i pielgrzymów"
"you have ferried many of us across the river"
"Wielu z nas przewieźliście przez rzekę"
"Aren't you too, ferryman, a searcher for the right path?"
— Czy ty też, przewoźniku, nie szukasz właściwej drogi?
smiling from his old eyes, Siddhartha spoke
Uśmiechając się swymi starymi oczami, Siddhartha przemówił
"oh venerable one, do you call yourself a searcher?"
"Och, czcigodny, czy nazywasz siebie poszukiwaczem?"
"are you still a searcher, although already well in years?"
– Czy nadal jesteś poszukiwaczem, choć masz już już wiele lat?
"do you search while wearing the robe of Gotama's monks?"
— Czy szukasz, mając na sobie szatę mnichów Gotamy?
"It's true, I'm old," spoke Govinda
— To prawda, jestem stary — odezwał się Govinda
"but I haven't stopped searching"
"ale nie przestałem szukać"
"I will never stop searching"
"Nigdy nie przestanę szukać"
"this seems to be my destiny"
"Wydaje mi się, że to jest moje przeznaczenie"
"You too, so it seems to me, have been searching"
"Wydaje mi się, że i ty szukałeś"
"Would you like to tell me something, oh honourable one?"
— Czy zechciałby mi pan coś powiedzieć, szanowny panie?
"What might I have that I could tell you, oh venerable one?"
— Cóż mógłbym ci powiedzieć, czcigodny?
"Perhaps I could tell you that you're searching far too much?"
– Może mógłbym ci powiedzieć, że za dużo szukasz?
"Could I tell you that you don't make time for finding?"
– Czy mogę ci powiedzieć, że nie masz czasu na szukanie?
"How come?" asked Govinda

"Jak to?" zapytał Govinda
"When someone is searching they might only see what they search for"
"Kiedy ktoś szuka, może zobaczyć tylko to, czego szuka"
"he might not be able to let anything else enter his mind"
"Być może nie będzie w stanie pozwolić, by cokolwiek innego przyszło mu do głowy"
"he doesn't see what he is not searching for"
"Nie widzi tego, czego nie szuka"
"because he always thinks of nothing but the object of his search"
"ponieważ zawsze nie myśli o niczym innym, jak tylko o przedmiocie swoich poszukiwań"
"he has a goal, which he is obsessed with"
"Ma cel, na punkcie którego ma obsesję"
"Searching means having a goal"
"Szukanie oznacza posiadanie celu"
"But finding means being free, open, and having no goal"
"Ale odnalezienie oznacza bycie wolnym, otwartym i bez celu"
"You, oh venerable one, are perhaps indeed a searcher"
"Ty, o czcigodny, być może rzeczywiście jesteś poszukiwaczem"
"because, when striving for your goal, there are many things you don't see"
"Ponieważ, dążąc do celu, jest wiele rzeczy, których nie widzisz"
"you might not see things which are directly in front of your eyes"
"Możesz nie widzieć rzeczy, które są bezpośrednio przed twoimi oczami"
"I don't quite understand yet," said Govinda, "what do you mean by this?"
— Jeszcze nie bardzo rozumiem — rzekł Govinda — co przez to rozumiesz?
"oh venerable one, you've been at this river before, a long time ago"
"O Czcigodny, byłeś już nad tą rzeką, dawno temu"

"and you have found a sleeping man by the river"
"A znalazłeś śpiącego nad rzeką"
"you have sat down with him to guard his sleep"
"Usiadłeś z nim, aby strzec jego snu"
"but, oh Govinda, you did not recognise the sleeping man"
"Ależ, o Govindo, nie poznałeś śpiącego"
Govinda was astonished, as if he had been the object of a magic spell
Govinda był zdumiony, jakby padł ofiarą magicznego zaklęcia
the monk looked into the ferryman's eyes
Mnich spojrzał przewoźnikowi w oczy
"Are you Siddhartha?" he asked with a timid voice
"Czy jesteś Siddharthą?" zapytał nieśmiałym głosem
"I wouldn't have recognised you this time either!"
"Tym razem też bym cię nie poznał!"
"from my heart, I'm greeting you, Siddhartha"
"Z całego serca pozdrawiam cię, Siddhartho"
"from my heart, I'm happy to see you once again!"
"Z całego serca cieszę się, że znów cię widzę!"
"You've changed a lot, my friend"
"Bardzo się zmieniłeś, przyjacielu"
"and you've now become a ferryman?"
— A teraz zostałeś przewoźnikiem?
In a friendly manner, Siddhartha laughed
Siddhartha roześmiał się przyjaźnie
"yes, I am a ferryman"
"Tak, jestem przewoźnikiem"
"Many people, Govinda, have to change a lot"
"Wielu ludzi, Govinda, musi się bardzo zmienić"
"they have to wear many robes"
"Muszą nosić wiele szat"
"I am one of those who had to change a lot"
"Jestem jedną z tych, które musiały się bardzo zmienić"
"Be welcome, Govinda, and spend the night in my hut"
"Nie ma za co, Govindo, i spędź noc w mojej chacie"
Govinda stayed the night in the hut
Govinda został na noc w chacie

he slept on the bed which used to be Vasudeva's bed
spał na łóżku, które kiedyś było łóżkiem Vasudevy
he posed many questions to the friend of his youth
Zadał wiele pytań przyjacielowi swojej młodości
Siddhartha had to tell him many things from his life
Siddhartha musiał mu opowiedzieć wiele rzeczy ze swojego życia

then the next morning came
Następnego ranka
the time had come to start the day's journey
Nadszedł czas, aby rozpocząć całodzienną podróż
without hesitation, Govinda asked one more question
Govinda bez wahania zadał jeszcze jedno pytanie
"Before I continue on my path, Siddhartha, permit me to ask one more question"
"Zanim pójdę dalej moją drogą, Siddhartho, pozwól, że zadam jeszcze jedno pytanie"
"Do you have a teaching that guides you?"
"Czy masz jakąś naukę, która cię prowadzi?"
"Do you have a faith or a knowledge you follow"
"Czy masz wiarę lub wiedzę, którą podążasz?"
"is there a knowledge which helps you to live and do right?"
"Czy istnieje wiedza, która pomaga ci żyć i czynić dobro?"
"You know well, my dear, I have always been distrustful of teachers"
"Wiesz dobrze, moja droga, że zawsze byłam nieufna wobec nauczycieli"
"as a young man I already started to doubt teachers"
"Już jako młody człowiek zacząłem wątpić w nauczycieli"
"when we lived with the penitents in the forest, I distrusted their teachings"
"kiedy mieszkaliśmy z penitentami w lesie, nie ufałem ich naukom"
"and I turned my back to them"
"I odwróciłem się do nich plecami"
"I have remained distrustful of teachers"

"Pozostałem nieufny wobec nauczycieli"
"Nevertheless, I have had many teachers since then"
"Mimo to od tamtej pory miałem wielu nauczycieli"
"A beautiful courtesan has been my teacher for a long time"
"Piękna kurtyzana od dawna jest moją nauczycielką"
"a rich merchant was my teacher"
"Moim nauczycielem był bogaty kupiec"
"and some gamblers with dice taught me"
"A niektórzy hazardziści z kośćmi mnie nauczyli"
"Once, even a follower of Buddha has been my teacher"
"Kiedyś nawet wyznawca Buddy był moim nauczycielem"
"he was travelling on foot, pilgering"
"Wędrował pieszo, rabując"
"and he sat with me when I had fallen asleep in the forest"
"I siedział ze mną, gdym zasnął w lesie"
"I've also learned from him, for which I'm very grateful"
"Ja też się od niego uczyłem, za co jestem mu bardzo wdzięczny"
"But most of all, I have learned from this river"
"Ale przede wszystkim nauczyłem się od tej rzeki"
"and I have learned most from my predecessor, the ferryman Vasudeva"
"Najwięcej nauczyłem się od mojego poprzednika, przewoźnika Vasudevy"
"He was a very simple person, Vasudeva, he was no thinker"
"Był bardzo prostym człowiekiem, Vasudevo, nie był myślicielem"
"but he knew what is necessary just as well as Gotama"
"ale wiedział, co jest konieczne, równie dobrze jak Gotama"
"he was a perfect man, a saint"
"Był człowiekiem doskonałym, świętym"
"Siddhartha still loves to mock people, it seems to me"
"Wydaje mi się, że Siddhartha nadal uwielbia drwić z ludzi"
"I believe in you and I know that you haven't followed a teacher"
"Wierzę w ciebie i wiem, że nie poszedłeś za nauczycielem"
"But haven't you found something by yourself?"

– Ale czy sam czegoś nie znalazłeś?
"though you've found no teachings, you still found certain thoughts"
"Chociaż nie znalazłeś żadnych nauk, wciąż znalazłeś pewne myśli"
"certain insights, which are your own"
"pewne spostrzeżenia, które są twoimi własnymi"
"insights which help you to live"
"Wglądy, które pomagają żyć"
"Haven't you found something like this?"
– Nie znalazłeś czegoś takiego?
"If you would like to tell me, you would delight my heart"
"Gdybyś chciał mi powiedzieć, zachwyciłbyś moje serce"
"you are right, I have had thoughts and gained many insights"
"masz rację, miałem przemyślenia i zyskałem wiele spostrzeżeń"
"Sometimes I have felt knowledge in me for an hour"
"Czasem przez godzinę czułem w sobie wiedzę"
"at other times I have felt knowledge in me for an entire day"
"innym razem czułem w sobie wiedzę przez cały dzień"
"the same knowledge one feels when one feels life in one's heart"
"Tę samą wiedzę, którą odczuwa się, gdy czuje się życie w sercu"
"There have been many thoughts"
"Było wiele myśli"
"but it would be hard for me to convey these thoughts to you"
"Ale trudno byłoby mi przekazać ci te myśli"
"my dear Govinda, this is one of my thoughts which I have found"
"Mój drogi Govindo, to jest jedna z moich myśli, które znalazłem"
"wisdom cannot be passed on"
"Mądrości nie można przekazać"

"**Wisdom which a wise man tries to pass on always sounds like foolishness**"
"Mądrość, którą mądry człowiek stara się przekazać, zawsze brzmi jak głupota"
"**Are you kidding?" asked Govinda**
"Żartujesz?" zapytał Govinda
"**I'm not kidding, I'm telling you what I have found**"
"Nie żartuję, mówię ci, co znalazłem"
"**Knowledge can be conveyed, but wisdom can't**"
"Wiedzę można przekazać, ale mądrość nie"
"**wisdom can be found, it can be lived**"
"Mądrość można znaleźć, można nią żyć"
"**it is possible to be carried by wisdom**"
"Mądrość daje się ponieść"
"**miracles can be performed with wisdom**"
"Cuda można czynić z mądrością"
"**but wisdom cannot be expressed in words or taught**"
"Lecz mądrości nie da się wyrazić słowami ani jej nauczyć"
"**This was what I sometimes suspected, even as a young man**"
"To było to, co czasami podejrzewałem, nawet jako młody człowiek"
"**this is what has driven me away from the teachers**"
"To właśnie odciągnęło mnie od nauczycieli"
"**I have found a thought which you'll regard as foolishness**"
"Znalazłem myśl, którą uznasz za głupotę"
"**but this thought has been my best**"
"Ale ta myśl była moją najlepszą"
"**The opposite of every truth is just as true!**"
"Przeciwieństwo każdej prawdy jest tak samo prawdziwe!"
"**any truth can only be expressed when it is one-sided**"
"Wszelka prawda może być wyrażona tylko wtedy, gdy jest jednostronna"
"**only one sided things can be put into words**"
"Tylko jednostronne rzeczy można wyrazić słowami"
"**Everything which can be thought is one-sided**"
"Wszystko, co można pomyśleć, jest jednostronne"

"it's all one-sided, so it's just one half"
"To wszystko jest jednostronne, więc to tylko połowa"
"it all lacks completeness, roundness, and oneness"
"To wszystko jest pozbawione kompletności, okrągłości i jedności"
"the exalted Gotama spoke in his teachings of the world"
"wzniosły Gotama mówił w swoich naukach o świecie"
"but he had to divide the world into Sansara and Nirvana"
"ale musiał podzielić świat na sansarę i nirwanę"
"he had divided the world into deception and truth"
"Podzielił świat na oszustwo i prawdę"
"he had divided the world into suffering and salvation"
"Podzielił świat na cierpienie i zbawienie"
"the world cannot be explained any other way"
"Świat nie da się wytłumaczyć w żaden inny sposób"
"there is no other way to explain it, for those who want to teach"
"Nie ma innego sposobu, aby to wyjaśnić, dla tych, którzy chcą uczyć"
"But the world itself is never one-sided"
"Ale sam świat nigdy nie jest jednostronny"
"the world exists around us and inside of us"
"Świat istnieje wokół nas i w nas"
"A person or an act is never entirely Sansara or entirely Nirvana"
"Osoba lub czyn nigdy nie jest całkowicie sansarą ani całkowicie nirwaną"
"a person is never entirely holy or entirely sinful"
"Człowiek nigdy nie jest całkowicie święty ani całkowicie grzeszny"
"It seems like the world can be divided into these opposites"
"Wydaje się, że świat można podzielić na te przeciwieństwa"
"but that's because we are subject to deception"
"Ale to dlatego, że jesteśmy podatni na oszustwa"
"it's as if the deception was something real"
"To tak, jakby oszustwo było czymś prawdziwym"
"Time is not real, Govinda"

"Czas nie jest prawdziwy, Govinda"
"I have experienced this often and often again"
"Doświadczyłem tego często i jeszcze raz"
"when time is not real, the gap between the world and the eternity is also a deception"
"Kiedy czas nie jest rzeczywisty, przepaść między światem a wiecznością jest również oszustwem"
"the gap between suffering and blissfulness is not real"
"Przepaść między cierpieniem a błogością nie jest rzeczywista"
"there is no gap between evil and good"
"Nie ma przepaści między złem a dobrem"
"all of these gaps are deceptions"
"Wszystkie te luki są oszustwem"
"but these gaps appear to us nonetheless"
"Ale mimo to te luki nam się ukazują"
"How come?" asked Govinda timidly
"Jak to?" zapytał nieśmiało Govinda
"Listen well, my dear," answered Siddhartha
— Słuchaj uważnie, moja droga — odparł Siddhartha
"The sinner, which I am and which you are, is a sinner"
"Grzesznik, którym ja jestem i którym ty jesteś, jest grzesznikiem"
"but in times to come the sinner will be Brahma again"
"ale w czasach, które nadejdą, grzesznik znów będzie Brahmą"
"he will reach the Nirvana and be Buddha"
"osiągnie Nirwanę i będzie Buddą"
"the times to come are a deception"
"Czasy, które nadejdą, są zwiedzeniem"
"the times to come are only a parable!"
"Czasy, które nadejdą, są tylko przypowieścią!"
"The sinner is not on his way to become a Buddha"
"Grzesznik nie jest na dobrej drodze, by stać się Buddą"
"he is not in the process of developing"
"Nie jest w trakcie rozwoju"
"our capacity for thinking does not know how else to picture these things"
"Nasza zdolność myślenia nie wie, jak inaczej wyobrazić sobie

te rzeczy"
"No, within the sinner there already is the future Buddha"
"Nie, w grzeszniku jest już przyszły Budda"
"his future is already all there"
"Jego przyszłość jest już przed nami"
"you have to worship the Buddha in the sinner"
"musisz czcić Buddę w grzeszniku"
"you have to worship the Buddha hidden in everyone"
"musisz czcić Buddę ukrytego w każdym"
"the hidden Buddha which is coming into being the possible"
"ukryty Budda, który powstaje jako możliwy"
"The world, my friend Govinda, is not imperfect"
"Świat, mój przyjacielu Govindo, nie jest niedoskonały"
"the world is on no slow path towards perfection"
"Świat nie podąża powolną drogą do doskonałości"
"no, the world is perfect in every moment"
"Nie, świat jest doskonały w każdej chwili"
"all sin already carries the divine forgiveness in itself"
"Każdy grzech zawiera w sobie Boże przebaczenie"
"all small children already have the old person in themselves"
"Wszystkie małe dzieci mają już w sobie starca"
"all infants already have death in them"
"Wszystkie niemowlęta mają już w sobie śmierć"
"all dying people have the eternal life"
"Wszyscy umierający mają życie wieczne"
"we can't see how far another one has already progressed on his path"
"Nie widzimy, jak daleko inny już zaszedł na swojej ścieżce"
"in the robber and dice-gambler, the Buddha is waiting"
"W złodzieju i hazardziście w kości czeka Budda"
"in the Brahman, the robber is waiting"
"W Brahmanie czeka złoczyńca"
"in deep meditation, there is the possibility to put time out of existence"
"W głębokiej medytacji istnieje możliwość unieszkodliwienia

czasu"
"there is the possibility to see all life simultaneously"
"Istnieje możliwość jednoczesnego widzenia całego życia"
"it is possible to see all life which was, is, and will be"
"Możliwe jest zobaczenie wszelkiego życia, które było, jest i będzie"
"and there everything is good, perfect, and Brahman"
"A tam wszystko jest dobre, doskonałe i Brahman"
"Therefore, I see whatever exists as good"
"Dlatego wszystko, co istnieje, postrzegam jako dobre"
"death is to me like life"
"Śmierć jest dla mnie jak życie"
"to me sin is like holiness"
"Grzech jest dla mnie jak świętość"
"wisdom can be like foolishness"
"Mądrość może być jak głupota"
"everything has to be as it is"
"Wszystko musi być tak, jak jest"
"everything only requires my consent and willingness"
"Wszystko wymaga tylko mojej zgody i chęci"
"all that my view requires is my loving agreement to be good for me"
"Wszystko, czego wymaga mój pogląd, to moja pełna miłości zgoda, aby była dla mnie dobra"
"my view has to do nothing but work for my benefit"
"Mój pogląd nie może robić nic innego, jak tylko działać na moją korzyść"
"and then my perception is unable to ever harm me"
"A wtedy moja percepcja nie jest w stanie mnie skrzywdzić"
"I have experienced that I needed sin very much"
"Doświadczyłem, że bardzo potrzebowałem grzechu"
"I have experienced this in my body and in my soul"
"Doświadczyłem tego w moim ciele i w mojej duszy"
"I needed lust, the desire for possessions, and vanity"
"Potrzebowałem pożądania, pragnienia posiadania i próżności"
"and I needed the most shameful despair"

"i potrzebowałem najbardziej haniebnej rozpaczy"
"in order to learn how to give up all resistance"
"aby nauczyć się porzucać wszelki opór"
"in order to learn how to love the world"
"Aby nauczyć się kochać świat"
"in order to stop comparing things to some world I wished for"
"żeby przestać porównywać rzeczy do jakiegoś świata, o którym marzyłem"
"I imagined some kind of perfection I had made up"
"Wyobraziłem sobie jakąś doskonałość, którą wymyśliłem"
"but I have learned to leave the world as it is"
"ale nauczyłem się zostawiać świat takim, jaki jest"
"I have learned to love the world as it is"
"Nauczyłem się kochać świat takim, jaki jest"
"and I learned to enjoy being a part of it"
"i nauczyłem się czerpać radość z bycia jego częścią"
"These, oh Govinda, are some of the thoughts which have come into my mind"
"Oto, o Govindo, niektóre z myśli, które przyszły mi do głowy"

Siddhartha bent down and picked up a stone from the ground
Siddhartha schylił się i podniósł kamień z ziemi
he weighed the stone in his hand
Zważył kamień w dłoni
"This here," he said playing with the rock, "is a stone"
— To tutaj — rzekł bawiąc się kamieniem — to kamień.
"this stone will, after a certain time, perhaps turn into soil"
"Ten kamień być może po pewnym czasie zamieni się w ziemię"
"it will turn from soil into a plant or animal or human being"
"Zamieni się z gleby w roślinę, zwierzę lub człowieka"
"In the past, I would have said this stone is just a stone"
"W przeszłości powiedziałbym, że ten kamień jest tylko kamieniem"

"I might have said it is worthless"
"Mógłbym powiedzieć, że to nic nie warte"
"I would have told you this stone belongs to the world of the Maya"
"Powiedziałbym ci, że ten kamień należy do świata Majów"
"but I wouldn't have seen that it has importance"
"ale ja bym nie dostrzegł, że to ma znaczenie"
"it might be able to become a spirit in the cycle of transformations"
"Być może stanie się duchem w cyklu przemian"
"therefore I also grant it importance"
"dlatego i ja nadaję mu znaczenie"
"Thus, I would perhaps have thought in the past"
"Tak bym mógł pomyśleć w przeszłości"
"But today I think differently about the stone"
"Ale dziś myślę inaczej o kamieniu"
"this stone is a stone, and it is also animal, god, and Buddha"
"Ten kamień jest kamieniem, a także zwierzęciem, bogiem i Buddą"
"I do not venerate and love it because it could turn into this or that"
"Nie czczę go i nie kocham, bo może przerodzić się w to czy tamto"
"I love it because it is those things"
"Kocham to, bo to są te rzeczy"
"this stone is already everything"
"Ten kamień jest już wszystkim"
"it appears to me now and today as a stone"
"Jawi mi się teraz i dziś jako kamień"
"that is why I love this"
"dlatego to kocham"
"that is why I see worth and purpose in each of its veins and cavities"
"dlatego widzę wartość i cel w każdej z jego żył i jam"
"I see value in its yellow, gray, and hardness"
"Widzę wartość w jego żółci, szarości i twardości"
"I appreciated the sound it makes when I knock at it"

"Doceniam dźwięk, jaki wydaje, gdy do niego pukam"
"I love the dryness or wetness of its surface"
"Uwielbiam suchość lub wilgoć jego powierzchni"
"There are stones which feel like oil or soap"
"Są kamienie, które w dotyku przypominają olej lub mydło"
"and other stones feel like leaves or sand"
"a inne kamienie przypominają liście lub piasek"
"and every stone is special and prays the Om in its own way"
"a każdy kamień jest wyjątkowy i modli się do Om na swój sposób"
"each stone is Brahman"
"każdy kamień jest Brahmanem"
"but simultaneously, and just as much, it is a stone"
"Ale jednocześnie i tak samo jest kamieniem"
"it is a stone regardless of whether it's oily or juicy"
"jest kamieniem niezależnie od tego, czy jest oleisty, czy soczysty"
"and this why I like and regard this stone"
"i dlatego lubię i szanuję ten kamień"
"it is wonderful and worthy of worship"
"Jest cudowny i godny uwielbienia"
"But let me speak no more of this"
"Ale nie pozwól mi więcej o tym mówić"
"words are not good for transmitting the secret meaning"
"Słowa nie nadają się do przekazywania tajemnego znaczenia"
"everything always becomes a bit different, as soon as it is put into words"
"Wszystko zawsze staje się trochę inne, gdy tylko ubierze się to w słowa"
"everything gets distorted a little by words"
"Wszystko zostaje trochę zniekształcone przez słowa"
"and then the explanation becomes a bit silly"
"A potem wyjaśnienie staje się trochę głupie"
"yes, and this is also very good, and I like it a lot"
"Tak, i to też jest bardzo dobre i bardzo mi się podoba"
"I also very much agree with this"
"Ja również bardzo się z tym zgadzam"

"one man's treasure and wisdom always sounds like foolishness to another person"
"Skarb i mądrość jednego człowieka zawsze brzmi jak głupota dla drugiego człowieka"
Govinda listened silently to what Siddhartha was saying
Govinda w milczeniu słuchał tego, co mówił Siddhartha
there was a pause and Govinda hesitantly asked a question
Nastąpiła chwila milczenia i Govinda z wahaniem zadał pytanie
"Why have you told me this about the stone?"
– Dlaczego powiedziałeś mi to o kamieniu?
"I did it without any specific intention"
"Zrobiłem to bez żadnego konkretnego zamiaru"
"perhaps what I meant was, that I love this stone and the river"
"może chodziło mi o to, że kocham ten kamień i rzekę"
"and I love all these things we are looking at"
"i kocham te wszystkie rzeczy, na które patrzymy"
"and we can learn from all these things"
"Z tego wszystkiego możemy się uczyć"
"I can love a stone, Govinda"
"Potrafię pokochać kamień, Govinda"
"and I can also love a tree or a piece of bark"
"i mogę też pokochać drzewo lub kawałek kory"
"These are things, and things can be loved"
"To są rzeczy, a rzeczy można kochać"
"but I cannot love words"
"ale nie potrafię kochać słów"
"therefore, teachings are no good for me"
"Dlatego nauki nie są dla mnie dobre"
"teachings have no hardness, softness, colours, edges, smell, or taste"
"Nauki nie mają twardości, miękkości, kolorów, krawędzi, zapachu ani smaku"
"teachings have nothing but words"
"Nauki nie mają nic prócz słów"
"perhaps it is words which keep you from finding peace"

"Być może to słowa powstrzymują cię przed odnalezieniem spokoju"
"because salvation and virtue are mere words"
"Bo zbawienie i cnota to tylko słowa"
"Sansara and Nirvana are also just mere words, Govinda"
"Sansara i Nirwana to tylko słowa, Govindo"
"there is no thing which would be Nirvana"
"Nie ma rzeczy, która byłaby Nirwaną"
"therefor Nirvana is just the word"
"dlatego Nirwana jest tylko słowem"
Govinda objected, "Nirvana is not just a word, my friend"
Govinda zaprotestował: "Nirwana to nie tylko słowo, mój przyjacielu"
"Nirvana is a word, but also it is a thought"
"Nirwana to słowo, ale też myśl"
Siddhartha continued, "it might be a thought"
Siddhartha kontynuował: "To może być myśl"
"I must confess, I don't differentiate much between thoughts and words"
"Muszę przyznać, że nie rozróżniam zbytnio myśli i słów"
"to be honest, I also have no high opinion of thoughts"
"szczerze mówiąc, ja też nie mam wysokiego mniemania o myślach"
"I have a better opinion of things than thoughts"
"Mam lepsze zdanie o rzeczach niż o myślach"
"Here on this ferry-boat, for instance, a man has been my predecessor"
"Tutaj, na tym promie, na przykład, człowiek był moim poprzednikiem"
"he was also one of my teachers"
"Był też jednym z moich nauczycieli"
"a holy man, who has for many years simply believed in the river"
"Święty mąż, który przez wiele lat po prostu wierzył w rzekę"
"and he believed in nothing else"
"I nie wierzył w nic innego"
"He had noticed that the river spoke to him"

"Zauważył, że rzeka do niego przemawia"
"he learned from the river"
"Uczył się od rzeki"
"the river educated and taught him"
"Rzeka go wykształciła i nauczyła"
"the river seemed to be a god to him"
"Rzeka wydawała mu się bogiem"
"for many years he did not know that everything was as divine as the river"
"Przez wiele lat nie wiedział, że wszystko jest tak boskie jak rzeka"
"the wind, every cloud, every bird, every beetle"
"Wiatr, każda chmura, każdy ptak, każdy chrząszcz"
"they can teach just as much as the river"
"Mogą nauczyć tyle samo, co rzeka"
"But when this holy man went into the forests, he knew everything"
"Lecz gdy ten święty mąż poszedł do lasu, wiedział wszystko"
"he knew more than you and me, without teachers or books"
"Wiedział więcej niż ty i ja, bez nauczycieli i książek"
"he knew more than us only because he had believed in the river"
"Wiedział więcej niż my tylko dlatego, że wierzył w rzekę"

Govinda still had doubts and questions
Govinda wciąż miał wątpliwości i pytania
"But is that what you call things actually something real?"
– Ale czy to, co nazywasz rzeczami, jest rzeczywiście czymś realnym?
"do these things have existence?"
"Czy te rzeczy istnieją?"
"Isn't it just a deception of the Maya"
"Czy to nie jest po prostu oszustwo Majów?"
"aren't all these things an image and illusion?"
"Czyż wszystkie te rzeczy nie są obrazem i iluzją?"
"Your stone, your tree, your river"
"Twój kamień, twoje drzewo, twoja rzeka"

"are they actually a reality?"
"Czy one rzeczywiście są rzeczywistością?"
"This too," spoke Siddhartha, "I do not care very much about"
— To też — odezwał się Siddhartha — nie bardzo mnie to obchodzi.
"Let the things be illusions or not"
"Niech rzeczy będą złudzeniami albo nie"
"after all, I would then also be an illusion"
"przecież i wtedy byłbym złudzeniem"
"and if these things are illusions then they are like me"
"A jeśli te rzeczy są złudzeniami, to są takie jak ja"
"This is what makes them so dear and worthy of veneration for me"
"To właśnie czyni je tak drogimi i godnymi czci dla mnie"
"these things are like me and that is how I can love them"
"te rzeczy są takie jak ja i tak mogę je kochać"
"this is a teaching you will laugh about"
"To jest nauka, z której będziesz się śmiać"
"love, oh Govinda, seems to me to be the most important thing of all"
"Miłość, o Govinda, wydaje mi się najważniejszą rzeczą ze wszystkich"
"to thoroughly understand the world may be what great thinkers do"
"Dogłębne zrozumienie świata może być tym, co robią wielcy myśliciele"
"they explain the world and despise it"
"Wyjaśniają świat, a nim gardzą"
"But I'm only interested in being able to love the world"
"Ale interesuje mnie tylko to, by móc kochać świat"
"I am not interested in despising the world"
"Nie interesuje mnie pogardzanie światem"
"I don't want to hate the world"
"Nie chcę nienawidzić świata"
"and I don't want the world to hate me"
"I nie chcę, żeby świat mnie nienawidził"

"I want to be able to look upon the world and myself with love"
"Chcę móc patrzeć na świat i na siebie z miłością"
"I want to look upon all beings with admiration"
"Chcę patrzeć na wszystkie istoty z podziwem"
"I want to have a great respect for everything"
"Chcę mieć wielki szacunek do wszystkiego"
"This I understand," spoke Govinda
— Rozumiem — odezwał się Govinda
"But this very thing was discovered by the exalted one to be a deception"
"Lecz to właśnie zostało odkryte przez Wywyższonego jako oszustwo"
"He commands benevolence, clemency, sympathy, tolerance"
"Wzbudza życzliwość, łaskawość, sympatię, tolerancję"
"but he does not command love"
"Ale On nie nakazuje miłości"
"he forbade us to tie our heart in love to earthly things"
"Zabronił nam przywiązywać nasze serca w miłości do rzeczy ziemskich"
"I know it, Govinda," said Siddhartha, and his smile shone golden
— Wiem o tym, Govindo — odparł Siddhartha, a jego uśmiech rozbłysł złocistym blaskiem
"And behold, with this we are right in the thicket of opinions"
"I oto, w ten sposób znajdujemy się w gąszczu opinii"
"now we are in the dispute about words"
"Teraz toczymy spór o słowa"
"For I cannot deny, my words of love are a contradiction"
"Bo nie mogę zaprzeczyć, że moje słowa miłości są sprzecznością"
"they seem to be in contradiction with Gotama's words"
"zdają się być sprzeczne ze słowami Gotamy"
"For this very reason, I distrust words so much"
"Właśnie z tego powodu tak bardzo nie ufam słowom"
"because I know this contradiction is a deception"

"Bo wiem, że ta sprzeczność jest oszustwem"
"I know that I am in agreement with Gotama"
"Wiem, że zgadzam się z Gotamą"
"How could he not know love when he has discovered all elements of human existence"
"Jakże mógłby nie znać miłości, skoro odkrył wszystkie elementy ludzkiej egzystencji"
"he has discovered their transitoriness and their meaninglessness"
"Odkrył ich przemijalność i bezsens"
"and yet he loved people very much"
"A jednak bardzo kochał ludzi"
"he used a long, laborious life only to help and teach them!"
"Wykorzystał długie, pracowite życie tylko po to, by im pomagać i ich uczyć!"
"Even with your great teacher, I prefer things over the words"
"Nawet z twoim wspaniałym nauczycielem wolę rzeczy niż słowa"
"I place more importance on his acts and life than on his speeches"
"Przywiązuję większą wagę do jego czynów i życia niż do jego przemówień"
"I value the gestures of his hand more than his opinions"
"Bardziej cenię gesty jego ręki niż opinie"
"for me there was nothing in his speech and thoughts"
"Dla mnie nie było nic w jego mowie i myślach"
"I see his greatness only in his actions and in his life"
"Widzę jego wielkość tylko w jego czynach i w jego życiu"

For a long time, the two old men said nothing
Przez długi czas dwaj starcy nic nie mówili
Then Govinda spoke, while bowing for a farewell
Potem odezwał się Govinda, kłaniając się na pożegnanie
"I thank you, Siddhartha, for telling me some of your thoughts"
"Dziękuję ci, Siddhartho, za podzielenie się ze mną swoimi

przemyśleniami"
"These thoughts are partially strange to me"
"Te myśli są mi po części obce"
"not all of these thoughts have been instantly understandable to me"
"Nie wszystkie te myśli były dla mnie od razu zrozumiałe"
"This being as it may, I thank you"
"Skoro tak się stanie, dziękuję ci"
"and I wish you to have calm days"
"i życzę ci spokojnych dni"
But secretly he thought something else to himself
Ale w głębi duszy myślał o czymś innym
"This Siddhartha is a bizarre person"
"Ten Siddhartha to dziwaczna osoba"
"he expresses bizarre thoughts"
"Wyraża dziwaczne myśli"
"his teachings sound foolish"
"Jego nauki brzmią głupio"
"the exalted one's pure teachings sound very different"
"Czyste nauki Wywyższonego brzmią zupełnie inaczej"
"those teachings are clearer, purer, more comprehensible"
"Te nauki są jaśniejsze, czystsze, bardziej zrozumiałe"
"there is nothing strange, foolish, or silly in those teachings"
"Nie ma nic dziwnego, głupiego ani głupiego w tych naukach"
"But Siddhartha's hands seemed different from his thoughts"
"Ale ręce Siddharthy wydawały się inne niż jego myśli"
"his feet, his eyes, his forehead, his breath"
"Jego stopy, jego oczy, jego czoło, jego oddech"
"his smile, his greeting, his walk"
"Jego uśmiech, jego powitanie, jego chód"
"I haven't met another man like him since Gotama became one with the Nirvana"
"Nie spotkałem drugiego takiego mężczyzny jak on, odkąd Gotama stał się jednością z Nirvaną"
"since then I haven't felt the presence of a holy man"
"Od tamtej pory nie czułem obecności świętego męża"

"I have only found Siddhartha, who is like this"
"Znalazłem tylko Siddharthę, który jest taki"
"his teachings may be strange and his words may sound foolish"
"Jego nauki mogą być dziwne, a jego słowa mogą brzmieć głupio"
"but purity shines out of his gaze and hand"
"Lecz czystość jaśnieje z Jego spojrzenia i ręki"
"his skin and his hair radiates purity"
"Jego skóra i włosy promieniują czystością"
"purity shines out of every part of him"
"Czystość jaśnieje z każdej jego części"
"a calmness, cheerfulness, mildness and holiness shines from him"
"Jaśnieje od Niego spokój, wesołość, łagodność i świętość"
"something which I have seen in no other person"
"coś, czego nie widziałem u nikogo innego"
"I have not seen it since the final death of our exalted teacher"
"Nie widziałem go od ostatecznej śmierci naszego wzniosłego nauczyciela"
While Govinda thought like this, there was a conflict in his heart
Kiedy Govinda myślał w ten sposób, w jego sercu był konflikt
he once again bowed to Siddhartha
raz jeszcze skłonił się Siddharcie
he felt he was drawn forward by love
Czuł, że pociąga go miłość
he bowed deeply to him who was calmly sitting
Skłonił się głęboko temu, który spokojnie siedział
"Siddhartha," he spoke, "we have become old men"
— Siddhartho — odezwał się — staliśmy się starcami.
"It is unlikely for one of us to see the other again in this incarnation"
"Jest mało prawdopodobne, aby jedno z nas ponownie zobaczyło drugie w tym wcieleniu"
"I see, beloved, that you have found peace"

"Widzę, umiłowani, że odnaleźliście pokój"
"I confess that I haven't found it"
"Przyznaję, że go nie znalazłem"
"Tell me, oh honourable one, one more word"
"Powiedz mi, o czcigodny, jeszcze jedno słowo"
"give me something on my way which I can grasp"
"daj mi na drodze coś, czego mogę się uchwycić"
"give me something which I can understand!"
"Daj mi coś, co mogę zrozumieć!"
"give me something I can take with me on my path"
"daj mi coś, co mógłbym zabrać ze sobą na moją drogę"
"my path is often hard and dark, Siddhartha"
"Moja ścieżka jest często trudna i ciemna, Siddhartho"
Siddhartha said nothing and looked at him
Siddhartha nic nie powiedział i spojrzał na niego
he looked at him with his ever unchanged, quiet smile
Spojrzał na niego swoim zawsze niezmienionym, spokojnym uśmiechem
Govinda stared at his face with fear
Govinda wpatrywał się w jego twarz ze strachem
there was yearning and suffering in his eyes
W jego oczach była tęsknota i cierpienie
the eternal search was visible in his look
Wieczne poszukiwania były widoczne w jego spojrzeniu
you could see his eternal inability to find
Widać było jego wieczną niezdolność do odnalezienia
Siddhartha saw it and smiled
Siddhartha zobaczył to i uśmiechnął się
"Bend down to me!" he whispered quietly in Govinda's ear
"Pochyl się do mnie!" szepnął cicho do ucha Govindy
"Like this, and come even closer!"
"To i podejdź jeszcze bliżej!"
"Kiss my forehead, Govinda!"
— Pocałuj mnie w czoło, Govindo!
Govinda was astonished, but drawn on by great love and expectation
Govinda był zdumiony, ale pociągała go wielka miłość i

oczekiwanie
he obeyed his words and bent down closely to him
Był posłuszny jego słowom i pochylił się nad nim
and he touched his forehead with his lips
i dotknął ustami czoła swego
when he did this, something miraculous happened to him
Kiedy to uczynił, przydarzyło mu się coś cudownego
his thoughts were still dwelling on Siddhartha's wondrous words
jego myśli wciąż krążyły wokół cudownych słów Siddharthy
he was still reluctantly struggling to think away time
Wciąż z niechęcią starał się myśleć o wolnym czasie
he was still trying to imagine Nirvana and Sansara as one
Wciąż próbował wyobrazić sobie Nirwanę i Sansarę jako jedność
there was still a certain contempt for the words of his friend
Wciąż była w nim pewna pogarda dla słów przyjaciela
those words were still fighting in him
Te słowa wciąż w nim walczyły
those words were still fighting against an immense love and veneration
Słowa te wciąż walczyły z ogromną miłością i czcią
and during all these thoughts, something else happened to him
I podczas tych wszystkich myśli przydarzyło mu się coś jeszcze
He no longer saw the face of his friend Siddhartha
Nie widział już twarzy swojego przyjaciela Siddharthy
instead of Siddhartha's face, he saw other faces
zamiast twarzy Siddharthy zobaczył inne twarze
he saw a long sequence of faces
Zobaczył długą sekwencję twarzy
he saw a flowing river of faces
Zobaczył płynącą rzekę twarzy
hundreds and thousands of faces, which all came and disappeared
setki i tysiące twarzy, które pojawiały się i znikały

and yet they all seemed to be there simultaneously
A jednak zdawało się, że wszyscy są tam jednocześnie
they constantly changed and renewed themselves
Ciągle się zmieniali i odnawiali
they were themselves and they were still all Siddhartha's face
byli sobą i wciąż byli twarzą Siddharthy
he saw the face of a fish with an infinitely painfully opened mouth
Zobaczył twarz ryby z nieskończenie boleśnie otwartą paszczą
the face of a dying fish, with fading eyes
twarz umierającej ryby, z gasnącymi oczami
he saw the face of a new-born child, red and full of wrinkles
Zobaczył twarz nowo narodzonego dziecka, czerwoną i pełną zmarszczek
it was distorted from crying
Był zniekształcony od płaczu
he saw the face of a murderer
Zobaczył twarz mordercy
he saw him plunging a knife into the body of another person
Widział, jak wbija nóż w ciało innej osoby
he saw, in the same moment, this criminal in bondage
W tej samej chwili zobaczył tego zbrodniarza w niewoli
he saw him kneeling before a crowd
Zobaczył go klęczącego przed tłumem
and he saw his head being chopped off by the executioner
i widział, jak kat odrąbał mu głowę
he saw the bodies of men and women
Widział ciała mężczyzn i kobiet
they were naked in positions and cramps of frenzied love
Byli nadzy w pozycjach i skurczach szaleńczej miłości
he saw corpses stretched out, motionless, cold, void
Widział trupy wyciągnięte, nieruchome, zimne, puste
he saw the heads of animals
Widział głowy zwierząt
heads of boars, of crocodiles, and of elephants

głowy dzików, krokodyli i słoni
he saw the heads of bulls and of birds
Widział głowy byków i ptaków
he saw gods; Krishna and Agni
widział bogów; Kryszna i Agni
he saw all of these figures and faces in a thousand relationships with one another
Widział wszystkie te postacie i twarze w tysiącach relacji ze sobą
each figure was helping the other
Każda postać pomagała drugiej
each figure was loving their relationship
Każda z postaci kochała swój związek
each figure was hating their relationship, destroying it
Każda z postaci nienawidziła swojego związku, niszczyła go
and each figure was giving re-birth to their relationship
i każda z tych postaci odradzała swój związek
each figure was a will to die
Każda postać była wolą śmierci
they were passionately painful confessions of transitoriness
Były to namiętnie bolesne wyznania przemijalności
and yet none of them died, each one only transformed
A jednak żaden z nich nie umarł, każdy tylko przemieniony
they were always reborn and received more and more new faces
Ciągle się odradzały i otrzymywały coraz to nowe twarze
no time passed between the one face and the other
Nie upłynął czas między jedną twarzą a drugą
all of these figures and faces rested
Wszystkie te postacie i twarze odpoczywały
they flowed and generated themselves
płynęły i rodziły się same
they floated along and merged with each other
Płynęły i łączyły się ze sobą
and they were all constantly covered by something thin
i wszystkie były stale przykryte czymś cienkim
they had no individuality of their own

Nie mieli własnej indywidualności
but yet they were existing
A jednak istniały
they were like a thin glass or ice
Były jak cienka szklanka lub lód
they were like a transparent skin
Były jak przezroczysta skóra
they were like a shell or mould or mask of water
Były jak muszla, pleśń lub maska wodna
and this mask was smiling
a ta maska się uśmiechała
and this mask was Siddhartha's smiling face
a tą maską była uśmiechnięta twarz Siddharthy
the mask which Govinda was touching with his lips
maska, której Govinda dotykał ustami
And, Govinda saw it like this
Govinda widział to w ten sposób
the smile of the mask
Uśmiech maski
the smile of oneness above the flowing forms
Uśmiech jedności ponad płynącymi formami
the smile of simultaneousness above the thousand births and deaths
Uśmiech równoczesności ponad tysiącem narodzin i śmierci
the smile of Siddhartha's was precisely the same
uśmiech Siddharthy był dokładnie taki sam
Siddhartha's smile was the same as the quiet smile of Gotama, the Buddha
Uśmiech Siddharthy był taki sam, jak spokojny uśmiech Gotamy, Buddy
it was delicate and impenetrable smile
Był to delikatny i nieprzenikniony uśmiech
perhaps it was benevolent and mocking, and wise
Być może było to dobrotliwe, szydercze i mądre
the thousand-fold smile of Gotama, the Buddha
tysiąckrotny uśmiech Gotamy, Buddy
as he had seen it himself with great respect a hundred times

bo sam widział to z wielkim szacunkiem setki razy
Like this, Govinda knew, the perfected ones are smiling
Govinda wiedział, że w ten sposób doskonali się uśmiechają
he did not know anymore whether time existed
Nie wiedział już, czy czas istnieje
he did not know whether the vision had lasted a second or a hundred years
Nie wiedział, czy wizja trwała sekundę, czy sto lat
he did not know whether a Siddhartha or a Gotama existed
nie wiedział, czy istnieje Siddhartha czy Gotama
he did not know if a me or a you existed
Nie wiedział, czy istnieje "ja" czy "ty"
he felt in his as if he had been wounded by a divine arrow
Czuł się tak, jakby został zraniony boską strzałą
the arrow pierced his innermost self
Strzała przeszyła jego wnętrze
the injury of the divine arrow tasted sweet
Rana Boskiej Strzały smakowała słodko
Govinda was enchanted and dissolved in his innermost self
Govinda był oczarowany i rozpuszczony w swojej najgłębszej jaźni
he stood still for a little while
Przez chwilę stał nieruchomo
he bent over Siddhartha's quiet face, which he had just kissed
pochylił się nad spokojną twarzą Siddharthy, którą przed chwilą pocałował
the face in which he had just seen the scene of all manifestations
twarz, w której przed chwilą widział scenę wszystkich manifestacji
the face of all transformations and all existence
oblicze wszelkich przemian i wszelkiego istnienia
the face he was looking at was unchanged
Twarz, na którą patrzył, pozostała niezmieniona
under its surface, the depth of the thousand folds had closed up again

Pod jego powierzchnią znów zamknęła się głębia tysiąca fałd
he smiled silently, quietly, and softly
Uśmiechnął się cicho, cicho i łagodnie
perhaps he smiled very benevolently and mockingly
Być może uśmiechnął się bardzo życzliwie i kpiąco
precisely this was how the exalted one smiled
Dokładnie tak się uśmiechnął Wzniosły
Deeply, Govinda bowed to Siddhartha
Govinda skłonił się głęboko Siddharcie
tears he knew nothing of ran down his old face
Łzy, o których nie wiedział, spływały po jego starej twarzy
his tears burned like a fire of the most intimate love
Jego łzy płonęły jak ogień najintymniejszej miłości
he felt the humblest veneration in his heart
Czuł w sercu najpokorniejszą cześć
Deeply, he bowed, touching the ground
Skłonił się głęboko, dotykając ziemi
he bowed before him who was sitting motionlessly
Skłonił się przed tym, który siedział nieruchomo
his smile reminded him of everything he had ever loved in his life
Jego uśmiech przypominał mu o wszystkim, co kiedykolwiek kochał w swoim życiu
his smile reminded him of everything in his life that he found valuable and holy
Jego uśmiech przypominał mu o wszystkim w jego życiu, co uważał za wartościowe i święte

www.tranzlaty.com

www.ingramcontent.com/pod-product-compliance
Lightning Source LLC
Chambersburg PA
CBHW011951090526
44591CB00020B/2724